FETT NÄPF CHEN FÜH RER

CON BOOK.

Gudrun Söffker ist beständig unterwegs. Die herbstliche Ostseeüberquerung auf der legendären GTS Finnjet war zwar nicht der Anfang ihrer Reiserei, aber irgendwie doch. Dieses Unternehmen führte sie nämlich 1992 mitten hinein in den finnischen Alltag, der damals maßgeblich von ertüchtigenden Waldspaziergängen, brotlastigen Mahlzeiten, strengen Schwedischlehrerinnen und dampfenden Saunaabenden geprägt zu sein schien. Dass die finnische Welt noch viele andere Vorzüge hat, entdeckte Gudrun Söffker nach und nach –wenn sie eben mal zum Studieren in Tromsø/Nordnorwegen, Dresden oder Göttingen gewesen war, zum Arbeiten in Museen, Schulen und Reisebussen oder zum Urlauben in Italien, Irland und Estland. Von überall zog es sie zurück zu Freunden, Feiern, Studien- und Arbeitsplätzen quer durch ganz Suomi. Dass Finnland ihr eine zweite Heimat geworden ist, wird immer klarer, je öfter sie in den letzten Jahren mit Menschen über diesen Begriff diskutiert hat, die fürchten, ihre Heimat verloren zu haben. Umso luxuriöser erscheint es ihr, damit so frei umgehen zu dürfen.

FINNLAND

FETTNÄPFCHENFÜHRER

WENN DER FISCH NICHT BEISST, SPART MAN DEN WURM

GUDRUN SÖFFKER

MIX
Papier aus verantwortungsvollen Quellen
FSC® C083411

3., komplett überarbeitete und aktualisierte Auflage

www.conbook-verlag.de

Projektleitung und Lektorat: Christiane Barth
Einbandgestaltung: Weiß-Freiburg GmbH –
Graphik & Buchgestaltung unter Verwendung eines Motivs von
© shutterstock.de/rozbyshaka
Satz: Röser MEDIA, Karlsruhe
Druck und Verarbeitung: CPI books GmbH, Leck

Printed in Germany

ISBN 978-3-95889-181-4

INHALT

VORWORT

Zufällig kommt man nicht in Finnland vorbei. Es sei denn, man reist von Schweden zum Weißen Meer. Das passiert nicht sehr oft. Wer einen bestimmten Grund hat, nach Finnland zu fahren, hat meist auch eine bestimmte Absicht. Man möchte lukrative Geschäfte tätigen, einen wunderbaren Urlaub verleben oder liebe Freunde treffen. Man kann auch überraschende Architektur, undurchdringliche Wälder und weite Seen erkunden.

Manchmal trifft man bei diesen Gelegenheiten Menschen: Finnen (nicht immer, aber manchmal schon). Natürlich sind nicht alle Menschen Finnen, und die Toleranz verlangt, diesen Zustand nicht allzu laut zu bedauern. Natürlich muss sich auch niemand wie ein Finne benehmen, nicht mal die Finnen müssen das. Um aber zu vermeiden, dass man sich garantiert und offensichtlich wie ein Nicht-Finne benimmt, und zwar in einer Form, die die oben angedeuteten Absichten durchkreuzen könnte – dafür gibt es dieses Buch.

Man kann Finnland ausprobieren, im Geiste durchleben, man kann sich wundern oder sich freuen, über alle Menschen in diesem Buch und über sich selbst. Man kann denken, *noojoo*, ach na ja, so wild ist das alles gar nicht. Man kann entsetzt oder bedauernd in das leise *voi voi*, oje, einstimmen, das manchmal nicht zu überhören ist. Man kann auch mit einem fröhlichen *sopii!* bestätigen, dass es so recht ist, einverstanden! Einverstanden zu sein hat etwas mit verstehen zu tun. Aber nicht alle Dinge kann man erklären. Vielleicht kann man sie trotzdem begreifen: Felsen, Birken und Seen kann man tatsächlich kennenlernen, indem man sie begreift. Menschen empfinden das dagegen meist als unhöflich. Das ist in Finnland nicht anders als in Mitteleuropa. Überhaupt sind viele Dinge gar nicht so unglaublich anders. Es sind eher die Zwischentöne, auf die es ankommt, die man schnell überhört, wenn die Umgebung zu laut ist. Aber das ist in Finnland nun wirklich nicht das Problem.

1 WO LIEGT HELSINKI?

IRGENDWO DA IM NORDEN, ZWISCHEN SINGSCHWÄNEN, RUSSEN UND PISA

»Wo nur liegt dieses Finnland? Ist das eigentlich noch Europa?« Ja, klar, Europa geht bis zum Ural. »Und bis zum Eismeer? War das nicht mal ein Teil von Russland? So wie Estland und die anderen Länder da?«

Finnland ist Finnland, hatte nie einen eigenen König und ist seit 1917 ein selbstständiger Staat, EU-Mitglied schon seit 1995. So viel kann Greta erwidern. Aber das sind natürlich nur Fakten. Wie viel davon im Alltag spürbar ist, weiß Greta noch nicht. In ihrem Alltag hat sie bisher wenig Kontakt mit Finnland gehabt – glaubt sie. Bestenfalls im Winter- oder Motorsport sind mal Finnen aufgetaucht und in der Musik. Aber was erfährt man da schon über das Land?

Greta ist nun selbst auf dem Weg nach Finnland, in Gedanken bereits hier und heute, ganz konkret in zwei Wochen. Finnland soll nicht nur ein Urlaubstrip sein, dann hätten ihre Freunde bestimmt in eine andere Klischeekiste gegriffen, um ihr in Gestalt interessierter Fragen wohlmeinende Tipps und komprimiertes Halbwissen mit auf den Weg zu geben. Dann hätten sie sie gewarnt, wahlweise vor zu wenigen oder zu vielen Lebewesen: »Da gibt's doch kaum mehr Menschen als in Berlin!« Sachlich gesehen korrekt. »Vor lauter Mücken sieht man da die Sonne gar nicht mehr!« Aha. »Und erst die unendlichen Schneemassen: Da kannst du ab Oktober gar nicht mehr vor die Tür.«

Aber Greta will ja keinen Urlaub machen, sie will in Finnland studieren. »Toll! Die Unis da sind bestimmt genauso fantastisch wie die Schulen. Da fällt keiner durchs Raster, da werden alle mitgenommen, und diese *Lesefähigkeit* …« Greta hatte eigentlich ohnehin nicht vor, durchs Raster zu fallen. Und lesen kann sie durchaus, sogar ziemlich lange schon und gar nicht so schlecht, für den Haus- und Unibedarf allemal ausreichend, leider aber nicht auf Finnisch, das heißt, lesen kann sie es sogar etwas, weil das gar nicht so schwer ist. Immer schön vorne betonen und alle Buchstaben hintereinandersetzen: *y-li-o-pis-to,* Universität. Oder *ke-sä-pä-i-vä,* Sommertag. Fremdartig klingende Lautkompositionen, die Greta dazu veranlasst haben, im Studienführer zu überprüfen, dass der Master of European Studies wirklich komplett auf Englisch angeboten wird.

Wieso sie das ausgerechnet in Finnland studieren muss? »Mit einem Bachelor in Kommunikationswissenschaften kannst du doch nach England gehen oder in die USA und echte Auslandserfahrung sammeln, die einem auch nutzt. Denk doch mal, die vielen Kontakte, die du dort gleich aufbauen könntest.« *Kontakti,* das Wort gibt es auch auf Finnisch. Dieses Wort hat es Greta angetan, *kontakti* drückt für sie genau das Gefühl aus, das bei Formulierungen wie »zwischenmenschliche Interaktion« mit sofortiger Wirkung seine Existenz verleugnet und nur äußerst schwer wieder zum Leben zu erwecken ist.

»Aber die Finnen sprechen doch so wenig miteinander, wie willst du da *kontakti* knüpfen?« Manche Freundinnen klingen ehrlich besorgt. Um das Gegenteil zu erproben, ist Gretas finnischer Wortschatz bisher zu eingeschränkt, eben auf *kontakti, hei,* hallo, und *kiitos,* danke. Offenbar wissen die Finnen aber um dieses Problem und sind bemüht, sprachunkundigen Neuankömmlingen den Einstieg zu erleichtern, indem sie sie einige Wochen lang mit allen grammatikalischen Spezialitäten versorgen, die man sich auf Deutsch nicht vorstellen kann. Also sprechen sie ja doch, die Finnen. Greta hat einen solchen Sprachkurs an der »Sommeruniversität« schon gebucht, genau vor Beginn ihres Masterstudiums. Und das eine wie das andere soll in Helsinki stattfinden. »Ach, da, wo die Sonne untergeht?«, hatte ein Kommilitone gefragt und ihre verständnislos stummen Augen auch mit der amüsierten Erklärung »Na: Hell ... sink ... i« nicht zum Lachen gebracht. Greta war kurz davor gewesen, dem Kommilitonen etwas von der Mitternachtssonne zu erzählen, die sie allein mit Elchen, Lachsen und weizenblonden Finnen zu verbringen gedenkt, aber da hatte er sich schon jemand anderem zugewandt.

Finnland. Auf der anderen Seite der Ostsee. Das weite Land voller Seen und Wälder, von dem sie eigentlich nichts weiß, und das deshalb so verlockend geklungen hat. Okay, ein bisschen voreingenommen ist Greta vielleicht doch, denn ihre Cousine ist schon mal am Nordkap gewesen, und die Fotos sind einfach traumhaft. Die wunderbar schillernden Farben des Himmels gießen darauf miteinander ein Sommerbild, das die Schönheit aller Blumen zugleich widerzuspiegeln scheint.

Nach diesem Gedanken hat Greta sich aber jegliche Romantisiererei verboten, um zunächst die realen Dinge anzusteuern: Studienbewerbung rechtzeitig abschicken, WG-Zimmer suchen, Flug buchen, Geld tauschen –Stopp: Die haben ja den Euro, mit Singschwänen und Moltebeerenblüten auf der Rückseite. Genau, deshalb will sie nach Finnland, wegen der Singschwäne und Moltebeeren. In den Monaten vor der Abreise sind ihr erstaunlich viele finnische Euromünzen in die Hände gelangt. Ob so viele Finnen nach Deutschland kommen? Oder doch so viele Urlauber nach Finnland fahren? Merkwürdig, was einem im Alltag sonst nicht auffällt. Svenja, die Cousine, hat immer nur vom »Norden« an sich gesprochen. Ob Nordkap, Lappland, Oslo oder die Schärenküste, einem bestimmten Land hat sie nichts zugeordnet. Der Norden mit seinen Blockhäusern, seinen Blumenwiesen und seiner Mitternachtssonne ist überall herrlich, so Svenja. Aber ob Moltebeeren allein einen Studienort rechtfertigen?

Sopii!

Ja, warum nicht nach Finnland? Im Zweifel für den Angeklagten! Wie romantisch, tiefgefroren, überraschend, karrierefördernd oder skurril der Aufenthalt dort oben tatsächlich wird, hängt vielleicht auch davon ab, wie viel Sensibilität, Wetterfestigkeit und Humor man mitbringt. Lassen wir uns überraschen: Nicht nur vom hohen Norden, sondern auch von Greta und all den Erlebnissen, die auf sie einstürmen werden. Sie hat mit dem Frühsommer eine undramatische Jahreszeit gewählt, um *kontakti* zu knüpfen mit dem Land. Und sie ist ja nicht wirklich die Erste, die diesen Weg beschreitet. Zumindest literarisch hatte ihn vor rund 2.000 Jahren bereits der römische Geschichtsschreiber Tacitus (56–117 n. Chr.) in Angriff genommen und für überlieferungswürdig gehalten, dass die Männer und Frauen der *fenni* gemeinsam mit Pfeil und Bogen wilde Tiere jagen, sich in Felle kleiden, auf dem Boden schlafen und Kräuter essen. Da sie so wenig Eigentum besäßen und sich weder vor Menschen noch Göttern fürchteten, könnten sie ein zufriedenes Leben führen, weil sie sich nichts anderes wünschten.

In den Kommentaren ihrer Bekannten findet Greta oft dieselbe Tendenz wieder: Finnland ist ein wildes Land, reduziert auf das Wesentliche. Falls einem das reicht, gut, falls nicht: oje, werde ja nicht depressiv in der Dunkelheit!

Wenn Gretas Freunde überlegen, ob sie sich inmitten des fremden Landes wohlfühlen kann, stellen sie unbewusst eine sehr finnische Frage: Wie sehr muss und kann man sich einer neuen Umgebung anpassen, wie viel Eigenständigkeit darf und will man behalten? Diese Problematik kennt man in Finnland durch die Lage zwischen Russland und Schweden, beziehungsweise der Sowjetunion und Westeuropa, sehr gut. Wenn sie aber wirklich Bedenken haben, trauen sie Greta einfach zu wenig zu. Denn genau genommen geht es ja gar nicht um Finnland, sondern um sie selbst.

POLITISCHE UND GEOGRAFISCHE POSITIONEN

Als der damalige norwegische Außenminister Jonas Gahr Støre 2007 in Berlin war, hielt er eine Rede an der Humboldt-Universität. Er wollte seine Hörerschaft für die Bedeutung des Eismeeres sensibilisieren, für die Bedeutung der Ressourcen, die unter ihm schlafen, und die Frage, wer technisch in der Lage und politisch berechtigt sein soll, sie zu wecken. Fast alle Arktisbewohner erheben Ansprüche. Aber wer sind die überhaupt? Wer wohnt dort, jenseits des Polarkreises? Nicht immer hat der norwegische Außenminister mit seinem frostigen Ansinnen so interessierte Zuhörer gefunden wie an diesem Abend. Einmal, so erzählte er nämlich, habe ein Professor ihn tiefgründig angesehen und erwidert: »Herr Außenminister, für mich ist der hohe Norden Schleswig-Holstein.«

Und was hat das alles nun mit Finnland zu tun? Nichts, das ist es ja gerade. Finnland hat keinen Zugang mehr zum Eismeer. In grenzfreien Zeiten vergangener Jahrhunderte und während einer kurzen Phase zwischen 1920 bis 1944 war das einmal anders.

Welcher Norden ist es also, dem Finnland heute angehört? Dort drüben, auf der anderen Seite der Ostsee wohnen diese knapp fünfeinhalb Millionen Finnen, gewissermaßen als Nachbarn aller Ostseeanrainer. Allerdings nicht irgendwo dort drüben, sondern im Nordosten.

Im Mittelalter hatten die Schweden die finnische Küste besiedelt und sie samt dem kaum bekannten Inland seitdem selbstverständlich als Teil ihres Reiches betrachtet. Nach langen kriegerischen Auseinandersetzungen wurde Finnland Anfang des 19. Jahrhunderts jedoch ein russisches Großfürstentum (siehe »Was bedeutet presidentti?«, Seite 30). Die finnischen Bemühungen um eine Ablösung von

Russland führten fast dazu, dass 1918 ein Schwager Kaiser Wilhelms II., Friedrich Karl von Hessen, auf den finnischen Thron gebeten wurde. Der Ausgang des Ersten Weltkrieges verhinderte dies jedoch, und so besteht seit 1917 die Republik Finnland. Diese war allerdings zwischenzeitlich erneut gefährdet. Nachdem Finnland sich im sogenannten Winterkrieg 1939/40 überraschend gut gegen die Sowjetunion verteidigt hatte, konnte zwar die Souveränität gewahrt bleiben, aber weite Landstriche im Osten mussten abgetreten werden. Deshalb ging Finnland eine militärische Allianz mit dem Deutschen Reich ein. Der Fortsetzungskrieg von 1941 bis 1944 führte jedoch zu noch größeren Landverlusten und hohen Reparationszahlungen an die Sowjetunion. Die Wahrung der Selbstständigkeit war fortan das oberste Ziel der finnischen Außenpolitik. Seit dem Ende des Kalten Krieges geht die Orientierung eindeutig gen Westen; eine Mittlerposition nimmt Finnland jedoch gerne und bewusst ein, sei es zwischen Ost und West, sei es zwischen kleineren und größeren Staaten allgemein.

Auch klimatisch betrachtet liegt Finnland in einer Übergangsregion. Der Einfluss des Atlantiks reicht selten bis zur östlichen Grenze, wo kontinentales Klima für warme Sommer und strenge Winter sorgt. Die Tagesmitteltemperaturen von Hamburg und Jyväskylä, einer beschaulichen Stadt im mittelfinnischen Seengebiet, sind im Juli fast identisch. Im Januar dagegen ist es in Jyväskylä durchschnittlich etwa zehn Grad kälter, im Maximum sogar fast 20. Das ganze Jahr hindurch erlebt Hamburg mehr Niederschlag als Jyväskylä, außer im August. Von Februar bis Juli scheint die Sonne in Jyväskylä mehr als in Hamburg. Im Mai und Juni sind die Höchsttemperaturen in beiden Städten etwa gleich.

2 WER VERTEIDIGT DIE FINNISCHEN SÜMPFE?

DIE GEFLÜGELTE ARMEE

Finnair gibt es wirklich, eine eigene Airline bei nur fünfeinhalb Millionen Finnen. Greta ist beeindruckt. Tägliche Direktflüge von Helsinki nach Asien bieten sie an, aber auch von Frankfurt nach Helsinki, und einen Platz in einer solchen Maschine hat Greta gebucht.

GANZ OBEN: DIE FINNISCHE AIRLINE

Hervorgegangen aus der bereits 1923 gegründeten Aero, liegt Finnair in der Sicherheitsstatistik des Jet Airliner Crash Data Evaluation Center (JACDEC) regelmäßig auf den obersten Plätzen. Da bleibt nur weiterhin zu wünschen: *Hyvää matkaa!* Gute Reise!

Allein ist sie nicht, es gibt offenbar eine ganze Menge Menschen, die gen Norden wollen, manche in lässig-eleganter Businesskleidung, ein paar schwitzende Familien mit Reisegepäck, ein Mann in einer ausgebeulten olivfarbenen Wanderhose mit ehemals schwarzem

T-Shirt, das die breite Aufschrift »Finnish Army« ziert, sitzt neben ihr. Er diskutiert gerade ausführlich auf Deutsch über den Gang hinweg mit jemandem über die sinnvollste Flugverbindung nach Lappland: »Rovaniemi ist zwar am Polarkreis, aber wenn Sie wirklich ins richtige Lappland wollen, sind's allemal noch 150 Kilometer mehr. Also Kittilä ist mein Geheimtipp, da gibt's kaum Menschen, ohnehin nur Finnen, und man ist sofort mitten in der Natur.« Der Nachbar zuckt nur mit einer Augenbraue und sagt mit leichtem finnischen Akzent: »Natur ist auch in Vantaa.«

Vantaa, so hört Greta, sei ein Vorort von Helsinki, eigentlich eine Stadt, die mit Helsinki und Espoo zusammen die Hauptstadtregion bildet, wo Helsinkis Flughafen liegt und etwa ein Viertel aller Finnen lebt. Greta ist froh über den Kommentar, schließlich möchte sie ja auch in Helsinki schön Rad fahren, wandern und massenweise frische Luft tanken. Doch der Enthusiasmus des Wanderers lässt ihr ebenfalls keine Ruhe. Wo ist sie denn nun, die echte, unverfälschte Natur? Und was bitte hat die finnische Armee damit zu tun?

Sie schielt hinüber zu dem breitbeinig dasitzenden, kraftvolle Vorfreude ausstrahlenden Kerl. Irgendwie erinnert er an einen Astronauten kurz vor dem Countdown. Er sieht aus, als ob die Schwerkraft gleich seinen ganzen Körper fordern würde, aber er hält das aus, ja, er ist einer der harten Jungs, die das trainiert haben. Seine Mission ist Kittilä.

Als sie in der Luft sind, muss er aber zunächst einem akuten Ruf der Natur folgen. Er steht auf, streckt sich und blickt sich suchend um. Da entdeckt Greta, dass auf seinem T-Shirt tatsächlich kein NASA-Emblem zu sehen ist, sondern etwas Kleines mit Flügeln und einigen Beinen, in mehreren Ausführungen und weißer Farbe, sehr zahlreich aufgedruckt. Ihr Blick bleibt so lange darauf haften, dass es dem Enthusiasten auffällt. Er grinst.

»Noch nie in Lappland gewesen, was? Na, dann viel Spaß! Einsprühen hilft nicht, die überfallen dich hinterrücks. Finnlands echte Armee besteht aus Milliarden von Mücken.«

TRAUMLAND FÜR MOSKITOS

Ohne Wasser könnte keine kleine Mücke groß werden. Das wissen die werdenden Mückenmamas und platzieren ihre Eier in freudiger Erwartung irgendwo dort, wo Feuchtigkeit zur Verfügung steht oder zu erwarten ist. In manchen traurigen Ländern sind das nur Astlöcher oder andere kleine Höhlungen mit wenigen Quadratzentimetern Fläche. Finnland ist mit menschlichen Zweibeinern dünn besiedelt und gibt der Mücke umso mehr Raum. Manche werden trotzdem nur in lächerlichen Tümpeln aufwachsen, denn alle Wasserflächen unter 500 Quadratmetern gelten nicht als *järvi,* als See. Da es aber auch von den Seen fast 200.000 gibt, brauchen die sorgsamen Mückeneltern keine Schwierigkeiten bei der Wahl ihres Eiablageplatzes zu fürchten. Erfahrungsgemäß ist das auch nicht der Fall.

Sollte Ihnen eines oder mehrere dieser Exemplare begegnen, wäre es angezeigt, die Buschigkeit der Fühler zu erkunden. Bei den Männchen ist diese nämlich besonders stark ausgeprägt. Und da die Herren Stechmücken keine Eier produzieren und infolgedessen auch kein Blut benötigen, werden sie Sie nicht stechen. Möglicherweise dauert diese Untersuchung aber länger, als ein Weibchen braucht, um Ihren Geruch zu identifizieren. Je länger Sie gewandert sind, desto besser duften Sie für Frau Mücke. In ihrer Gesellschaft braucht sich niemand seines Schweißes zu schämen. Er wird sie an sofortiger enger Kontaktaufnahme nicht hindern, im Gegenteil.

Er lacht schallend. »Nein, keine Panik, so schlimm ist es gar nicht. Du darfst nur nicht direkt in den Sümpfen wandern oder dort zelten. Und wenn du empfindlicher bist, kauf dir ein Spray, das bringt schon was, wenigstens wenn man dran glaubt, und überhaupt ist die Landschaft so wahnsinnig schön, da vergisst du die Mücken ganz, oder du machst es wie ich ...«

Der Finne auf der anderen Seite schläft, wenigstens soll man es wohl glauben.

Greta fragt geduldig nach: »Wie machst du's denn?«

»Ich gebe der Mücke nur ein kleines Stück Haut frei, sagen wir mal hier am Arm, da darf sie sich setzen, ganz gemütlich. Und da darf sie trinken.«

Greta erschaudert.

»Nein, wirklich, das ist voll okay. Halt im Einklang mit der Natur, weißt du, ich meine, die Mücke wohnt ja da, und genau genommen bin ich nur zu Besuch, also wenn man sie lässt, dann juckt's auch nicht so höllisch.«

Es summt, es schwirrt in Gretas Kopf, ihre Gedanken kreisen surrend um die Notfalleinkäufe, die sie in der heimischen Apotheke hinter sich gebracht hat. Jeder hat ihr etwas anderes empfohlen gegen Mücken. Svenja war in der Hinsicht keine Hilfe, sie hat sich gar nicht an irgendwelche Insektenschwärme erinnert. Aber die ist ja auch nur mit dem Auto unterwegs gewesen, und Greta will schließlich wandern.

»Wo ist denn ein schöner Nationalpark?«, fragt sie. »Ich wohne nämlich in Helsinki, also jetzt noch nicht, aber ich fliege gerade hin, ich will da studieren, aber auch viel draußen sein.«

In dem Moment springt der Outdoorfreak ohne zu antworten auf und eilt nach vorn, ein rotes WC-Lämpchen ist erloschen. Doch nun regt sich der Sitznachbar und öffnet ein Auge.

»Eine halbe Stunde«, sagt er.

»Entschuldigung?«

»Eine halbe Stunde ist es bis zum nächsten Nationalpark, Sipoonkorpi heißt er, 2011 gegründet, nicht sehr groß, nur etwa 19 Quadratkilometer, aber ein zusammenhängendes Waldgebiet.«

»Ehrlich? Das klingt ja toll. Darf da jeder einfach rein?«

»Natürlich. Dafür ist er ja da. Also zum Schutz der Natur, aber auch zur Freude der Menschen.«

»Und die Mücken?«

»Mücken gibt es. Mal mehr, mal weniger. Am Wasser mehr, im trockenen Wald weniger.«

»Sind die schlimm?«

»Das weiß ich nicht. Manchmal. Finden Sie Mücken schlimm?«

»Zu Hause? Nein, da nicht, ich meine, die haben wir doch jeden Sommer. Und wenn's zu viele sind, muss man halt ins Haus gehen.«

»Sehen Sie. So ist es in Finnland auch.«

Noojoo!

Die arme Greta. Bevor sie überhaupt angekommen ist, muss sie sich schon mit der alles entscheidenden Frage auseinandersetzen: Wie begegne ich den Mücken, den unzähligen, bösartigen, omnipräsenten Plagegeistern, die selbst die Finnen so sehr quälen, dass die Bevölkerungszahl noch lange nicht die Sechs-Millionen-Grenze erreicht hat, während die Mücken schon weit darüber hinaus sind? Zugegeben, die Mücken haben es etwas leichter mit der Vermehrung, und wahr bleibt auch, dass dieses Land für sie ein Paradies ist mit seinen vielen Sümpfen und Seen. Und für die Menschen nicht?

Eigentlich sollte man es niemandem erzählen und schon gar kein offenes Wort in einer Publikation darüber verlieren, also überlesen Sie es bitte, oder glauben Sie es einfach nicht: Vereinzelte Individuen haben schon einen Sommerurlaub in Finnland genossen, ohne anschließend einen mehrmonatigen Klinikaufenthalt einschieben zu müssen. Mitunter sticht die Mücke, und man merkt es gar nicht. Ab und zu schwillt die Einstichstelle an, juckt, und schon hat man es wieder vergessen. Wie langweilig! Was hat man dann zu Hause zu erzählen? Nein, der Wildnisaufenthalt sollte doch mit einigen dramatischen Angriffen ausgeschmückt werden können, die man nur dank seiner überaus stabilen körperlichen Grundkonstellation ausgehalten hat. Wobei die Allergiker bitte gesondert zu betrachten sind, denn leider gibt es ja auch gegen stechende Insekten Empfindlichkeiten, die tatsächlich höchst unangenehm werden. Gefahren solcherart sollten wirklich nur mit ärztlichem Rat ermessen werden.

Ansonsten: Freuen Sie sich an den ängstlichen Mitmenschen, die Ihnen einen Aufenthalt ermöglichen, der zwar ein paar Mückenschwärme mit einschließt, aber mit Sicherheit keinen überfüllten Strand, keine kilometerlangen Clubpartys und stickigen Einkaufshöllen. Lassen wir den unbelehrbaren Teil unserer Mitmenschen doch einfach in dem Glauben, dass Finnland das insektenverseuchteste Land Europas ist, und stimmen Sie ein in das stolze Schulterklopfen nach überstandenen Torturen: Ja, ich war in Finnland. Ohh, es war schon heftig. Aber (jetzt bitte ein verlegenes Lächeln einschieben, das die Glaubwürdigkeit Ihrer nächsten Aussage massiv unterstützt und die Fantasie Ihres Gegenüber garantiert beflügelt): War schon okay. Den optischen Beweis dafür kann man kaufen und stolz herumtragen: Das T-Shirt mit lauter Stechmücken und der vielsagenden Aufschrift »Finnish Army« gibt es wirklich.

Wenn Greta beharrlich bleibt, obwohl der Informant zwar erfahren, aber wenig seriös wirkt, hat sie schon mal die schwierigste Hürde auf dem Weg zur Finnlandversteherin genommen: die Scheu vor der Frage an sich.

3 WO WOHNE ICH DOCH GLEICH?

ÜBER DIE IDENTITÄT EINER ADRESSE

Eine Insel, ein Fels, eine Insel, ein Fels – Insel, Fels, Inselfels, Felseninseln und Meer. Meer, endloses Meer, von Tausenden Schären durchsetzt, diesen kleinen Inselchen, mal mit Bäumen, mal ohne, oft mit einem Haus, manchmal sogar mit zweien bestanden. Und auf dem ewig blauen Wasser die weißen Spuren der Boote. Menschen kann Greta nicht erkennen, obwohl sie einen Fensterplatz im Flugzeug hat und gebannt vor der Scheibe hängt. Und es gibt viel zu entdecken dort an der Küste vor Helsinki. Doch kann man das eigentlich Küste nennen? Ist das Schärenmeer nicht viel eher ein Lebensraum mitten im Wasser, ganz egal, wo die Küste liegt?

JEDEM SEINE INSEL – FINNLANDS SCHÄRENGARTEN

Was im Altnordischen *sker* und im Althochdeutschen *scorro* hieß, kennen wir heute noch von der englischen *shore,* der Küste. Der Begriff Schäre ist seit dem 17. Jahrhundert im deutschen Sprachraum vor allem für die zwischen Schweden und Finnland liegenden kleinen bis mittelgroßen Felseninseln im Gebrauch. Es gibt dort so viele, dass man fast trockenen Fußes über das Meer gelangt. Na, nicht ganz, die größte offene Strecke ist doch 40 Kilometer lang. Aber mitten zwischen den beiden nordischen Nachbarn liegt ein ganzer Inselhaufen, Åland genannt, der zu Finnland gehört, aus mehr als 6.500 Eilanden besteht und zahlreiche Selbstverwaltungsrechte zuerkannt bekommen hat, vor allem im Kultur-, Bildungs- und Umweltbereich. Schwedisch ist auf Åland einzige Amtssprache.

Große, behäbige Fähren ziehen langsam ihre Bahn, wie auf einem Band geführt bewegen sie sich durch die unüberschaubar grünblaue Landschaft. Das Flugzeug ist schon kurz vor der Landung, aber es schwebt nicht näher an die Inseln heran, nein, es überfliegt tatsächlich auch noch einige Streifen dicht bebautes Land. Land, von dem man kaum etwas sieht vor lauter Straßen und Häusern, aber genau dort lässt es sich nieder, zwischen der dichten Bebauung sinkt es hinab.

Die Fahrtstrecke der U-Bahn ins Stadtzentrum ist lang genug, um ein bisschen anzukommen, und auch unspektakulär genug, um die Zeit für einen Moment der Entspannung zu nutzen. Am Bahnhof den Bus zur Wohnheimvermittlung finden: auch kein Problem, wenn nur diese Hitze nicht wäre. 29 Grad im Schatten, ein Hoch über Russland, das die konstante Wärme bis an die Ostseeküste schickt. Greta zieht ihre Wanderjacke aus und legt sie quer über den Trolley. Viel los ist hier nicht, ein Donnerstag Anfang Juli, alle Kinder haben Ferien und die Erwachsenen scheinen auch wenig Lust zu verspüren, um halb vier durch die Straßen zu schlendern. Halb vier, nur noch eine halbe Stunde Zeit, bis das Wohnheimbüro schließt! Welcher Bus ist doch gleich der richtige ... Es quietscht, es surrt. Kein Geräusch mehr zu hören. Dann klackt etwas, es fängt wieder an zu surren, es wird lauter, doch schnell wieder leiser, da fährt sie dahin, die Straßenbahn, genau die richtige Nummer, genau die also, mit der sie hätte fahren müssen.

Auf die vorletzte Minute steht Greta etwas atemlos einer korrekt gekleideten Frau hinter einem wohlaufgeräumten Schreibtisch gegenüber. »*Hei!*«

»*Hei.*«

»Ich habe ein Zimmer gemietet in Skatudden.«

»Wie ist dein Name?«

»Greta Petersen.«

Die Dame am Schreibtisch lässt ihre Nasenflügel flattern. Sie blickt starr auf ihren Bildschirm. »Greetta ... Hast du eine Bestätigung? Wo sollst du wohnen?«

»In Skatudden.«

»Entschuldigung, wo?«

»Skatudden, hier steht's.« Greta weiß nicht, ob sie unruhig oder ärgerlich werden soll. »Ist etwas nicht in Ordnung damit? Ist das Zimmer nicht frei?«

»Sooo, Greetta. Du hast ein Zimmer. Es liegt in Katajanokka. Wenn du hier unterschreibst, sind das deine Schlüssel.«

»Danke. Hmm. Der Preis stimmt, 273 Euro im Monat ... Wo steht die Adresse, bitte?«

»Hier. Katajanokanranta 21.«

»Komisch, ich sollte eigentlich am Skatuddsstranden wohnen.«

Greta sieht auf die Uhr. Es ist schon zehn nach vier. Sie will auf keinen Fall ohne Schlüssel gehen, und der Preis ist okay. Also warum nicht erst mal zusagen und dann weitersehen? Für heute Abend braucht sie ein Zimmer, extra Hotelkosten hat sie nun überhaupt nicht mit einberechnet.

Die Dame hinter dem Tresen packt schon ihre Tasche. »Möchtest du nun das Zimmer? Wir schließen jetzt.«

Ja, das weiß Greta. »Kann ich vielleicht«, Greta bemüht sich um ein verbindliches Lächeln, »das Zimmer erst mal ansehen? Ich meine, es ist ja nun ein anderes, als ich haben sollte, und wenn es weit weg ist ...«

»Nein, das geht nicht. Du kannst dieses Zimmer haben, alle anderen sind vergeben.«

Das fängt ja gut an. Greta unterschreibt und fühlt das überraschend intensive Gefühl in sich aufsteigen, dass sie wütend ist auf diese graue Frau hinter dem grauen Schreibtisch mit dem Schlüsselbund, mit dem sie nun auf ebenjenen Schreibtisch pocht. Greta bittet um eine Wegbeschreibung zum Wohnhaus.

»Straßenbahn 4 bis Katajanokka.«

Wenigstens ist es dieselbe Linie, mit der sie eigentlich fahren wollte. Also ist es vielleicht gar nicht so weit von der anderen Adresse entfernt. Erleichterung fühlt sich aber anders an. Dabei muss es doch gar nicht schlecht sein. Vielleicht ist es sogar besser? Größer, neuer, ja, gerade erst fertig geworden, und deshalb der Wechsel der Adresse?

Das Rattern der Straßenbahn beruhigt sie auch nicht, der Ausblick auf die immer schöner werdenden Häuserzeilen schon eher. Jugendstilfassaden, Gründerzeitbauten mit Charme, Großstadtflair vergangener Zeiten, und daneben der Hafen.

SCHÖNE ARCHITEK-TOUR – JUGENDSTILBAUTEN IN HELSINKI

An der Wende vom 19. zum 20. Jahrhundert ist in mehreren Stadtteilen Helsinkis einzigartige Jugendstilarchitektur errichtet worden, die sehr bequem bei einer Straßenbahnrunde erkundet werden kann. Den Plan dazu gibt es in der Touristeninformation oder im Internet unter https://www.hel.fi/helsinki/en

Nur noch wenige Haltestellen bis Katajanokka. Wie hieß noch mal die Straße? Katajanokanranta ... Das steht tatsächlich auf einem Straßenschild. Greta blinzelt gegen die Sonne und reißt gleich darauf die Augen auf. Da steht nicht nur Katajanokanranta, da steht auch Skatuddsstranden. Auf demselben Schild! Greta holt die neue Bestätigung heraus. Katajanokanranta. Und die alte Bestätigung: Skatuddsstranden. Egal. Wenn der Schlüssel passt, ziehe ich da ein, beschließt sie. Wo ist die Nummer 21? Der Schlüssel gleitet spielerisch leicht in das Schloss des mehrstöckigen Hauses. Völlig problemlos gibt er den Weg frei. Nur wohin?

In ihre Wohnung. Dort passt der andere Schlüssel nämlich auch, unglaublich. Und nachdem sie die Tür geschlossen und sich mit einem tiefen Atemzug dagegengelehnt hat, öffnet sich sogleich eine weitere und ein fröhliches »*Hei!*« schallt ihr entgegen.

»*Hei!*«

»*Minä olen Lauri.*«

»Wie bitte?«

»Ah, entschuldige, ich wusste nicht, dass du kein Finnisch sprichst«, beeilt er sich auf Englisch zu ergänzen. »Ich bin Lauri. Willkommen!«

Greta kann sich vorstellen, dass es hier ganz so verkehrt nicht sein wird, ob nun Skatuddsstranden oder Katajanokanranta. »Ich bin Greta, hallo. Das klingt jetzt vielleicht komisch, aber wie heißt die Adresse hier? Also unsere Adresse? Am Straßenschild standen zwei Namen. Und die Frau im Büro kannte die eine gar nicht.«

»Alle Straßennamen sind zweisprachig beschriftet: finnisch und schwedisch, das ist natürlich verwirrend, kann ich mir vorstellen. Aber du hast's ja gefunden.«

»Und welcher ist jetzt der richtige Name?«

»Das kommt drauf an, wen du fragst. Die Finnlandschweden verwenden den schwedischen Namen, die finnischen Finnen den finnischen.«

»Und du?«

»Ich mach's mal so und mal so, je nachdem, mit wem ich rede. Meine Mutter ist Finnlandschwedin, sie kommt von einer kleinen Schäreninsel zwischen Turku und Stockholm. Aber ich bin in Jyväskylä aufgewachsen, also im Landesinneren, wo mein Vater herkommt und nur Finnisch gesprochen wird. Ich spreche beides.«

EIN LAND, ZWEI SPRACHEN UND IHR *SLANGI*

Dass man in Finnland Finnisch spricht, wird niemanden verwundern. Da Finnland aber bis zum Anfang des 19. Jahrhunderts zu Schweden gehörte, war das lange Zeit anders. Einwanderer aus den westlichen Ostseegebieten hatten ihre Sprache mitgebracht und sich in den wirtschaftlich interessanten Küstenregionen niedergelassen. Noch heute sind dies die Gegenden, wo am meisten Schwedisch gesprochen wird. Allerdings haben landesweit nur noch etwa fünf Prozent der Finnen Schwedisch als Muttersprache. Seit 1922 regelt das *kielilaki*, das Sprachgesetz, dass je nach Bevölkerungsmehrheit die eine, die andere oder beide Sprachen offiziell verwendet werden müssen. Wenn mindestens acht Prozent oder 3.000 Einwohner einer Kommune die Minderheitensprache sprechen, ist die Gemeinde zweisprachig. Dies betrifft zurzeit etwa jede zehnte.

Der schwedische Begriff *skatudden* bedeutet ungefähr »spitze Landzunge«. Aus ihm ist spätestens Mitte des 19. Jahrhunderts die finnische Form Katajanokka entstanden, wobei *kataja* zwar Wacholder bedeutet, aber wohl einfach eine lautliche Umformung des schwedischen *skata* ist, während *nokka* die Übersetzung von *udde* darstellt. Um die Verwirrung komplett zu machen, sei noch erwähnt, dass das schwedische *skata* außerdem Elster heißt, was wiederum mit der spitzen Form ihres Bürzels zu tun haben soll, aber ebenso wenig wie der Wacholder für Katajanokka namensgebend war.

In der Praxis geht es auch viel einfacher: Einheimische nennen die Halbinsel kurz Skatta. Das bewahrt das Schwedische s und erleichtert die finnische Aussprache durch das tt. Der Helsinkier Stadt-Slang geht noch weit darüber hinaus und verwendet zahlreiche Mischformen aus dem Schwedischen und Finnischen, zum Beispiel die Bezeichnung für Helsinki selbst: Stadi.

»Und Englisch natürlich.«

»Klar, und du?«

»Ich auch.«

»Na, ich meine, wo kommst du eigentlich her? Bist du Italienerin?«

»Nein.« Greta lacht. »Nur weil ich dunkle Haare habe? Ich komme aus Deutschland. Aber ich spreche auch ein bisschen Italienisch, wenn du möchtest.«

»*Va bene,* aber gerne, ich glaube, wir werden die internationalste WG von Helsinki.«

Sopii!

Darauf kann sie sich verlassen: dass Internationalität geachtet wird. Wie international Finnland selbst ist, wird oft unterschätzt. Die

Zweisprachigkeit ist ein Phänomen, das oft verwundert. Allerdings hat das mit Internationalität insofern nichts zu tun, als die Finnlandschweden im Allgemeinen nicht der staatlichen Zugehörigkeit zu Schweden nachweinen. Es ist eine Minderheit, die weder prinzipiell assimiliert noch unterdrückt wurde, im Gegenteil nahmen Finnlandschweden bis ins 20. Jahrhundert hinein überdurchschnittlich viele politisch und wirtschaftlich bedeutende Positionen ein.

Zunächst einmal sind es auch die Finnisch sprechenden Finnen gewesen, deren Sprache und Kultur weniger geachtet war. Daraus resultiert noch manche reservierte Haltung gegenüber der finnlandschwedischen Kultur heute. Nicht alle Finnen sind so versessen darauf, Schwedisch zu lernen, schon gar nicht in küstenfernen Regionen, wo man die Sprache überhaupt nicht verwenden kann. Die wenigsten aber sind so biestig wie die Dame im Wohnheimbüro, die nicht einmal bereit war, das Missverständnis aufzuklären. Sie muss schließlich bemerkt haben, dass Greta sowohl unwissend als auch völlig neutral in dieser Frage war. Mit Lauri hat sie jemanden kennengelernt, der in beiden Sprach- und Kulturbereichen zu Hause ist, was häufig vorkommt.

4 WAS BEDEUTET *PRESIDENTTI?*

WELTPOLITIK BEI EINER TASSE KAFFEE

Greta steht grübelnd in der Küche und versucht sich zu erinnern, wo sie ihre Einkäufe verstauen darf, als sie hört, dass die Wohnungstür geöffnet wird.

»Möchtest du auch einen Kaffee, Lauri?«, ruft sie in den Flur.

»*Joo,* danke«, klingt es zurück. Greta angelt die Kaffeepackung aus dem Rucksack, den Rest platziert sie aufs Geratewohl im Hängeschrank neben der Spüle.

»*Moi.*«

»*Moi?*«

»Ja, hallo.«

»Ach so, ich dachte, das heißt *hei?*«

»*Joo.* Aber auch *moi.*«

»Aha. Sag mal, wo sind denn die Becher?«

»Hier.« Lauri öffnet den Schrank direkt über der Spüle. Er quillt fast über vor Geschirr, das chaotisch auf Abtropfgestelle gestapelt ist, kreuz und quer, aber sauber.

Greta staunt. »So was hab ich noch nie gesehen. Ist ja superpraktisch, dann muss man nicht abtrocknen. Stellt ihr das Geschirr nie weg?«

VOM ABTROPFSCHRANK ZU AALTO

Seit 1948 wird der Abtropfschrank in Finnland produziert. Enso-Gutzeit, heute Stora Enso, hat als erste Firma den Mehrwert des Schranks gegenüber dem einfachen Gestell erkannt. Selbstverständlich war es eine Finnin, die die Idee dazu gehabt hatte. Nicht nur dieser besondere Schrank brachte Enso-Gutzeit die finanziellen Möglichkeiten, um 1962 ein neues Hauptgebäude zu beziehen, auf Katajanokka, geplant vom weltbekannten finnischen Architekten Alvar Aalto. Dessen herausragende Beiträge zur internationalen Moderne mit dem steten Bestreben, den Menschen und seine Bedürfnisse mit architektonischen Grundprinzipien zu verknüpfen, sind nicht nur in Finnland, sondern beispielsweise auch in Wolfsburg, Essen und Berlin zu erleben.

»Doch, aber meistens benutzt es jemand, bevor es dazu kommt.« Lauri grinst und öffnet die Schranktür nebenan. »Hier müsste es eigentlich rein. Oh, da wohnen jetzt deine Nudeln. Kein Problem, aber eigentlich könntest du sie dort drüben unterbringen.« Er zeigt nach links neben das Fenster auf einen weiteren Schrank.

»Entschuldigung, ich hab's nicht mehr im Kopf gehabt.« Schnell räumt Greta alles richtig ein.

»Du hast guten Kaffee gekauft«, nickt Lauri anerkennend.

Greta stellt ihre frisch erworbene Packung Presidentti-kahvi neben die geblümte Kaffeedose. »Bitte schön. Prost! Auf den finnischen Kaffee!«

Lauri ist amüsiert. »*Kippis!* Mit Kaffee hab ich noch nie angestoßen.«

»Na, wenn ihr ihn schon Präsident nennt. Oder hab ich das falsch verstanden?«

»Nein, ist schon ganz richtig. Das ist die traditionsreichste Kaffeemarke in Finnland. Und Kaffee gibt es überall, der gehört einfach dazu.«

»Ich trinke mindestens fünf Tassen am Tag. Da ist Finnland wohl das richtige Land für mich. Ohne Kaffee kann ich gar nicht aufstehen.«

»Wie wär's, wenn wir die frische Energie für einen kleinen Spaziergang nutzen? Einmal zum Markt und zurück?«

Die Adresse Katajanokanranta verspricht zwar ein bisschen viel, nämlich *ranta,* einen Strand, der sich nur als Küstenstreifen entpuppt, aber das Wasser ist in Helsinki nie weit, und Greta genießt die frische Luft, die zu ihnen herüberweht.

Direkt vor dem Haus liegt ein kleiner Park, wie überhaupt viele Stadtbereiche Helsinkis recht grün wirken. Auf dem Spielplatz sind einige Kinder am Schaukeln, viel Autoverkehr gibt es hier nicht, nur Anwohner und ein paar Berufstätige sind unterwegs auf Katajanokka. Um den Nordosten ihrer Halbinsel zieht sich ein schöner Rad- und Fußweg.

Lauri erzählt ein bisschen von der Geschichte Helsinkis, die erst 1550 begann.

»Helsinki liegt nah an Russland, und das ist immer noch in der Stadt sichtbar.«

»Inwiefern?«

»Wir haben zum Beispiel eine russisch-orthodoxe Kirche, siehst du die Zwiebeltürme dort links?«

»Da drüben? Gibt es immer noch eine Gemeinde?«

»Oh ja, die ist sehr aktiv. Wenn du magst, sieh dir doch mal einen Gottesdienst an, das ist schon ein Erlebnis. Und überhaupt wirst du in der Stadt einige Monumente aus russischer Zeit entdecken.«

IN SCHWEDENS OSTEN UND RUSSLANDS WESTEN – HELSINKI HISTORISCH

Schwedens berühmter König Gustav Vasa hatte 1550 die Idee, Bewohner umliegender Orte in die neu gegründete Stadt Helsinki umzusiedeln, als Konkurrenz zu den baltischen Häfen, besonders Tallinn im heutigen Estland. 1640 wurde Helsinki an die heutige Stelle verlegt. Finnlands Hauptstadt innerhalb des schwedischen Reiches war aber damals noch Turku (schwedisch Åbo), das von Stockholm aus sehr viel schneller zu erreichen ist.

Die Schweden bauten die Schäreninseln vor Helsinki zu burgähnlichen Schanzanlagen aus, Sveaborg, schwedische Burg, genannt. 1808 haben die Russen dennoch die Stadt erobert und großflächig zerstört. Die Befestigungen vor der Stadt wurden in Suomenlinna, Finnlands Burg, umbenannt und sind heute ein beliebtes Erholungsgebiet (siehe »Ist das Frauenpower?«, Seite 215). Kurz darauf, 1812, beschloss der Zar, Helsinki zur Hauptstadt seines neuen Großfürstentums zu machen und wiederaufzubauen. Die ganze Innenstadt wurde aufwendig geplant und neu errichtet.

Die Uspenski-Kathedrale wurde 1868 geweiht. Benannt ist sie nach der Entschlafung Mariens, die am 15. August gefeiert wird (in der katholischen Kirche Mariä Himmelfahrt). Zunächst ein Gotteshaus für die zahlreichen Russen, die seit dem 19. Jahrhundert in Helsinki lebten und arbeiteten, ist die Hauptkirche der orthodoxen Gemeinde in Helsinki inzwischen lange finnischsprachig. Etwa 1,1 Prozent aller Finnen gehören der orthodoxen Kirche an, etwa 76 Prozent der evangelisch-lutherischen. Neben Karelien liegt ein weiteres orthodoxes Zentrum am nordwestlichen Ufer des Inarisees in Lappland, wo die kleine Gruppe der Skoltsamen lebt (siehe »Wo beginnt Lappland?«, Seite 131).

»Und die Schiffe hier, haben die auch etwas mit Russland zu tun?« Greta zeigt auf mehrere monströse Fahrzeuge.

»Die? Nein.«

»Die sehen ziemlich merkwürdig aus, so klobig und irgendwie unmodern.«

»Das sind finnische Schiffe, alle hier gebaut. Und die Technologie ist Weltspitze.«

Greta verstummt. Lauris scharfe Redeweise überrascht sie. Er fängt ihren unsicheren Seitenblick auf, zuckt einmal kurz mit den Augenbrauen und ergänzt: »Das sind Eisbrecher, längst nicht unsere ganze Flotte und auch nicht die allerneuesten, aber hier liegen sie im Sommer. Sieh mal dort links das Gebäude!« Ein gelber klassizistischer Bau mit angedeuteten Säulen. »Das ist das Außenministerium.«

»Und was hat das mit den Eisbrechern zu tun?«

»Streng genommen gar nichts. Hier auf Katajanokka war früher auch die Marine stationiert, seit 1989 ist das ganze Außenministerium in den Gebäuden untergebracht. Über die Hälfte aller Eisbrecher, die auf der Welt fahren, wurden in Helsinki gebaut.«

»Aha. Ich ... ich kenne mich nicht so aus mit Schiffen. Und ich hab auch noch nie einen Eisbrecher gesehen.«

Nun ist es Lauri, der sie erstaunt ansieht. »Die braucht ihr doch in Deutschland auch?! Stell dir mal vor, ihr wärt auf andere Länder angewiesen, die euch die Häfen freihalten müssen. Was ist, wenn die sich weigern?«

Darüber hat Greta noch nie nachgedacht. »Bestimmt gibt es Eisbrecher, aber ich kann mich nicht erinnern, dass das in der Politik eine große Rolle spielt.«

»Hier schon. Die Ostsee friert jeden Winter zu. Und Finnland sorgt für eisfreie Fahrrinnen. Nach längerer Pause ist 2016 wieder ein neuer Eisbrecher hier gebaut worden, die Polaris, die auch mit Flüssigerdgas angetrieben werden kann, der erste Eisbrecher dieser Art weltweit! Genial sind auch die um 360 Grad schwenkbaren Propellergondeln, die sowohl schieben als auch ziehen können. Außerdem ist dieser Eisbrecher auch im Sommer einsetzbar, z. B. als Rettungsschiff bei Unglücken allgemein und speziell bei Ölkatastrophen. Stell dir mal vor, wie bedeutend das erst wird, wenn die

Nordostpassage regelmäßig befahrbar ist!« Lauri kennt die Länge, die Breite, die Firma, ja, fast schon jeden Mitarbeiter mit Namen. Noch nie hat er so lange am Stück gesprochen.

»Technisch mag das beeindruckend sein, aber brauchen wir Eisbrecher heute noch als Sicherheitsgarantie für ein Land?« Greta ist skeptisch. »Es gibt auch bei uns Menschen, denen kann man gar nicht genug nationale Sicherheit bieten. Aber das mit Eisbrechern oder anderen einfachen Lösungen zu verbinden, halten die meisten zum Glück immer noch für Quatsch.«

Lauri schaut kurz zu Greta hinüber. »Wie bei uns auch«, stimmt er zu. »Immer mehr Menschen behaupten, dass man schärfere Gesetze im Sinne nationaler Interessen braucht. Aber mit Abgrenzung hat man Kommunikation bisher immer erschwert und Annäherung verhindert.« Lauri grinst. »Wenn man dem Gedanken folgt, sind Eisbrecher ja geradezu Integrationshelfer: Sie schneiden Fahrrinnen hinein, wo sonst niemand den anderen erreichen könnte.«

Am Marktplatz liegt kein Eisbrecher, sondern ein altes Feuerschiff am Kai, auf dem ein Café eingerichtet ist.

»Wie wär's, wollen wir uns dort setzen?« Jetzt ein bisschen Entspannung mit Blick aufs Wasser wäre schön.

Doch Lauri schüttelt den Kopf. »Ein andermal gerne. Unseren Staatsgast Greta muss ich zuerst in das Staatszelt führen.«

Der Staatsgast fühlt sich eigentlich mit genug Politik versorgt. Aber Lauri strebt mit schnellen Schritten quer über den Markt. Ihr bleibt nichts anderes übrig, als ihm zu folgen.

»Greta, wenn ich bitten darf.« Er bleibt vor einem älteren Plastikzelt stehen. »Unsere Loge.«

Greta lacht kurz und pflichtschuldig.

»Du siehst, wie nah das Außenministerium und der rote Empfangsteppich beieinander sind. Dies ist das berühmteste Café des ganzen Marktes. Ich lade dich ein.«

Lauri stellt Kaffee in Pappbechern und zwei *munkki,* fettgebackene Hefekuchen, auf einen Bistrotisch vor dem Zelt, und zeigt nach oben: »Lies mal!«

»Presidentti« steht groß und überdeutlich auf handgemalten Pappschildern. Und der Kaffee schmeckt, königlich geradezu.

TRADITIONELLER KAFFEEGENUSS

Seit 1929 trinken die Finnen Presidentti-kahvi. Anlässlich des 25-jährigen Jubiläums der ältesten nordischen Kaffeerösterei ist er damals gemeinsam mit Juhla Mokka (Festtagsmokka) auf den Markt gekommen. Inzwischen wird er allerdings dem veränderten Geschmack gemäß stärker geröstet. Noch heute ist die Firma Paulig, 1876 von einem Deutschen als Kolonialwarenhandel gegründet, dafür verantwortlich. Bis zum Jahr 1967 hatten sie ihre Rösterei auf Katajanokka.

Noojoo!

Überraschungen bringen einen immer mehr aus der Bahn als erwartete Probleme. Bei der Suche nach einer Adresse wird der Großteil der Menschen sich »ganz normal« benehmen, bei der Suche nach einem Schrankplatz schon nicht mehr unbedingt. Obwohl es durchaus verzeihlich ist, den Kaffee zu den Nudeln, die Nudeln ins Abtropfregal und den Präsidenten ins Parlament zu verbannen. Aber die Eisbrecher den Russen zu schenken geht gar nicht. Viel lieber werden sie nach Russland verkauft, wie einige ausgediente Exemplare, die auf den weiten kalten Flüssen im Osten ihr Gnadenbrot bekommen oder auch moderne Konstruktionen von Frachtschiffen mit hohen Eisklassen. Welch Frevel, dann zu glauben, die Spitzenklasse der Schiffbauindustrie sei von Haus aus russisch. Lauri zeigt eine technikpatriotische Haltung, die nicht ungewöhnlich ist. Hochqualitative Produkte aus dem Elektronikbereich, aber auch der Metall- und Papierindustrie haben Finnland in der zweiten Hälfte des 20. Jahrhunderts international bekannt gemacht. Oft in der Hand gehabt und sicher selten beachtet: Die Deckel vieler Pappbecher auch in Mitteleuropa tragen die Aufschrift des finnischen Verpackungsunternehmens Huhtamäki. Oft unter den Füßen gehabt und ebenso übersehen: Fahrstühle und Rolltreppen der finnischen Firma Kone.

Der Kaffee ist zwar nicht so richtig finnisch, aber das macht nichts. Er ist finnisch genug. Der Präsident ist natürlich auch finnisch, obwohl er erstaunlich viel Russisches an sich hat. Nachdem Finnland nämlich 1917 seine Selbstständigkeit erklärt hatte (siehe »Feierst du mit?«, Seite 146), sind die Befugnisse des früheren russischen Generalgouverneurs zum großen Teil auf den Präsidenten übergegangen. Nach mehreren Verfassungsänderungen verfügt der Präsident heute über weniger Kompetenzen als früher. So vertritt zum Beispiel nicht mehr er, sondern der Ministerpräsident Finnland im Europäischen Rat. Der Präsident ist aber nach wie vor Oberbefehlshaber der Streitkräfte. Und der Präsidentenpalast direkt gegenüber dem Marktplatz wurde in der zweiten Hälfte des 19. Jahrhunderts von Zar Alexander II. genutzt (mehr zum Verhältnis der Finnen zu den Russen in der Episode »Wo liegen die finnischen Wurzeln?«, Seite 179). Insofern ist es sicher manchmal kompliziert, zu erkennen, was »eigentlich« finnisch ist. Dass es den Finnen zumindest früher ähnlich ging, legt ein viel zitierter Ausspruch aus der Mitte des 19. Jahrhunderts nahe: Schweden sind wir nicht, Russen wollen wir nicht werden, also lasst uns Finnen sein!

5 MÜDE AM MORGEN?

DER OPTIMALE START IN DEN TAG

Im Zimmer ist es noch angenehm dämmrig, aber neben dem Rollo kündigt ein schmaler weißer Streifen Morgenlicht einen schönen Sommertag an. Verschlafen schwingt Greta die Beine aus dem Bett, bleibt aber noch einen Moment so liegen. Ihre Füße baumeln über dem hellen Flickenteppich, der zur Zimmerausstattung gehört, ebenso wie die weißen Möbel: ein Schrank, ein Regal, ein Schreibtisch. Alles nicht das Neueste, aber ordentlich erhalten und schlicht. Und deshalb gut mit ein paar eigenen Dekostücken kombinierbar, überlegt Greta.

Sie steht etwas steif gelegen auf, die neue Matratze ist ziemlich ungewohnt, und das kleine Kopfkissen erst recht.

WIE VIEL SCHLAFPLATZ BRAUCHT DER MENSCH?

Ein bekanntes schwedisches Möbelhaus, das inzwischen auch fünfeinhalb Filialen in Finnland unterhält, bietet nahezu ausschließlich Kopfkissen der Größe 50 mal 60 Zentimeter an. Und das ist kein Versuch, schwedische Traditionen gen Osten zu exportieren, sondern ein ehrliches und realitätsorientiertes Bemühen, den finnischen Markt zu erobern. Matratzen sind hier häufig auch nur 80 Zentimeter breit, sodass die Verhältnisse zum Kissen durchaus gewahrt bleiben. In größeren Hotels kann man sich aber inzwischen darauf einstellen, komfortable quadratische Kopfkissen in Matratzenbreite vorzufinden.

Der Blick aus dem frisch aufgerollten Fenster lässt Greta alle Müdigkeit vergessen. Hoch steht die Sonne schon über der Stadt. Schnell ist sie fertig angezogen in der Küche, von Lauri noch keine Spur. Greta kocht Kaffee und setzt sich an den Tisch.

Sie gähnt herzhaft und merkt, dass sie sich schon recht wohlfühlt in ihrem neuen Zuhause. Greta greift ein Glas aus dem Abtropfschrank und hält es unter den Hahn. Dabei fällt ihr Blick auf das Radio neben der Spüle. 6:12 Uhr. Das gibt's doch nicht! Ungläubig sucht Greta nach ihrem Handy, aber das ist absolut einverstanden mit dem Radio. Es ist gerade mal Viertel nach sechs. Kein Wunder, dass von Lauri nichts zu hören ist.

WIE HELL SIND DIE SOMMER UND WIE DUNKEL DIE WINTER?

Weder die Erdachse noch den Polarkreis gibt es eigentlich. Trotzdem ist die eine für die Positionierung und Verschiebung des anderen zuständig. Schließlich ist unsere nicht vorhandene Erdachse um 21,5 bis 24,5 Grad geneigt. Derzeit bewegt sie sich wieder in Richtung der 21,5 Grad, das heißt, sie stellt sich ein bisschen gerader. Falls ihr das ganz gelänge, hätten wir keinen Polarkreis mehr. Aber so wahr die Erde keine Kugel ist, sondern eher abgeflachte Pole hat, so wahr wird sie diese Schwankungen weiterhin unternehmen.

Leider wird dieses Gewirr der Imaginationen auch nicht viel klarer, wenn man vor Ort ist. Zwar hat man einst den Polarkreis bei Rovaniemi auf den Asphalt gemalt, sodass die Beweisfotos ohne Weiteres zu knipsen und um die Welt zu schicken sind. Und weil wir Menschen ja an Dokumentationen dieser Art gewöhnt sind, glauben wir es auch gerne. Leider ist er aber gar nicht mehr an dieser Stelle zu finden. Rein praktisch ausgedrückt ist der Polarkreis die gedachte Linie, entlang derer an einem Tag im Jahr die Sonne nicht untergeht. Ebenso geht an genau einem Tag im Jahr die Sonne dort auch nicht auf. Die Neigung der Erdachse, die es nicht gibt, interessiert uns nur in Bezug auf die Bahn, auf der die Erde sich um die Sonne dreht (dass sie das überhaupt tut, sollte inzwischen allgemein anerkannt sein). Also: Die Erde wandert um die Sonne. Und sie zeigt der Sonne dabei nicht gleichmäßig ihre ganze Breitseite (das tut sie nur zweimal im Jahr, nämlich jeweils zur Tag-und-Nacht-Gleiche), sondern zur Hälfte des Jahres ist die Nordhalbkugel der Sonne etwas näher, zur anderen Hälfte des Jahres die Südhalbkugel. So haben wir überall mehr oder weniger große jahreszeitliche Schwankungen. Je weiter wir uns vom Äquator entfernen, desto größer werden diese Schwankungen. In Helsinki bedeutet das um Mittsommer herum eine Tageslänge von knapp 19 Stunden, das sind fast zwei Stunden mehr als in Hamburg. Zwischen Helsinki und dem Polarkreis liegen rund 700 Kilometer Luftlinie. Durch die Lichtbrechung beim Eintritt in die Erdatmosphäre erscheint die Mitternachtssonne aber auch weiter südlich. Dadurch kann man sie in Rovaniemi fast einen Monat lang erleben.

Wem das alles zu theoretisch ist: Hinfahren, um null Uhr im T-Shirt Zeitung lesen, schwimmen gehen und im wahrsten Sinne des Wortes die Nacht zum Tage machen. Ganz Konsequente verlegen den Schlaf dauerhaft auf die Uhrzeiten zwischen acht Uhr morgens und vier Uhr nachmittags. Gerade das Dämmerlicht zaubert wundervolle Stimmungen in die nordische Landschaft. Zur Wiedereingewöhnung in den mitteleuropäisch anerkannten Arbeitsrhythmus braucht man dann aber recht lange ...

Greta trinkt ihren Kaffee also allein. Vor dem Küchenfenster schwingen ein paar dünne Birkenzweige im Wind und lassen ihre Blätter flattern. Der weiße schmale Stamm strahlt im Morgenlicht. Sie tritt bis an die Scheibe heran und sieht hinunter auf die Straße. Viele Menschen sind nicht unterwegs, dafür aber einige ziemlich schnell und einige mit Stöcken.

Das ist die Idee! Eine morgendliche Joggingrunde durch Helsinki, das lockert auch den verspannten Rücken. So klare Luft hat sie in einer Großstadt noch nie erlebt. Ohne Uhr und ohne die Kopfhörer, die sie zu Hause beim Laufen immer braucht, um im Straßenlärm ihren Rhythmus zu finden, taucht Greta ein in Helsinkis Morgenstimmung.

Als sie zum Markt kommt, sind die Fußwege schon voller, die Kleidung der eilenden Menschen eleganter, was vermuten lässt, dass sie zu den Büros der Stadtverwaltung, der Uni oder der staatlichen Behörden unterwegs sind, die hier verstreut liegen. Oder doch eher zur Bank?

Greta überholt auf der Straße und läuft in gleichmäßig schnellem Tempo weiter. Langsam gerät sie in unbekannte Viertel. Nach einem relativ steilen Anstieg bleibt sie an einem Platz mit einer Kirche und einer Schule stehen und sieht zurück. Wenn sie sich recht an den Stadtplan erinnert, ist das Zentrum auf drei Seiten (außer im Norden) von Wasser umgeben, eigentlich schon eine große Halbinsel an sich. Obwohl die Sonne ja bereits ziemlich hoch steht, ist sie sicher noch lange nicht im Süden. Greta blickt sich um. Also ist etwa dort drüben Osten, und im Osten liegt Katajanokka, ihr Viertel.

Weit kann es eigentlich auch nicht mehr sein bis zum Südrand der Stadt, und damit zur Küste. In diese Richtung geht es auch bergab, also fällt ihr die Entscheidung leicht. Schon bald ist sie wirklich am Wasser.

Dort draußen scheinen mindestens so viele Leute unterwegs zu sein wie in der Stadt. Segelboote jeder Größe kreuzen auf den kurzen Wellen, auch ein paar Paddler gleiten ganz in der Nähe vorbei. Greta nutzt den herrlichen Anblick für eine Pause und ein paar Dehnübungen.

Der frische Wind lässt sie aber nicht lange ruhig stehen. Als sie der Wasserlinie gen Osten folgt, erstreckt sich linker Hand ein schöner, weiter Park. Hier trifft sie einige weitere Bewegungsenthusiasten, wie auf Katajanokka oft mit Stöcken ausgerüstet.

TRAINER ZUM SKILÄUFER: MACHEN SIE EINE TYPISCHE HANDBEWEGUNG!

Wer kennt Mauri Repo (1945–2002)? Kaum jemand, wahrscheinlich nur Langlauf-Spezialisten. Er war Nationaltrainer des Verbandes der finnischen Arbeitersportvereine. Seine Idee, das Skilaufen auch in den schneefreien Sommer zu verlegen, ist aber heute weithin bekannt und beliebt – unter dem 20 Jahre später verbreiteten Namen Nordic Walking. Bereits 1979 hat Mauri Repo Bücher über Sommertraining mit Stöcken geschrieben, was international aber kaum beachtet wurde. Erst seit dem Ende der 1990er-Jahre werden Stöcke für Freizeitsportler produziert und haben seitdem die Märkte erobert.

Und schon bald öffnet sich der Blick hinein zum Hafen und Marktplatz. Als hätte sie die Strecke schon 100 Mal zurückgelegt, biegt Greta nach zehn Minuten in den Katajanokanranta ein. Wie spät es jetzt wohl sein mag? Kurz vor der Haustür bleibt sie abrupt stehen. Oh nein, die Schlüssel! Die hat sie in der Eile vorhin ganz vergessen ... Und wenn Lauri jetzt schon weg ist? Oder noch schläft?

»Huomenta, guten Morgen!«, tönt es aus der Gegensprechanlage, kaum dass sie atemlos auf den Knopf gedrückt hat.

»Oh, Gott sei Dank, du bist da!« Erleichterung schwingt in Gretas Stimme mit, als sie rasch die Treppen in ihren zweiten Stock hinaufgesprungen ist. »Huomenta!« Und schon ist der kurze Schreckmoment vergessen. »Wusste gar nicht, wie groß Helsinki ist. Ich glaub, ich hab die ganze Stadt durchquert. Bin gleich wieder da.«

Mit nassem Haar und frischer Energie sitzt Greta kurz darauf bei Lauri am Küchentisch.

»Hast du dich verlaufen oder trainierst du für den Marathon?« Er blickt kurz über seine Zeitung zu ihr hinüber.

Greta starrt zurück, ein bisschen beleidigt. »Ich war joggen.«

»Um diese Uhrzeit? Respekt«, hört sie undeutlich seine Stimme.

Greta holt aus ihrem Schrank erstmal eine Plastikdose und schluckt zwei runde rote Kapseln. Als sie gerade in ihr Zimmer gehen will, dreht Lauri sich zu ihr um und sieht sie vorwurfsvoll an.

»Bei deinem Enthusiasmus bekomme ich glatt ein schlechtes Gewissen. Du warst fast 'ne Stunde unterwegs. Und ich hab jetzt höchstens noch 35 Minuten ...«

Betont langsam steht er auf und lässt ein etwas spöttisches Lachen erkennen, nicht unsympathisch, aber ein bisschen mysteriös. »Was ist das denn?« Er schüttelt Gretas Plastikbüchse mit dem Preiselbeeraufdruck in seiner Hand.

»Finnische Vitamine.« Greta erläutert ihm im Handumdrehen die besonderen Eigenschaften dieser pulverisierten Natur: »Nach dem Sport hilft das dem Körper bei der Regeneration. Ihr Finnen habt da tolle Dinge entwickelt.«

Erst als Lauri mit einem stummen »Hm« an ihr vorbeigehen will, bemerkt Greta, dass auch er in voller Sportausrüstung steckt.

»Nimm dir nachher ruhig zwei. Tut gut!«

»Dankeschön, ich bin für so was nicht zu begeistern. Wenn ich Vitamine brauche, greife ich in den Kühlschrank.«

Greta entdeckt dort eine fast volle Glasflasche.

»Preiselbeersirup, und zwar echtes. Wer weiß, was dein Körper mit diesen Präparaten anstellt. Gut sind sie jedenfalls nicht.«

Greta widerspricht. »Der Verkäufer in meinem Reformhaus hat mir erzählt, dass Finnen eine halbe Milliarde Euro für Nahrungsergänzungen ausgeben. Und dass das bei naturreinen Produkten nicht schädlich sein kann.«

»Wenn du dem vertrauen willst. Ich habe vor ein paar Jahren eine Studie gelesen, dass zugeführte Vitamine den Körper sogar schwächen können. Und warum viel Geld ausgeben, wenn's auch anders geht?«

»Jeder dritte Finne nimmt solche Mittel«, meint Greta kopfschüttelnd.

»Ja«, stimmt Lauri zu, »besonders sportliche Frauen unter 35 Jahren. Als ob ihr's nötig hättet!«

»Vielleicht sind wir einfach gesundheitsbewusster und nicht so altmodisch!«

Für die letzten Worte muss sie ihm ins Treppenhaus folgen, denn Lauri hat unvermittelt zu laufen begonnen und ist schon unterwegs. Grüßend, aber kommentarlos hebt er die Hand und verschwindet. Da hört Greta ein verdächtiges Geräusch hinter sich. Leise und mit einem fast hinterhältig sanften Klicken schließt sich die Wohnungstür.

Sopii!

Laufen, sich bewegen, trainieren, Sport treiben, den Körper fit halten, mit allen Varianten der Ertüchtigung wird Greta Anerkennung finden. Morgens durch die Innenstadt Helsinkis zu sausen ist eher ungewöhnlich, die vielen parkähnlichen Anlagen und Fußwege in den Vorstädten sind sehr viel beliebter bei Joggern, denn wer möchte schon um Aktentaschen Slalom laufen, dauernd an Ampeln stehen bleiben und den Berufsverkehr einatmen. Ein Problem ist es aber nicht. Unter www.ulkoilukartta.fi findet sich ein aktivitätsbezogener Stadtplan des Großraums Helsinki. Ulkoilu bedeutet wörtlich etwas wie »Draußensein«. Es geht also darum, die schönsten Orte für jede Bewegung im Freien zu finden. Wie viel Klischee darin steckt, dass die Finnen in der Natur am liebsten entspannen, sollte man all diejenigen fragen, die das in Interviews und Umfragen beständig von sich geben. Und das zieht sich durch alle Berufe, Generationen und sozialen Gruppen. Wer in sportlicher Betätigung auch eine bestimmte Geisteshaltung sieht, kann dafür einen speziellen finnischen Begriff verwenden: *sisu* (siehe »Hast du sisu?«, Seite 187). Man trainiert sich, wappnet sich gegen Widerstände und hält durch. Seitdem auch in Mitteleuropa die Sportangebote außerhalb der Vereine in Fitnessstudios, Trainingskursen und Ähnlichem enorm zugenommen haben, ist man hierzulande so weit finnlandisiert, dass man seine Gewohnheiten einfach dorthin mitnehmen kann.

Ebenso stimmig ist ihre Vorstellung vom Interesse der Finnen an passgenauen Nahrungsergänzungsmitteln. In den letzten Jahren sind die Verkaufszahlen allerdings auf dem (hohen) Niveau von etwa 500 Millionen Euro pro Jahr stagniert. In Kundenbefragungen wurde herausgefunden, dass immer mehr Menschen Sorge vor Nebenwirkungen haben und einen konkreten Effekt der oft teuren Präparate sehen wollen. Korrekt ist auch Lauris Hinweis, dass besonders junge Frauen in Finnland immer noch solchen Produkten zugeneigt sind. Angesichts des allgemein großen Interesses an gesundheitsförderlichem Essen (siehe »Schmeckt's?«, Seite 93) ist ein freier Meinungsaustausch darüber generell üblich.

6 WILLST DU DAS WIRKLICH?

VON NÄHE UND DISTANZ

Seit 19 Uhr klingelt es immer wieder an der Tür. Greta sitzt in ihrem Zimmer und liest, also, sie versucht zu lesen. Aber der Lärm auf dem Flur und im Wohnzimmer stört sie immer wieder. Nein, genau genommen stört er sie gar nicht, er steigert nur ihre Unruhe. Eigentlich geht es mich ja nichts an, denkt sie und blättert die nächste Seite um. Als sie sich wieder in ihr Buch vertiefen will, merkt sie, dass sie die letzten Zeilen gar nicht mehr richtig gelesen hat.

Lauri hat angekündigt, dass heute ein paar Freunde von ihm kommen würden für einen Filmabend. In der Küche stapeln sich Pizzakartons, und Greta hat bereitwillig Joghurt, Milch, Butter und Käse aus dem Kühlschrank geräumt, damit dort Platz ist für Cola und Bier.

»Wird das 'ne Party? Wie viele kommen denn? Hast du Geburtstag?«

Lauris Antwort war eher knapp: »Na ja, mal sehen. Nein.«

Greta hat extra sorgfältig abgewaschen, das gesamte Geschirr ordentlich weggestellt und fast noch angefangen, die Fenster zu putzen. Nicht damit alles top-sauber aussieht, wenn die Gäste kommen, sondern weil sie gehofft hat, dass Lauri irgendwann mehr erzählen würde. Vor allem brennt ihr die Frage auf den Nägeln, ob sie dabei sein sollte nachher. Immerhin ist das ja eine WG und ihr gemeinsames Wohnzimmer, aber Lauri ist so kurz angebunden, dass sie sich nicht getraut hat zu fragen. Oder ist es selbstverständlich, und es wäre unhöflich, nicht zu kommen? Da erscheint ein ganzer Schwung Finnen, endlich mal die Gelegenheit, Leute kennenzulernen, und sie soll sich in ihr Zimmer einschließen? Kommt gar nicht infrage. Wütend wirft Greta ihr Buch aufs Bett. Betont gelassen schlendert sie in die Küche und holt sich etwas zu trinken. Die Tür zum Wohnzimmer steht offen, lautes Lachen und Gespräche dringen heraus, von denen sie kein Wort versteht. Das wär natürlich auch albern, wenn alle Englisch reden müssten, nur weil sie dabei ist.

Den Müll könnte man noch mal rausbringen – erledigt. Wie viel Kaffee ist denn noch da? Viel. Der Ofen jault, so ganz neu ist er nicht mehr, und drei Pizzen duften, braten, haben eine knusprig-braune Farbe angenommen, und der Käse wirft schon Blasen. Sie müssten jetzt doch unbedingt sofort mal dringend rausgenommen werden. Greta macht einen entschlossenen Schritt in Richtung Wohnzimmer, guckt kurz hinein, findet Lauri so schnell gar nicht, aber irgendwo muss er doch sein. »Die Pizza sieht fertig aus.« Schon ist sie wieder weg. Ob jemand ein »Danke« gerufen hat, konnte sie gar nicht mehr hören.

Und jetzt? Jetzt wäre es doch an der Zeit, dass die Jungs sie mal einladen. Nach einer halben Stunde glaubt sie kaum mehr daran. Nach fünf E-Mails an fünf Freundinnen in Deutschland mit belanglosen Sätzen zum schönen Wetter und der schönen Stadt und der schönen Wohnung steigt der Ärger wieder in ihr hoch. Die machen sich einen lustigen Abend, und sie soll sich in ihre vier Wände verkriechen.

Aber wer zwingt sie denn dazu? Es ist höchstens halb neun, morgen früh hat sie keinen wichtigen Termin, also kann sie ohne Weiteres noch mal rausgehen. In der Stadt ist bestimmt was los. Oder sie kann es auch sein lassen. Sie muss ja schließlich kein Aktionsprogramm aufstellen, nur um sich zu beweisen, dass sie total beschäftigt ist. Apropos beschäftigt: Das Übungsbuch für den Sprachkurs steht doch schon im Regal, da könnte sie wirklich mal reingucken.

Grammatik, Dialoge, Vokabellisten, fröhliche Zeichnungen von Menschen in Sommerkleidern. Gibt es eigentlich auch Sprachlehrbücher, die im Winter spielen? Wahrscheinlich nicht, da kommt nicht die tolle Urlaubsstimmung auf, die man sich wünscht, wenn man ins Ausland geht. Jetzt ist Sommer, und es ist hell, und sie ist in Helsinki, in einer netten WG, und die wollen sie nicht dabeihaben. Was nutzt einem da das fröhliche Sprachbuch? Lustlos schlägt Greta das erste Kapitel auf. Begrüßung. *Hei.* Hallo. *Mitä kuuluu?* Wie geht's? *Hyvää.* Gut. Klar, wenn man gefragt wird, behauptet jeder, dass es ihm gut geht. Immer diese Stereotype. Sie kann doch nicht ins Wohnzimmer gehen und mal eben in die Runde fragen: *Mitä kuuluu? Minä olen Greta.* Ich bin Greta. Das ist wirklich peinlich: gleich jedem die Hand hinstrecken, ja hallo, wer bist du denn, alles klar? *Minä olen saksalainen.* Ich bin Deutsche. Na toll. Als ob das der erste Satz sein muss, den man sagt. Ist das denn so entscheidend? Reduziert sich die Identität immer gleich auf die Nationalität, sobald man ins Ausland geht? Aus dem Wohnzimmer ist nichts mehr zu hören. Ob die eingeschlafen sind? Greta horcht noch einmal genauer. Nichts. Halb widerwillig geht sie in den Flur. Die Tür ist zu. Ein paar Stimmen sind zu hören, Autogeräusche. Ah, jetzt sehen sie sich den Film an, irgendeinen amerikanischen Actionfilm, Greta hatte ihn auf dem Tisch liegen sehen, bevor alle kamen. Na, dann ist der nette Teil des Abends eh vorbei.

Aber nicht für sie. Während im Wohnzimmer von stahlharten Typen die Welt gerettet wird, streckt Greta sich auf ihrem Bett aus. Die Spannung fällt langsam von ihr ab. Sie schließt die Augen und bemerkt amüsiert, dass ein leichtes Lächeln auf ihr Gesicht gezogen ist, während sie gerade an nichts gedacht und über nichts nachgegrübelt hat. Manchmal ist es offenbar schwieriger, untätig zu sein als immer überall dabei. Neben dem Übungsbuch steht auch das neue Wörterbuch im Regal. Greta setzt sich halb auf und zieht es heraus. Nach R sucht sie, nach R wie Ruhe: *rauha* auf Finnisch. Und darunter entdeckt sie eine Floskel: *omassa rauhassa,* wörtlich: in der eigenen Ruhe. In der eigenen Sommerabendruhe, im eigenen Zimmer, mit dem eigenen Fernsehprogramm, nämlich gar keinem. Warum mit sechs fremden Finnen Tiefkühlpizza konsumieren und schmatzend im Schnelldurchgang Freundschaften konstruieren? Warum nicht einfach Arme und Beine von sich strecken, die Gedanken fliegen lassen und einfach gar nichts tun? Und wenn doch, dann spontan und ganz entspannt, halt *omassa rauhassa.* Sie schläft ein.

»Greta! Greta? Kommst du noch auf ein Bier rüber?«, hört sie Lauris Stimme im Traum, oder steht er wirklich in ihrer Tür? Der Blick auf den Wecker verrät, dass es schon bald elf Uhr ist. »Der Film ist zu Ende und alle sind weg, aber der Abend ist noch so schön ...«

»*Joo* ... für ein paar Minuten, wenn du schon fragst. Warum nicht?«

Noojoo!

Ist das ein finnisches Problem? Warum sagst du nicht, was du möchtest, warum hast du mich nicht gefragt, was ich möchte ... Sicher nicht. Aber vielleicht gibt die finnische Umgebung mehr Gelegenheit dazu, solche Konflikte mit sich selbst zu lösen. Finnland ist manchmal langweilig, richtig öde. Wie schön! Das kann man natürlich nicht planen. Manchmal passiert vielleicht einfach nichts. Und das kann sehr dadurch gefördert werden, dass die Menschen nicht unbedingt immer und überall Gesellschaft suchen. Lauri kommt wohl gar nicht auf die Idee, dass Greta sich für seinen Männerabend interessieren könnte. Sie war nicht eingeladen, die Sache ist klar. Ein ungefragtes Erscheinen kann in solch einem Fall, da sich eine bestimmte Gruppe trifft, durchaus als aufdringlich empfunden werden.

Und wenn sie vor lauter Unruhe schließlich zur Ruhe findet, warum nicht? Trotzdem mag das weniger daran liegen, dass sie in Finnland ist, als dass Lauri eben so ist, wie er ist. Und dass Jungs, wenn sie Filme gucken, nicht mit Greta Smalltalk führen wollen. Aber vielleicht wäre es ja trotzdem sehr lustig geworden? Ja, wer weiß. Wenn Greta unbedingt gewollt hätte, hätte sie dabei sein können. Dann hätten die Jungs das eben akzeptiert. Und sich gewundert.

Und festgestellt, dass Greta ein bisschen komisch ist. Aber trotzdem hätten sie sie vielleicht nett gefunden. Aber dann hätte Lauri nicht fragen können, ob sie noch ein Bier mit ihm trinkt, und das wäre doch schade gewesen.

7 WER BIST DU DENN?

WIE MAN KENNENGELERNT WERDEN KANN

Freitag, 16 Uhr: Begrüßung für alle neuen ausländischen Studierenden. Die Tutoren stellen sich vor. Anschließend Wassersport. So etwa steht es auf dem Plakat. Klar, Greta ist dabei.

Im Innenhof eines Instituts sind auf dem Rasen Tische und Bänke aufgestellt. Schade nur, dass es heute nicht so richtig warm ist, am Nachmittag hat es schon angefangen zu nieseln, und jetzt sieht alles aus wie im November. Entsprechend wenige sind auch gekommen. Drinnen gibt es ebenfalls ein paar Sitzplätze, und als es auch noch anfängt zu stürmen, sind alle schnell ins Gebäude geflüchtet. Ein ganzer Hörsaal ist geöffnet, und dort hält der Leiter der internationalen Abteilung nun seine Begrüßungsrede. Im Anzug, mit vielen freundlichen Blicken und Worten und ebenso freundlichem Applaus.

EINMAL FINNLAND FÜR ALLE

In Finnland leben derzeit über 250.000 Ausländer. Die mit Abstand größte Gruppe bilden die Esten mit über 50.000, gefolgt von den Russen mit etwa 30.000 Menschen. Studiengänge an den Universitäten international attraktiv zu machen, gehört seit Jahren zum Konzept. Die Internationalisierung der Jugendlichen und damit auch der jungen Wissenschaftler zu fördern, bedeutet schließlich, den Austausch mit der Welt zu verbessern, woran Finnland als geografisch fernem, ehemals politisch umstrittenem, kleinem, jungem Land besonders gelegen ist. In diesem Sinne werden auch Aufenthalte von jungen Leuten aus dem Ausland in Finnland unterstützt, sei es durch zahlreiche preisgünstige Sprachkursangebote, sei es durch das Centre for International Mobility CIMO.

Und nun treten die Tutoren ans Mikro, nicht ganz so feierlich, aber immer noch sehr korrekt.

»Ich bin Virva und ich bin für alle da, die den Master of European Studies machen wollen.«

Aha, die kleine Dunkelhaarige war Greta gleich aufgefallen. Ihre Vornehmheit fällt eher gering aus im Vergleich zu den meisten anderen. Mit schwarzer Netzstrumpfhose und rotem Minikleid erzählt sie in absolut flüssigem Englisch mit deutlichem britischem Akzent Greta und zwei litauischen Frauen anschließend vom Studienaufbau.

»Ich bin gerade aus London zurück und habe da zwei Jahre studiert. Also weiß ich ein bisschen, welche Fragen ihr haben könnt. Hier ist meine Handynummer, wenn ihr etwas braucht.«

Die organisatorischen Dinge sind schnell geklärt. Greta fragt sich, wie es weitergeht. Gar nicht? Nach ein paar netten Worten gehen alle ihrer Wege?

»Und, was ist mit dem Wassersportangebot?«

Virva zuckt mit den Schultern. »Heute? Bei dem Wetter? Wir hatten eh so wenige Anmeldungen.«

»Anmeldungen? Ich wusste gar nicht, dass man sich anmelden sollte.«

»Ich glaube, das stand in dem Brief.«

»Oh, den habe ich leider nicht bekommen. Vielleicht ging das anderen genauso! Komm, lass uns mal herumfragen, wer noch alles Lust hat!«

Virva steht schon an der Tür, aber sie dreht sich noch mal um. »Ich gehe noch einen Kaffee trinken mit ein paar Freunden – wenn du mitkommen möchtest ...«

Greta zögert. »Jetzt gleich?«

»*Joo.*«

Virvas Auto steht vor der Tür.

»Na gut. Wohin fahren wir denn?«

»Zum Regatta.«

»Ist das lecker da? Gehst du da öfter hin?«

»Ab und zu.«

»Ist das typisch Finnisch?«

»Ja und nein.«

»Wie jetzt?«

»Es ist traditionell. Ein bisschen wie von früher. Ganz nett zur Abwechslung.«

»Klingt schön. Es muss ja nicht alles so modern und schrill sein. In London war ich mal kurz für ein Wochenende, aber ich glaube, leben würde ich da nicht wollen. Finnland klingt irgendwie gemütlicher. In London ist alles so laut und groß, und ich mag die kleinen Städte lieber.«

Virva schweigt.

»Also, nicht dass Helsinki klein ist, aber doch irgendwie übersichtlicher, und mehr Natur.«

»Ja, das stimmt. Ich mag auch die Natur.«

»Wo wohnst du denn in Helsinki?«

»Am Itäkeskus. Das ist im Osten der Stadt.«

»Ist es schön da?«

»Ich weiß nicht. Es ist in Ordnung.«

EHER PRAKTISCH DENN IDYLLISCH – ITÄKESKUS

Es ist vielleicht nicht das oberste Ziel des Itäkeskus, schön zu sein. Schön neu ist es jedenfalls und heißt übersetzt schlicht »Ostzentrum«. Hauptmerkmal ist das riesige Einkaufszentrum mit rund 300 Läden und Restaurants, umgeben von immer noch wachsenden Wohnanlagen.

Die Nähe zum neuen Hafengebiet von Vuosaari macht diese Region Helsinkis für viele interessant. Ebenso schnell gelangt man in größere Parkanlagen oder auch außerhalb der Stadtgrenzen in die Natur.

Virva parkt parallel zur Straße ein.

Sie sind nur zehn Minuten gefahren und haben das Stadtzentrum noch nicht wirklich verlassen. Neben den Bäumen umschließt ein hoher Metallzaun einen sandigen Platz mit zwei Toren: Fußball in Kleinformat mitten in der Stadt. Nebenan eine kleine Rutsche. Die Häuser ragen sechs Stockwerke in die Höhe, für eine Großstadt nicht viel, für ein familiäres Wohnumfeld aber zu viel, findet Greta.

Doch nach 100 Metern und einer Straßenüberquerung behindert nichts mehr den Blick auf das Wasser. Nur einige Stege und unzählige Masten von kleinen Segelbooten schmücken die Aussicht, Bäume säumen die zahlreichen Halbinseln, die den Vorstoß in die blaue Weite wagen.

Auf dem Uferweg, ganz ähnlich wie zu Hause auf Katajanokka, sind Radfahrer und Fußgänger gemeinsam unterwegs. Und mitten auf der grünen Wiese steht ein kleines rot gestrichenes Holzhaus.

»*Terve!*« Virva hat schon eine Freundin begrüßt, als Greta noch den besten Fotopunkt sucht. Das Häuschen bringt schlagartig Dorfidylle in die Stadt.

WIE DER NORDEN ZUR ROTEN FARBE KAM

Die typisch nordische rote Farbe, in Mitteleuropa oft Schwedenrot genannt, ist tatsächlich schwedischen Ursprungs. In den Kupferbergwerken von Falun wurde sogenanntes Kupferwasser gewonnen und verschifft, das als wasserhaltiges Eisensulfat für die traditionelle Mischung der Farbe benötigt wurde. Darüber hinaus wurden Roggenmehl und roter Ocker beigefügt. In einigen Regionen verwendete man zusätzlich Teer. Aber erst im 19. Jahrhundert hat man diese Farbe im ganzen Land hergestellt und benutzt. Heute vermittelt unter anderem der Finnische Museumsverband Kenntnisse über traditionelle Farben. Künstlich erzeugte importierte Anstriche sind erst seit den 1930er-Jahren im Umlauf.

Die Bänke rundum sind nach dem kalten Wetter ziemlich leer, über den Himmel ziehen noch einige dunkle Wolken, und Virva steuert auf einen langen Tisch zu, wo bereits einige fröstelnde Personen sitzen. »Das ist Greta, sie kommt aus Deutschland und macht den Master of European Studies wie ich«, stellt Virva sie vor. Greta streift die Kapuze von ihrer Regenjacke hinunter und reicht jedem die Hand. Verlegenes Kichern und ernsthaftes Nicken schlagen ihr entgegen.

»Trinkst du Kaffee?« Virva ist schon auf dem Weg zu einem kleinen Häuschen. Greta folgt ihr. Das Café quillt über von alten Gießkannen, Besen, Gartengeräten und sonstigen Herrlichkeiten aus Uromas Zeiten.

»Genauso habe ich mir Finnland vorgestellt. So heimelig und persönlich«, schwärmt Greta.

»Ich glaube nicht, dass ganz Finnland so ist«, bemerkt Virva, schon wieder auf dem Weg nach draußen.

»Danke für den Kaffee. Das ist ein toller Platz hier. Es ist doch okay, wenn ich Englisch rede?«

»Sicher. Hast du schon viel von Helsinki gesehen?«

»Nein, eigentlich nicht, nur das Stadtzentrum und die Uni. Was muss ich denn unbedingt noch angucken?«

»Hm. Schwer zu sagen, kommt darauf an, wofür du dich interessierst. Es gibt viele bekannte Museen.«

»Und wo ist abends was los? Ich möchte gerne mal länger weggehen, und ich kenne ja noch nicht viele Leute.«

»Ja, zum Beispiel auf der Esplanade.«

»Und wo geht ihr so hin?«

»Das ist verschieden. Am Freitag ...«

»Ja, genau, das war nett da«, ruft Virvas Freundin sofort.

»*Viime perjantaina?*«, fragt jemand anderes nach und wirft einen Kommentar ein, dass alle schallend lachen. Greta beschäftigt sich mit ihrer Kaffeetasse, denn die anderen scheinen sie vergessen zu haben. Die Unterhaltung fließt auf Finnisch dahin.

»Ich hole mir noch einen Kaffee«, sagt Greta schließlich, stellt sich ans Kopfende des Tisches und fügt ein wenig zu laut hinzu: »Soll ich jemandem was mitbringen?«

Alle sind urplötzlich still.

»Das brauchst du nicht. Aber wenn du möchtest, ja, gerne.« Virva reicht ihr den Becher.

Greta fragt am Tresen nach einer zweiten Tasse.

»Bitte schön.« Ihr werden zwei Zehn-Cent-Stücke hingelegt.

»Ich wollte nur Kaffee ...«

»Ja, dort, bitte, bedien dich.«

Greta nimmt den Kaffee, lässt das Geld liegen und geht hinaus.

»Was war das denn?« Greta stellt Virva die Tasse hin. »Die Frau dort hat mir 20 Cent gegeben, als ich nach Kaffee gefragt habe. Was bedeutet das?«

»Du bekommst Geld zurück, für jedes Nachfüllen zehn Cent.«

»Warum sagst du mir das nicht vorher? Jetzt stand ich da wie blöd!« Ärgerlich geht Greta ins Café, holt das Geld und legt 10 Cent vor Virva auf den Tisch. Die lässt die Münze unbeachtet liegen.

Am Ufer schaukeln ein paar Boote vor sich hin, Kajaks, ein Ruderboot, Kanus. »SUP« ist auf einem Schild zu lesen.

»Sag mal, Virva«, fragt Greta unvermittelt, »sollten wir hier die Wassersportaktionen machen?«

Virva nickt.

»Was kostet das denn? Kann man das heute noch machen? Hat jemand Lust? Virva?«

»Tut mir leid, keine Ahnung.«

»Ich meine: Kommst du mit?«

»Nein, danke.«

»Sonst jemand? Ist doch cool!«

Kurzes, uninteressiertes Kopfschütteln ist die einzige Reaktion am Tisch. Greta geht ins Café und bekommt die Antwort, dass sie heute noch rudern könnte, eine Stunde 20 Euro. Die SUPs gibt es nur mit Guide, und paddeln kann sie nicht.

»Du, Virva, kannst du so lange auf meinen Rucksack aufpassen? Ihr seid doch noch 'ne Stunde hier, oder?«

Noojoo!

Im Gegensatz zu Lauris Filmabend (siehe »Willst du das wirklich?«, Seite 46) hat die Univerwaltung explizit zu einem Kennenlernfest eingeladen. Und sie steuert ihren Teil bei, akribisch, höflich, etwas distanziert, aber korrekt. Das hätte natürlich auch gemütlicher ausfallen können. Da Virva auslandserfahren ist, kann sie sich in Gretas Situation hineinfühlen und versteht, dass diese ein wenig enttäuscht ist. Und Greta kann eine Einladung mitzukommen auf jeden Fall annehmen. Nur sollte sie nicht erwarten, dass dann alles nach ihrem Plan läuft oder sie irgendwie als ausländische Besonderheit behandelt wird. Es ist ja auch kein offizieller Anlass, und sie muss durchaus nicht jeden per Handschlag begrüßen.

Dass die Finnen im Café schließlich wieder in ihre Unterhaltungen zurückgleiten, braucht Greta nicht – wie sagt man immer so schön – persönlich zu nehmen. Es muss sie weder verunsichern noch muss sie sich verpflichtet fühlen, interessiert dreinzublicken. Wenn sie nichts versteht, darf sie sich ruhig von der Unterhaltung distanzieren, ohne unfreundlich zu wirken. Sich allerdings aufzudrängen und beleidigt die Aufmerksamkeit auf sich zu ziehen wirkt kindisch. Niemand hätte ein Problem damit gehabt, wenn sie sich einfach zum Rudern verabschiedet hätte. Gemeinschaftlichkeit mit einem »Rucksackservice« erzwingen zu wollen und damit indirekt an das (nicht vorhandene) schlechte Gewissen der neuen Bekannten zu appellieren, hilft sicher nicht beim Aufbau einer Freundschaft.

Virvas Freunde mögen das nette kleine Café offenbar, das bewusst ländliche Elemente ins Großstadtgewimmel transportiert. Aber sie romantisieren es nicht. Und sie finden die dortige Sitte zwar amüsant, dass man für die erste Tasse den normalen Preis bezahlt und für jede weitere Geld zurückerhält, aber sie geben sich auch keine besondere Mühe, Greta theoretisch in alles einzuführen. Üblich ist, dass die zweite Tasse weniger als die erste oder gar nichts kostet. Gretas überschwängliche Begeisterung für die Idylle des Kaffeehauses teilt Virva nicht gerade. Sie hat London sehr bewusst gewählt und kann mit dem kuscheligen Skandinavienbild holzhausidyllisierender Mitteleuropäer nichts anfangen. Nach Virvas Meinung muss nicht alles »schön« sein, wenn es bloß nicht spießig ist. Sie vertritt damit die Haltung mancher Finnen der jüngeren Generation, denen die Bäuerlichkeit ihrer Vorfahren immer noch unangenehm ist. Sei es aus Ablehnung, Unsicherheit oder anderen persönlichen Gründen. Gleich bleibt in allen Fällen: Selbst ein Lob kommt nicht unbedingt positiv an.

8 WER FINDET DIE *POSTIPANKKI?*

EIN WORT KANN DOCH NICHT NIEDLICH SEIN

Es ist Viertel nach acht, aber bisher sitzen gerade mal acht junge Leute im Raum, ziemlich still, ein kurzer Blick aufs Smartphone, jemand stellt sich ans Fenster und sieht hinaus. Kurz vor halb wird es lauter, italienische und russische Wortfetzen hallen über den Flur, und mit diesen fünf weiteren Teilnehmern scheint der Kurs der Sommeruniversität voll besetzt zu sein.

FREIZEITBILDUNG

Längst bieten die Sommeruniversitäten nicht nur in der studienfreien warmen Jahreszeit Kurse an. Sowohl Schüler als auch Interessierte ohne Hochschulabschluss können vielerlei Zusatzqualifikationen gewinnen. Dazu gehören aber auch Veranstaltungen, die bei einem eventuellen späteren Studium angerechnet werden. Sprachkurse in großer Auswahl bilden einen Schwerpunkt im Angebot.

Hinter ihnen schließt eine nicht mehr ganz junge Finnin den Raum. Klassisch sieht sie aus, denkt Greta, gewissenhaft und freundlich.

Ganz wie in Bullerbü in Astrid Lindgrens Buch, mit dem hellen Sommerkleid und den weißen Sandalen und dem schlichten, schulterlangen Haar: Weder altmodisch noch extravagant.

»*Hyvää huomenta!*«, sagt sie.

»*Hyvää huomenta!*«, antwortet Greta als Einzige, ohne nachzudenken, und erntet viele erstaunte, aber auch einen anerkennenden Blick. Wusste ich's doch, gleich darf ich das Klassenbuch holen und mich in die erste Reihe setzen, amüsiert sie sich, aber Frau Rantanen bedenkt nun ganz professionell jeden Schüler mit dem gleichen Lächeln und setzt sich.

»Herzlich willkommen im Finnisch-Intensivkurs«, geht ihr auf Englisch ebenso leicht von den Lippen wie auf Französisch, Russisch, Italienisch und Deutsch. Ein Raunen geht durch die Reihen. »Leider enden meine Sprachkünste damit auch schon. Es ist also schön, dass ihr Finnisch lernen wollt, dann können wir uns wenigstens unterhalten. »*Kuka sinä olet?*«, wendet sie sich an Greta und wiederholt ihre Frage gleich noch einmal. »Wer bist du?«

»*Ah, minä olen Greta.*« Na, das klappt doch schon ganz gut. Was ein paar Tage mit einem finnischen Mitbewohner ausmachen.

»*Tervetuloa*, Greta, willkommen.«

So geht es die Reihe hindurch, bis alle ihren Namen genannt haben. »Und ich bin Marja-Liisa. Wir Finnen sprechen uns oft nur mit dem Vornamen an. Das ist also ganz einfach bei uns. Sicher habt ihr schon gehört, dass das Finnische eine Menge Grammatik hat, das ist nicht ganz so einfach. Und die meisten Worte klingen für euch auch ziemlich fremd, oder? Wenn ihr aber in der Stadt die Augen offen haltet, werdet ihr sehen, wie viele Begriffe ihr aus anderen europäischen Sprachen kennt.«

Marja-Liisa reicht ein Papier herum mit lauter Begriffen auf der einen Seite und kleinen Skizzen auf der anderen. Die Aufgabe ist klar: Man soll Namen und Bild verbinden. Greta fängt gleich an und muss lachen. »*Hotelli*« steht da zum Beispiel. Manchmal ist es fast komplizierter, das Gezeichnete zu identifizieren, als die Bedeutung zu erraten.

»Entdeckt ihr ein System?«, fragt Marja-Liisa in den Raum hinein.

»Einfach ein i anhängen«, sagt Greta sofort.

»Woran denn?«

»Na, an das deutsche Wort – sorry, das geht aus dem Italienischen natürlich nicht so einfach.«

Posti funktioniert nach dem Prinzip, bei *pankki* muss Greta schon einen Moment länger nachdenken, bis ihr die Bank einfällt. Als nächstes: *bussi*. Eine irische Studentin ist schneller und entdeckt einen Bus in der Bilderreihe. Greta grinst, das hätte ja auch etwas anderes heißen können. *Viini* ist eigentlich ganz einfach, Wein.

Marja-Liisa nickt ernsthaft und lässt sich von der launigen Stimmung nicht anstecken. Aber sie lobt. »Vielen Dank. Damit kommt ihr schon ziemlich weit. Dann wollen wir jetzt mal mit den ersten richtigen Sätzen anfangen.«

Am Ende der ersten Stunde kann sich jeder auf Finnisch vorstellen, mit Namen, Heimatland und Beruf. »Ach, und wenn sich ein Finne doch mal mit seinem Nachnamen vorstellt, könnt ihr gleich hören, wo er herkommt – oder sie.« Marja-Liisa macht es spannend. »Ich heiße zum Beispiel Rantanen. *Ranta* ist auch ein Lehnwort, Greta, hast du eine Idee? Im Deutschen stehen zwei Buchstaben noch davor. Die sind gestrichen worden, weil wir Finnen so viele unterschiedliche Konsonanten hintereinander nicht kennen. S...t...«

»...rand. Strand«, ergänzt Greta. »Ach, wie nett. Und du heißt dann übersetzt Marieluise vom Strand? Das ist wirklich hübsch. Im Vergleich zu meinem Nachnamen Petersen, meine ich.«

»Namen wie Peters Sohn oder Hansdatter, also Hans' Tochter, gab es in Finnland früher auch oft. Aber unsere heutigen Nachnamen haben häufig mit der Landschaft zu tun, in der die Bauernhöfe unserer Vorfahren standen. Am Strand eben oder auf einer Insel oder am Feld. Vielleicht kennt ihr den Skispringer Janne Ahonen? Das ist der Johannes von der Lichtung.«

Die vier Stunden sind im Nu vorbei. Auf dem Heimweg sieht Greta sich aufmerksamer um als früher. Vielleicht lassen sich im Vorbeigehen noch ein paar Begriffe entdecken mit dem lustigen i? Am Bahnhof zum Beispiel? Fehlanzeige, der heißt *rautatieasema*. Oder bei einem Restaurant? Leider auch kein Treffer: *ravintola* sagen die Finnen offenbar.

»Lauri, *hei!*«, ruft sie zu Hause in den Flur hinein. »Wollen wir mal unsere Namen auf die Klingel schreiben? Das wäre doch etwas persönlicher, und ich weiß gar nicht, wie du eigentlich heißt.«

»Okay. Kannst du machen. Ich heiße Yli-Anttila.«

»Wie bitte? Kannst du mir das buchstabieren? Und was bedeutet es?« Nach einer langen Weile kommt er aus seinem Zimmer und reicht ihr einen Zettel. In steilen, schmalen, extrem nach rechts geneigten Buchstaben steht dort »Yli-Anttila«.

»So heißt du?«

»Ja, warum nicht? Hast du ein Problem damit?«

»Entschuldige. Wir haben im Sprachkurs heute Nachnamen durchgenommen und die meisten endeten auf -nen, also Nieminen, der von der Halbinsel, oder Mäkinen, der von der Anhöhe.«

»Wieso heißt du denn Petersen?«

»Keine Ahnung. Wahrscheinlich hieß mal irgendein Urururuмуropa von mir Peter.«

»Dann ist das so ähnlich wie bei mir. Irgendein Vorfahr hieß einmal Antti, und nach ihm wurde der Hof Anttila benannt. Vor ungefähr 200 Jahren hat man dann den Besitz geteilt in den weiter oben gelegenen, also Yli-Anttila, und den unteren, das war dann Ali-Anttila.«

»So etwas kenne ich aus den Alpen, da heißen manche auch Obermoser und Untermoser und so. Ach, Lauri, machen wir's uns doch einfacher. Marja-Liisa, unsere Dozentin, sagte, dass sich alle in Finnland mit dem Vornamen anreden, schreiben wir halt Lauri & Greta auf die Klingel.«

»Findest du das nicht etwas vorschnell?«

»Vorschnell? Wieso? Ich wohne doch jetzt genauso hier wie du.«

»Schon. Aber ich kann mich nicht erinnern, dass wir schon geheiratet hätten.«

»Ich – ich auch nicht.«

»Oder hast du vielleicht die Absicht?« Es macht Lauri Spaß, Greta zu beobachten.

»Nur wegen der Klingel? Wo denkst du hin! Ich hab extra den Sprachkurs gebucht, um mich von finnischen Merkwürdigkeiten nicht verunsichern zu lassen, seien es nun Namen oder Mitbewohner ... Du darfst heißen, wie du möchtest.«

»Oh, danke schön. Dann kann ich ja die Beschilderung übernehmen und dich anschließend zu einem vitaminreichen Abendessen einladen? Ich war einkaufen.«

Greta sieht zwei gut gefüllte Plastiktüten auf dem Küchentisch. Lauri verschwindet in seinem Zimmer, und kurze Zeit später hört Greta den Drucker rattern.

Aus der einen Einkaufstasche ragen Bananen heraus, die zweite ist von mindestens einem halben Kilo kleiner, ovaler Tomaten gekrönt. Gut, dass Lauri eingekauft hat. An die Marktstände hat Greta sich noch nicht herangewagt, die vielen Namen sind bestimmt schwer zu lernen.

»Lauri, du musst mir alle Begriffe einzeln buchstabieren.« Er hat gerade Petersen/Yli-Anttila an der Wohnungsklingel befestigt, in kräftigem Blau und leicht geschwungener Schrift. »Ist gut, wenn du meinst. Allerdings wird es ziemlich kompliziert.« Greta hat sich ihren Block geholt und sieht gespannt zu ihm hinüber. Er nimmt das erste Stück aus der Tasche und legt es bedeutungsvoll vor ihr ab. »Achtung, es geht los!«

»Nicht so schnell.«

»Ich hab doch noch gar nicht angefangen.«

»Trotzdem. Ich muss auch das Bild dazu zeichnen.«

»Wenn du meinst. Also gut, ganz langsam. Hier das Erste: *tomaat-ti.*«

»Was – wirklich?«

»*Tomaatti.*«

»Weiter!«

»*Banaani.*«

»Nein!!«

»Doch, *banaani.*«

»Weiter. Etwas schneller ruhig.«

»Bist du sicher? *Appelsiini. Salaatti. Kurkku.*«

»Stopp! Was ist ein *kurkku?*«

»Das hier.« Er hält ein längliches grünes Gewächs in der Hand.

»Aha, eine Gurke. Weiter, bitte.«

»*Meloni. Aprikoosi.*«

Greta legt den Stift zur Seite und schüttelt lachend den Kopf.

»Findest du das so komisch?«

»Ja, absolut. Das i ist so niedlich. Wir verwenden das nur, wenn etwas besonders klein und hübsch ist. Ein Hasi ist zum Beispiel ein kleiner Hase.« Greta lacht immer mehr. »Genau wie Lauri eigentlich. Das klingt auch so süß.«

»Aha. Süß findest du das. Hat das etwas mit mir zu tun?«

Schon wieder weiß Greta nicht, wie sie ihn verstehen soll. Ist er nun verärgert, oder macht er sich über sie lustig? »Ach, weißt du, das wäre doch etwas vorschnell, darauf jetzt zu antworten.«

Sopii!

Die Begegnung zwischen der finnischen und der deutschen Sprache ist in vielerlei Hinsicht spannend. Zunächst einmal wegen der Lehnwörter, die den Zugang wechselseitig erleichtern, obwohl der Aufbau der Sprachen sich ansonsten fundamental unterscheidet. Und dann wegen der Angewohnheit der Finnen, sich diese Worte durch ein angehängtes i angenehmer zu machen. Selbst der seriöseste, gutwilligste Deutsch sprechende Besucher wird sich eines amüsierten Gefühls kaum erwehren können, wenn er *banaani* hört. Aber er wird sich eines herabwürdigenden spöttischen Grinsens erwehren können, hoffentlich. Denn die Angewohnheit, das i zur Verniedlichung einzusetzen, ist schließlich auch eine spezifische Variante, die nichts mit dem Laut an sich zu tun hat. Greta geht offen und offensiv damit um, warum nicht. Eifer, auch Übereifer, der nicht wertet, sondern Interesse ausdrückt, mag mitunter den Gesprächspartner überfordern, aber Lauri nimmt's gelassen und amüsiert sich selbst.

Genauso locker kann man auch an das ewige Problem des Duzens und Siezens herangehen. Individuelle Lösungen sind dabei durchaus erlaubt. Aber nur die Vornamen auf die Klingel zu schreiben, käme schon merkwürdig an. Nicht nur, weil es die Verbundenheit zwischen den beiden Personen überbetont, sondern auch, weil es die Seriosität des Klingelschildes einschränkt. Im offiziellen Umgang kann Finnland erstaunlich nüchtern und korrekt sein. Ein Beispiel dieses unsentimentalen Behördenstils hat die Angestellte in der Wohnheimvermittlung gezeigt (siehe »Wo wohne ich doch gleich?«, Seite 23). Dazu gehört auch, dass man sich bei diesen Gelegenheiten niemals mit dem Vornamen allein vorstellt und sogar den Nachnamen zuerst nennt, im Genitiv. Beispiel: Hallo, ich bin Petersens Greta. Je offizieller der Anlass ist, desto eher wird man gesiezt. Im kollegialen Umgang ist lange Zeit auch der Nachname allein verwendet worden, wobei man den Angesprochenen aber duzte. Beispiel: Petersen, kannst du mir mal 'nen Bleistift geben? Die Generationen machen das inzwischen sehr verschieden, und wenn man sich in Hotels, an Theaterkassen oder in Restaurants durch das Siezen unangenehm berührt fühlt, sollte man es als Zeichen des Respekts auffassen, der zu diesem Ort der Kultur und der besonderen Dienstleistung oder Wertschätzung nun mal gehört. Außerhalb von Büros und hochoffiziellen Anlässen kann das Duzen aber kein Problem sein.

9 TANZT DU TANGO?

EIN SOMMERERLEBNIS

Schnurgerade Straßen durchkreuzen die Wälder, ab und zu blitzt ein blauer See zwischen den Bäumen auf. Greta genießt die Busfahrt nach Tampere, entspannt lässt sie die Landschaft an sich vorüberziehen. Virva hat ihre Kopfhörer im Ohr und lächelt ab und zu – eher selten, aber freundlich – herüber. Greta wird immer wacher, als sie sich den ersten Häusern nähern und die Straßenschilder nur noch wenige Kilometer bis Tampere ankündigen. Reihenhaussiedlungen zwischen den Bäumen, dann wieder Wald, ein Einkaufszentrum, ein Parkplatz, wieder Wald. Schließlich Hochhäuser, einigermaßen nichtssagender Nachkriegsstil, wie Greta sofort registriert. Aber so sind halt alle Vorstädte, bemüht sie sich zu relativieren. Virva sieht sich überhaupt nicht um, nun, es ist ja auch ihre Heimatstadt. Sie fährt oft zu ihren Eltern, jetzt vor Semesterbeginn sind sowieso die meisten Studenten noch nicht wieder in Helsinki.

Kreuzung um Kreuzung, der Verkehr wird dichter, eine Kirche erscheint in den Straßen, eine Schule vielleicht, dann ein Kaufhaus. Viele kleine Läden. Unvermittelt hält der Bus. Greta schrickt auf, Virva steht schon an der Tür und sieht wartend zu ihr herüber. Schnell greift Greta ihren Rucksack und springt hinterher. »Entschuldigung«, ruft sie dem Busfahrer zu, der blickt geradeaus und fährt weiter. Virva ist schon ein paar Meter voraus und lehnt mit ihrer riesigen bunten Umhängetasche schließlich an einer anderen Haltestelle. Offenbar ist das der Busbahnhof von Tampere. Gleich nebenan eine Brücke, auch dahinter halten noch Busse. Auf der anderen Seite sind ältere Backsteingebäude, die zu den ehemaligen Industrieanlagen gehören, wie Virva kurz erläutert.

DIE KRAFT DER STROMSCHNELLEN

Tampere ist das Zentrum finnischer Industrie und Technologie. Seit 1783 die erste Papiermühle in Betrieb genommen worden war, wuchs der Ort an der Tammerkoski-Stromschnelle. 1820 eröffnete eine Textilfabrik, in der 1882 das erste elektrische Licht der nordischen Länder erstrahlte. Maschinenbaubetriebe folgten. Die Technische Universität heute schließt an diese Tradition an.

Aha. Greta weiß nicht, ob sie weiterfragen soll, und lässt es. Dafür ist auch später noch Zeit. Schon hält ein Bus vor ihnen, Virva steigt ein und zahlt. Greta zückt auch das Portemonnaie.

»Wo fahren wir hin, Virva?«

Statt einer Antwort winkt sie Greta heran. »Ich habe schon bezahlt.«

»Oh, danke«.

Der Bus füllt sich, viele Leute mit Einkaufstaschen, Jugendliche in schrillen Kleidern. Manche schweigen, manche schnattern laut miteinander. Eigentlich nicht anders als bei uns nach der Schule, denkt Greta. Sie kann nicht wirklich unterscheiden, ob sie die Ortsteile schon mit dem Bus aus Helsinki durchquert haben oder nicht. Jedenfalls dauert es keine Viertelstunde, da drückt Virva den Knopf, der Bus hält, und sie gehen ein paar Schritte in eine Seitenstraße. Lauter kleine Neubauten, originell miteinander verbunden, Terrasse an Terrasse oder mit demselben Eingang, aber immer mit einem eigenen kleinen Gartenviertel. Ein paar Kinder spielen Fußball. Die Architektur eher nüchtern, weiß mit Stahl und etwas dunklem Holz.

»Und deine Eltern haben wirklich nichts dagegen, dass ich dich begleite?« Jetzt, wo sie vor der Tür von Virvas Eltern stehen, wird Greta doch nervös.

»Mach dir keine Gedanken, Greta, sie freuen sich. Und sie haben sogar eine Überraschung für dich: echten finnischen Sommer.«

Bevor Greta nachfragen kann, ertönt der Summer, und sie treten ein. Da kommt auch schon Virvas Mutter.

»*Tervetuloa!*«, ruft sie und eilt Greta entgegen, umarmt sie flüchtig und sagt: »Ich spreche nicht Deutsch und nur ein bisschen Englisch, aber schön, dich zu sehen, willkommen.«

Greta atmet auf. Auf dem Küchentisch stehen Kaffeetassen und Kuchen.

»Setz dich, bitte.«

Greta ist froh, als auch Virvas Vater kommt und sich alles nun nicht so sehr auf sie konzentriert. Er redet ein paar Worte Finnisch mit seiner Frau, entschuldigt sich aber sogleich und ergänzt auf Englisch: »Leider müssen wir uns etwas beeilen, Greta. Das Schiff fährt schon bald, und du willst dich sicher noch umziehen.«

Greta blickt erschrocken zu Virva hinüber. »Umziehen? Ich meine, wofür?«

»Du hast ihr noch nichts erzählt, Virva? Sicher hätte Greta doch passende Schuhe mitnehmen wollen, wenn sie schon mitkommt zum *lavatanssi.* Oder ihr Sommerkleid.«

Virvas Mutter streicht über die geblümte Baumwolle ihres langen, schwingenden Rockes.

»Entschuldigung, was brauche ich?«

Virva grinst nur und sagt: »Greta kann in dem Kleid, das sie trägt, doch gut mitgehen. Wir sind ja nicht mehr in den 70er-Jahren, ich meine, das ist doch sommerlich genug, oder, Papa?«

Virvas Vater beeilt sich zuzustimmen.

»Und Schuhe kann sie von mir haben. Du hast doch Größe 38, oder?«

»Ja, aber ...« Greta schämt sich fast für ihre Sneakers. Offenbar passen sie nicht zum Anlass des Abends. »Wie müssen die Schuhe denn sein?«

»Na, gut zum Tanzen.«

»Zum was, bitte? Aber ich tanze doch nicht!«

Einen Moment lang herrscht Stille. Doch Virvas Mutter fängt sich schnell und sagt mit einem etwas unsicheren Lachen: »Keine Angst, jeder kann tanzen unter der Mitternachtssonne.«

Greta probiert pflichtschuldig ein schlichtes weißes Paar Schuhe an. Es geht, wenn es sein muss. Tanzen unter der Mitternachtssonne ... Virva hockt sich neben sie und fragt leise: »Willst du wirklich nicht mit meinen Eltern mitfahren? Ich meine, wir dachten nur, du freust dich. In Finnland tanzt man gern im Sommer, du wirst sehen, die Stimmung ist toll.« Greta merkt, wie sie rot wird, und beeilt sich zu versichern, dass das eine wunderbare Idee ist. »Und du? Kommst du nicht mit?«

»Nein ... ich ... ich kenne das ja schon von früher. Ich treffe mich mit ein paar Freunden.«

Nach wenigen Minuten Fahrt sind sie am Hafen. Viele Leute sammeln sich vor dem Kai. Die meisten Frauen sind ein wenig älter als Greta, in luftigen Kleidern, aber auch in Hosen. Da kommt sie sich nicht ganz so unpassend vor mit ihrem kurzen blauen Jeanskleid. Virvas Vater trägt Hemd und Krawatte, die er aber schon gelockert hat. »Ist doch viel zu warm«, meint er. Eine Fähre nähert sich dem Kai, und alle steigen ein. Bald schon sind sie mitten auf dem riesigen See. Das gegenüberliegende Ufer ist kaum zu erkennen, dafür viele, viele Inseln und ein Blau, das von hellgelben Sonnenflecken durchsetzt ist. Die meisten stehen auf dem Boot, Greta fotografiert. Virvas Eltern nicken einander zu, als sie bemerken, wie begeistert Greta jeden neuen Ausblick festhält. Viel zu früh legt das Boot an. Die Insel ist etwas größer als die anderen, ein wenig Rasen, einige Birken. Und Musik. Von einer großen Holzbühne klingen Akkordeonmelodien zu ihr herunter. Ein Walzerrhythmus, durchbrochen allerdings. Ringsherum einige Stände mit Getränken, die auch Virvas Eltern sofort ansteuern. »Magst du ein Glas *siideri?* Das ist unser Sommergetränk.«

SCHMECKT NACH MEHR

Siideri hat durchaus etwas mit Cidre zu tun, wie der Name nahelegt. Aber die Aromatisierungen sind sehr viel mutiger als beim klassischen Apfelwein. Himbeere, Moltebeere und Birne sind gängig. Aber auch Zimt, Chili und Salmiak werden mitunter beigemischt. Viele einheimische Firmen produzieren sowohl trockenen als auch lieblichen *siideri.*

Greta nickt. »Gern.«

»Apfel oder Birne?«

»Birne, wenn es geht. Ohne Eis.«

»Aber sicher!« Virvas Vater reicht ihr das Glas. »Aapo«, sagt er und sieht Greta bedeutungsvoll an.

Virvas Mutter folgt seinem Beispiel: »Elina.«

Jetzt versteht Greta, das sind ihre Namen! »Greta«, sagt sie schnell und stößt mit beiden an.

»Greetta«, wiederholt Aapo breit lachend, »jetzt ist Sommer!«

Und wie auf Bestellung fängt die Kapelle an zu spielen. Wo vorhin nur ein Akkordeon war, sind jetzt auch ein Keyboard und eine Geige. Und ein Sänger. Mit gegeltem Haar und halb offenem Hemd starrt er auf den See hinaus und setzt an. Ein voller Tenor. Eine Melodie, die Greta nicht unbekannt erscheint, aber doch fremdartig. Die Tanzfläche füllt sich. Greta ist froh, dass sie noch ihr Glas in der Hand hat, und sieht den gleichmäßigen Bewegungen der Tänzer zu. Es sind nicht die einzelnen Bewegungen, es ist die Ausstrahlung der tanzenden Gruppe, die wirkt. Wie eine Formation, doch ohne den künstlichen Rahmen und die abgesteckten Schritte.

Beim dritten Tanz ist Gretas Glas leer und über der Tanzfläche blinken Buchstaben auf. Standen die dort vorher schon? Greta liest halblaut. »*Miesten haku.*« Aha. Ob das der Name der Band ist? Doch Aapo kommt schon auf sie zu mit seinem breiten Lächeln und Greta ahnt, was nun passieren wird. »Darf ich bitten?« Greta zwinkert ein wenig nervös. Sie stellt ihr Glas ab und zwingt sich zur Ruhe. Jetzt nur nicht aufregen. Sie lässt sich mitnehmen. Jetzt noch einmal zu sagen, dass sie nicht tanzen kann, ist ihr unmöglich. Dass sie auch gar nicht möchte, erst recht. Sie versucht, langsam zu gehen, aber Aapo zieht sie im Rhythmus des Liedes mit zur Tanzfläche. Und über die Tanzfläche dahin. Greta versucht, sich an ihre Tanzstunden zu erinnern. Und plötzlich kommt ihr der Takt bekannt vor. Tango. Das ist Tango! Und sie sieht ihren schwitzenden Tanzpartner von damals vor sich, schmal und stolpernd und immer mit dem coolen Lächeln, obwohl er ihre Fußspitzen mehr malträtierte, als zu ertragen war. An die Schritte erinnert sie sich nicht. Will sie auch gar nicht. Hier spürt sie die warme Abendsonne auf ihren Schultern, nicht die stinkende Sporthalle von damals in der Nase oder die grinsenden Gesichter der Mitschüler, die alles besser konnten.

Mit einem letzten Seufzer schließt sich das Akkordeon. Greta sieht Aapo zum ersten Mal an und bemerkt erst jetzt, dass sie den ganzen Tanz hinter sich gebracht hat. Erleichtert lacht sie ihm ins Gesicht. Da setzt die Musik schon wieder ein. Walzer. »Ich mag den Tango lieber«, ruft sie schnell und schlängelt sich über die Tanzfläche zu ihrem Tisch. Elina ist nicht da. Aapo hat schon eine andere Tanzpartnerin gefunden, und Greta ist ganz froh über die Pause. Sie schlendert ein paar Schritte zum Seeufer hinunter. Die Melodien schwingen mit.

Als sie wieder zurückkommt, blinkt »*Naisten haku*« über ihr auf und Greta fragt einen der Umstehenden: »Entschuldigung, ich spreche kein Finnisch, was bedeutet das?«

»Damenwahl«, sagt er, den sie erst jetzt wirklich betrachtet. Blond, einen Kopf kleiner als sie, nicht unattraktiv.

»Damenwahl«, wiederholt Greta.

»Ja. Genau.«

Also gut.

»Ich wähle dich«, sagt sie entschlossen.

Er, der Unbekannte, lässt nicht mehr als ein »Okay« hören. Erstaunt ist er offenbar nicht, Greta dafür umso mehr. Hat sie gerade einen fremden Finnen zum Tanzen aufgefordert? Zum Tangotanzen?

»Wo kommst du her?«, fragt er nach ein paar Minuten.

»Aus Helsinki. Also eigentlich aus Deutschland.«

»Okay. Magst du Finnland?«

»Ja. Besonders den finnischen Sommer.«

Er nickt. Und tanzt.

»Ja. Das ist richtiger Sommer.«

Noojoo!

»Oh, wenn ich einmal nur dorthin entfliehen könnte ...« Auch wer kein Finnisch versteht, empfindet bei dem Refrain des über 60 Jahre jungen Tangohits *Satumaa* (Märchenland) von Unto Mononen sicher ein wenig der genussvollen Melancholie, die der finnische Tango versprüht. Gerade in lauen, hellen Sommernächten erscheint der Kontrast zwischen Mollmelodien und ewigem Tageslicht besonders stark. Virva hatte sich offenbar nicht wirklich getraut, Greta vom Plan ihrer Eltern zu erzählen. Warum? Schließlich unterstützt sie ihn doch? Der Tango ist unbestreitbar ein bedeutender Teil der finnischen Nachkriegskultur und hat durch seine ungeheure Popularität, gefördert von der Verbreitung der Radiogeräte auch auf dem Land, einen erheblichen Anteil an der nationalen Identitätsstiftung. Mit dem Tango fanden viele Finnen zu einer ganz neuen – und oft der einzigen – Freizeitbeschäftigung. Gleichzeitig haben sie dem Tango unverwechselbar finnische Merkmale verliehen, die ihn bis heute markant von anderen Tangostilen unterscheiden. In diesem Sinne ist auch Virva der Meinung, dass Greta diesen Abend miterleben sollte.

Sie selbst verzichtet jedoch wie viele Finnen der jüngeren Generation auf den Genuss. Manche wollen sich bewusst nicht mehr damit beschäftigen, weil es für sie ein Symbol des alten, noch nicht global denkenden Finnland ist, obwohl sie Tango mögen. Außerdem ist die Vielfalt der Musikangebote in Finnland so groß, dass man um der Gemeinschaft willen nicht mehr dem allgemeinen Geschmack folgen muss wie in den 1950er-Jahren, als alle Tanzvergnügen denselben Stil hatten. Doch Tango ist trotzdem nicht uncool. Eine wachsende Fangemeinde zieht jährlich nach Seinäjoki, um dort mehrere Tage durch die Straßen zu tanzen und den neuen Tangokönig und die neue Tangokönigin zu küren. Somit ist der Tango ein bedeutender Teil der zeitgenössischen Musikkultur – und des Musikgeschäfts. Der Einstieg in die Schlagerszene erfolgt immer noch oft auf diesem Weg.

An den Sommerabenden seinen eigenen Tangorhythmus zu finden, ist sicher für den Mollmenschen ein besonders bleibendes Erlebnis in Finnland. Gretas deutliche anfängliche Skepsis wird von Virvas Familie toleriert. Aber sie drückt damit auch aus, was viele Finnen ohnehin erwarten: Unsere Kultur ist für Mitteleuropäer nicht nachvollziehbar. Das wird nicht übel genommen, aber es schafft Barrieren. Von Vorteil ist sicher, dass die Eltern ja auch Virvas Ablehnung kennen. Und vor allem spüren sie, dass Greta sich schließlich doch auf den stimmungsvollen Abend einlässt. So sehr, dass sie intuitiv finnisch handelt und kurz entschlossen den blonden Mann auffordert. Damenwahl ist üblich und wird auch als solche verstanden. Die damit demonstrierte Gleichberechtigung wird in der Kleidung nicht betont. Vielleicht überraschenderweise haben viele Finninnen immer noch Freude daran, den Tanzabend in klassischen Sommerkleidern voller Blumen, Punkte oder Schmetterlinge zu erleben. Geeignete Schuhe sind keine Pflicht, aber doch wichtig. In diesem Sinne ist es unbedingt richtig, dass Greta ihre Sneakers abstreift. Wenn hingegen im Winter zum Tanzen gefahren wird (und das nicht etwa mit dem Auto, sondern auf Langlaufski), sind auch Skischuhe anerkannte Fußkleidung. Das liegt allerdings, man muss es mal probieren, an der tatsächlich angenehm glatten Sohle.

Gretas Sorge, ob sie sich guten Gewissens in Virvas Familie einladen lassen kann, ist ganz und gar unnötig. Erstens hätte Virva sie sonst nicht eingeladen und zweitens kann man davon ausgehen, dass sie als ausländischer Gast im Land generell gerne eingeladen wird. Mit der immer wieder auftretenden Mischung aus unerschütterlichem Selbstbewusstsein und tief sitzender Skepsis gegenüber der eigenen Kultur werden Ausländer an finnische Gewohnheiten herangeführt. Greta braucht einfach nur mitzumachen. Es wird keine Vorkenntnis erwartet, Begeisterung auch nicht, aber beobachtende Blicke (wie zum Beispiel auf der Fähre, als sich Greta schon ein wenig entspannt) sollte sie einplanen. Und selbstverständlich wird Freude auch wahrgenommen, sei es bei Virvas Eltern, sei es bei ihrem Tanzpartner. Dafür braucht sie nicht in überschwängliche Lobeshymnen auszubrechen. Ihre persönliche Anteilnahme macht viel mehr aus. Die intuitive Verständigung ist generell ein wichtiges Merkmal des finnischen Tangos, ähnlich wie bei seiner Urform aus Argentinien. Feste Schritte spielen weniger eine Rolle als der gemeinsame Rhythmus.

10 WIE WILD IST DIE WILDNIS?

HÜTTENIDYLLEN

»Heute Nachmittag fahren wir ins *mökki,* meine Eltern, meine Schwester und ich. Und sie fragen, also ich möchte dich fragen, ob du mitkommen willst übers Wochenende.« Lauri sieht Greta direkt an, auffordernd und erwartungsvoll, wie sie findet, als ob er ihr die Hälfte seines Lottogewinns schenken wolle.

»Ja, gerne.« Greta sagt sofort zu. Sie freut sich auch. Ein Wochenende mal nicht in Helsinki zu verbringen, klingt sehr verlockend. Und von dem Sommerhaus, dem *mökki,* hat Lauri schon so viel erzählt, dass sie richtig neugierig ist. Angeblich hat ja jeder Finne eins, oder zumindest jede Familie, und mitten in der Natur kann man richtig auftanken. Da ist das Leben so viel ursprünglicher, und man kommt sich selbst viel näher als in dem Großstadtgewimmel.

HÜTTEN

Vorsichtigen Schätzungen zufolge gibt es in Finnland knapp 500.000 *mökkis.* Die Holzhäuschen liegen zumeist idyllisch an oder in einem See (also auf einer Insel) und sind häufig als Freizeitdomizil errichtet. Aber auch ehemalige Bauernhäuser werden zum ländlichen Ausgleich bewohnt.

Greta geht in Gedanken ihre Outdoorausrüstung durch. Stiefel, Wanderhose, Goretexjacke, Fleeceshirt, Taschenmesser, Erste-Hilfe-Tasche. Braucht sie noch mehr? Mückenspray, Sonnencreme? Auf jeden Fall die Kamera!

Lauri nickt ihr zu. »Dann ist das abgemacht. Wir fahren um drei.« Er hat rasch sein Geschirr abgewaschen und ist schon aus der Tür. Und lässt sie mit ihren Fragen allein.

Dem Enthusiasmus von eben weicht eine etwas aufgekratzte Unsicherheit. Muss sie ein Geschenk kaufen, den Eltern etwas mitbringen? Wie ist es mit dem Schlafsack? Und Lauri hat so viel vom Angeln erzählt, das klang immer ganz einfach und selbstverständlich, aber Greta hat noch nie einen Fisch aus dem Wasser gezogen und auch keine Ahnung, wie man das eigentlich macht. Ob die auch jagen gehen? Wann ist denn eigentlich Elchsaison?

DER KÖNIG DER WÄLDER IM KREUZVISIER

Die Elchjagd beginnt meist im September und ist teilweise nur drei Wochen lang erlaubt, teilweise bis zum Jahresende. Eine Lizenz können alle Jagdscheininhaber erwerben, auch Ausländer. Diese gilt jeweils für ein ausgewachsenes Tier oder zwei Kälber. Die Zahl der verkauften Abschussgenehmigungen pro Jahr variiert stark. Sie ist vom aktuellen Bestand und natürlich von der Nachfrage abhängig und kann zwischen 30.000 und 50.000 schwanken. Insofern dient die traditionelle Herbstjagd nicht nur dem anschließenden kulinarischen Genuss, sondern auch der Bestandsregulierung.

Ein paar Erledigungen in der Stadt haben Greta auf andere Gedanken gebracht. Aber zurück auf Katajanokka bleiben ihr nur noch eineinhalb Stunden Zeit zum Packen. Lieber zu viel als zu wenig, meint sie und stopft alles Erdenkliche in ihren Rucksack. Aus Deutschland hat sie noch ein paar Tafeln Schokolade und zwei Mettwürste, foliert und mit einem hübschen roten Band umwickelt.

Kurz entschlossen landen die ebenfalls im Rucksack. Den Gaskocher lässt sie aber zu Hause. Schließlich wird es am *mökki* zumindest eine Feuerstelle geben.

Zehn vor drei ist von Lauri noch nichts zu sehen. Greta steht mit Stiefeln an den Füßen im Flur und guckt nervös auf die Uhr. Ob sie etwas falsch verstanden hat? Die Isomatte ist auf dem Rucksack festgeschnallt, der Topf baumelt außen dran, genau wie die Sandalen.

»Okay. Wir können fahren.« Lauri hat unvermittelt die Wohnungstür aufgestoßen, aber sie fliegt gleich wieder zu, weil der Rucksack im Weg steht.

»Na dann ... Auf geht's ...«

Sein Blick schweift vom Kochtopf über Gretas breitkrempigen Sonnenhut bis zu ihrem gewaltigen Schuhwerk. Sie interessiert das im Moment aber gar nicht, sondern sie packt den Rucksack mit einem Schwung und ist schon draußen. Lauri hat ein Auto, dessen Kofferraum mit Gretas Ausrüstung absolut gut gefüllt ist. Fabrikneu sieht es auch nicht mehr aus, aber bis zum *mökki* schaffen sie es ohne Weiteres, versichert er.

»Zurück auch wieder?«, fragt Greta.

»Vielleicht. Wir werden sehen.«

Greta gefällt Lauris Einstellung. Schließlich hat sie ja alles Nötige dabei für ein richtiges Wochenendabenteuer.

Nach über zwei Stunden Fahrt biegt Lauri in eine Seitenstraße ein. »Das ist eine Schlammstraße«, erklärt er.

»Schlammstraße?«

»Ja, eine Straße ohne Asphalt. Wenn es viel regnet, wird es hier sehr rutschig.« Die Sonne brennt vom Himmel, also heute kein Problem. Es geht viele kleine Hügel hinauf und hinunter, über Moränenrücken aus der letzten Eiszeit und um scharfe Kurven. Wenn ein Auto entgegenkommt, kratzt Lauri hart am Wiesenrand entlang, viel Platz ist nicht. Ab und zu gibt es eine Ausweichbucht, falls mal ein LKW kommen sollte. Der kommt zwar nicht, aber ein Bus und gleich darauf ein Trecker mit Anhänger. »Und was jetzt?« Greta merkt, wie angespannt sie die Fahrt verfolgt hat. Keine Ausweichbucht in Sicht. Doch Lauri stoppt gelassen und legt den Rückwärtsgang ein. War da etwas? 100 Meter. 200 Meter. Plötzlich eine scharfe 90-Grad-Kurve – immer noch rückwärts natürlich –, die jedem Autoscooterfahrer gut gestanden hätte. Mit einem Ruck bleibt der Wagen stehen, der Trecker knattert vor ihnen vorbei, Lauri fährt aus der privaten Hauseinfahrt, in die er abgetaucht war, wieder auf die Straße zurück. Greta murmelt: »Mensch, hier muss man ja ziemlich flexibel sein.« Lauri bemerkt ungerührt: »Na, bei 150 auf einer deutschen Autobahn würde ich auch nicht schlafen ...«

Die letzten zehn Minuten Fahrt verlaufen ohne Rangierarbeiten. Von der Schlammstraße biegen sie in eine schmale Schlammstraße ein, von der schmalen Schlammstraße in einen leicht bewachsenen Feldweg.

ABSEITS DER STAUS

Gut ein Drittel aller finnischen Straßen sind Schlammstraßen beziehungsweise Sandwege. In manchen Gegenden wird neu asphaltiert, in Regionen, deren Bevölkerungszahl zurückgegangen ist, wo Bauernhöfe verlassen worden sind, werden asphaltierte Straßen hingegen auch wieder zurückgebaut, weil der Pflegeaufwand zu hoch ist.

Der endet bald vor einem kleinen Schuppen. Lauri steigt aus, streckt die Arme weit von sich, gähnt tief und sieht nach oben. Greta folgt seinem Blick. Zwischen den hohen Kiefern blinkt ein leuchtend blauer Himmel hervor. Ein wenig schwingen die Zweige, nur im oberen Drittel der Bäume wachsen sie weit hinaus, voller kräftiger, langer Nadeln, und scheinen die kleinen weißen Wolken zu jagen, die vereinzelt herumschweben.

»Hast du gar kein Gepäck dabei?« Greta läuft hinter Lauri auf einem schmalen Pfad zur Hütte hinauf. Der schwere Rucksack macht ihr nichts aus.

»Doch, ein T-Shirt und eine Badehose, die hole ich später.«

Schon öffnet sich der Blick auf einen weiten See. Die blaue Aussicht ist ähnlich grün durchkreuzt wie vorhin die zum Himmel. Kleine, leuchtende Birken, viele schmale Ebereschentriebe und dichte Blaubeerbüsche mit unzähligen tiefblauen Früchten überziehen den Hang. Während Greta noch das wunderbare Panorama genießt, ist Lauri schon auf halbem Weg zum Steg. Unten steht jemand und angelt.

Greta wendet sich der Hütte zu. In hellem Grün gestrichen, thront sie auf dem schmalen Hangrücken, auf zwei Seiten umrahmt von einer Terrasse mit weiß gekreuztem Zaun. Mitten hinauf führt eine Treppe, Greta steigt andächtig empor. Die kräftigen Stämme, die rechts und links das Dach der Hütte tragen, strahlen eine warme Kraft aus. An ihren Aststümpfen hängen ein Kescher und mehrere Sonnenhüte, knallrot und blumenbedruckt.

Die Tür zur Hütte steht weit offen, leichtes Geschirrklappern dringt nach draußen. Greta ist versucht, sich auf einen der Holzstühle zu legen, die über die Terrasse verteilt sind. Aber lieber erst mal Hallo sagen. Den Rucksack lehnt sie gegen die Tür und tritt ein. Eben noch das glitzernde Wasser vor Augen, muss sie sich einen Moment an das dämmrige Licht im Innern gewöhnen. Ein halber Baumstamm ruht quer auf zwei Pfosten und dient offenbar als Bank vor dem gewaltigen Esstisch. Gerade die zahlreichen Kratzer in seinem Lack verleihen ihm einen eigenen Charakter. An der Wand hängen Teppiche in vielerlei Farben, Landschaftsbilder aus allen Jahreszeiten sind hineingewebt. Die Mitte des Raumes dominiert ein immenser Kamin, umrahmt von Körben voller Holz in allen Längen und Größen. Greta tritt vorsichtig näher, hinter einem Regal voller Bücher entdeckt sie zwei Frauen. Offenbar haben sie in der Küchenecke zu tun. Küchenecke? Ein blitzender Gasherd nimmt den zentralen Platz ein, im Hintergrund cremefarbene Schränke mit goldenen Griffen, und auf der edlen Massivholzarbeitsplatte türmen sich frisch abgewaschene Teller für Vorspeise, Hauptspeise und Dessert. Ein dezenter Silberrand schmückt zwei ihrer Seiten. Sektgläser lehnen an einem Aluminiummonster von Küchenmaschine, das selbstbewusst die Existenzberechtigung des Herdes zu untergraben versucht. Diverse Bildtasten laden zum Schneiden, Raspeln, Schmoren, Grillen und Brotbacken ein. Etwas kleiner, fast verschämt wartet daneben eine Eismaschine auf ihren sommerlichen Einsatz.

»*Hei.*« Greta ist klar, dass Lauris Mutter und Schwester ihr ansehen, wie überrascht sie ist. »Danke für die Einladung«, ergänzt sie, um noch etwas zu sagen, und stürzt sogleich zur Tür. Nur um ebenso schnell mit den Mettwürsten in der Hand wieder zu erscheinen. »Ein kleiner Gruß aus Deutschland, bitte schön.«

»Hallo. Ich bin Saara«, sagt Lauris Schwester und nimmt die Würste entgegen. »Das ist schön, unsere *meetvursti* ist längst nicht so gut wie in Deutschland, vielen Dank.«

»Willkommen«, ergänzt Lauris Mutter. »Du bist also Greta.« Greta nickt. »Und du bist ein Pfadfinder, ohh!«, sagt sie mit anerkennendem Blick auf Gretas expeditionstaugliche Hose. »Dann wirst du dich hier hoffentlich wohlfühlen. Deine Stiefel kannst du gerne vor der Haustür abstellen.« Mehr sagt sie nicht, Greta bleibt unschlüssig stehen.

»Eine sehr schöne Hütte ist das!«

»Danke.«

Saara ist in den Wohnraum gegangen und hinter einem Vorhang verschwunden. Als Greta auf die Terrasse tritt und nach Lauri Ausschau hält, fällt sie fast über ein flaches Regal. Es ist voller Schuhe. Lauris Mutter kommt ebenfalls hinaus und steigt in ein paar Gummistiefel, auf denen »Nokia« steht.

VON GUMMISTIEFELN, HANDYS UND HERINGEN

Nicht überall, wo Nokia draufsteht, ist auch Nokia drin. War es aber mal. Finnische Qualitätsgummistiefel wurden früher tatsächlich vom späteren Weltmarktführer für Mobiltelefone produziert. Ein Norweger namens Sören Berner aber hatte in den 1880er-Jahren begonnen, Hering aus dem südnorwegischen Stavanger (heute für sein Öl bekannt) nach Helsinki zu exportieren; seine Firma übernahm später Nokias Gummistiefelsparte, wobei der Name erhalten blieb. Und die Handysparte liegt nun bei Microsoft. Das hindert die Finnen aber nicht daran, per Mobilfunk ständig und ausgiebig zu kommunizieren. Vielleicht sind es gerade die großen Entfernungen zwischen Schule, Freunden, Zuhause und Arbeitsplatz, die Handys nicht nur sinnvoll, sondern auch so beliebt machen. Man ist erreichbar, kann aber auch abschalten.

Die Langlebigkeit der Waren, jedenfalls der wasserdichten Fußbekleidung, steht im krassen Gegensatz zu dem schnelllebigen Elektronikgeschäft. Gummistiefel kauft man höchst selten. Man erbt sie. Die Heringe haben ebenfalls Kontinuität bewiesen und werden immer noch am selben Ort verkauft wie 1743: im Herbst auf dem Helsinkier Heringsmarkt.

»Hier ist jetzt Platz«, sagt sie und zeigt auf die freie Stelle.

»Okay, wie ihr wollt.«

Saara kommt nun auch dazu, ein Kehrblech in der Hand. »Bei diesem Wetter kann man gut im Wald leben, nicht wahr?«, sagt sie und schüttet ein paar Kiefernnadeln hinter die Hausecke. »Im Herbst ist es gar nicht so einfach, das Haus sauber zu halten.«

»Das kann ich mir vorstellen«, murmelt Greta. Und im Minirock mit Lackballerinas sicher erst recht nicht, denkt sie im Stillen bei Saaras Anblick.

»Ach, ihr habt euch schon getroffen!«, unterbricht Lauri ihre Gedanken. »Dann bringen wir erst mal dein Gepäck hoch, ja?« Er greift nach dem Rucksack und streift seine Joggingschuhe ab und sagt im Vorbeigehen: »Deine Schuhe kannst du hier herstellen.«

Saara scheint ein leises Kichern nicht unterdrücken zu wollen.

»Ich hab's verstanden.« Greta schnürt etwas genervt die Stiefel auf. »Lauri, wo bist du?«

»Oben. Komm die Treppe rauf!«

In der ersten Etage gibt es zwei Räume und einen offenen Boden. Greta zieht den Kopf ein, die Dachschrägen sind niedrig, aber es duftet wunderbar warm nach Holz.

»Hier kannst du schlafen.« Lauri stellt den Rucksack neben ein weiß lackiertes Metallbett. Die hell gestreifte Bettwäsche ist durch die aufwendig gehäkelte Tagesdecke kaum zu erkennen. »Ich hoffe, es gefällt dir.«

Greta nickt, äußerlich und innerlich. Das schmale Zimmer hat genügend Platz für einen Kleiderschrank und einen kleinen Schreibtisch. In einer alten Messingvase blühen gelber Hahnenfuß und violetter Waldstorchschnabel um die Wette, offenbar frisch gepflückt.

AUFFÄLLIGE SCHÖNHEIT AM WEGESRAND

Bis zu 50 Zentimeter hoch kann der Waldstorchschnabel werden, und seine relativ große Blumenkrone erstrahlt in kräftigem Blaurot bis hin zu hellem Violett. Als Laubwaldpflanze ist er fast im ganzen Land vertreten, im Norden auch in feuchten Fichten- und Kiefernwäldern.

Wenn man sich auf den alten Flechtstuhl setzt, sieht man direkt aus dem Fenster. Lauri dreht gerade an den inneren Hebeln und stößt anschließend auch die äußeren Scheiben weit auf. »Du kannst dir den ganzen Wald hereinholen, wenn du magst. Willkommen im *mökki!*«

Noojoo!

Tja, wo fängt sie an, die Wildnis? Kann jemand das Wort definieren? Der finnische Ausdruck *erämaa* bezeichnete früher etwas ganz anderes, nämlich ein gesondertes Gebiet außerhalb der bewohnten Flächen, innerhalb dessen man bestimmte Nutzungsrechte (Jagd, Fischerei etc.) hatte und das deshalb interessant war. Heute verwendet man *erämaa*, um deutlich zu machen, dass dort ungestörte Naturerlebnisse möglich sind. Den aktuellen Bedürfnissen der Bevölkerung entsprechend hat der Begriff also seine hauptsächliche Bedeutung verändert. Auf den hochinformativen Seiten der finnischen Forstverwaltung zu allen Nationalparks, Wandergebieten und Naturreservaten, www.luontoon.fi, werden die in Lappland gelegenen *erämaat* als »weite, unbewohnte, wegelose und fast unberührte Gebiete« beschrieben, die man nur erwandern sollte, wenn man über die entsprechende Kondition und Erfahrung verfügt (siehe »Was ist ruska?«, Seite 113). Den Abenteuergehalt des Wortes »wild« versucht man heute mitunter im Tourismusgeschäft auszunutzen, um auch den einheimischen Großstädtern ein Kontrastprogramm zu ihrem geschützten Bürodasein anzubieten. Dann soll ein Naturerlebnis verkauft werden, das sich ganz wild anfühlt, aber natürlich nicht gefährlich werden kann. Manche Finnen empfinden dies ebenso wie die organisierten Elchjagden als unpassende Events im Wald, manche akzeptieren es als Möglichkeit, die eigene Wildnisverbundenheit zur Lebensgrundlage zu machen.

Gretas enthusiastische Vorfreude und wohlorganisierte Vorbereitung auf die entspannende Einsamkeit im *mökki* ist eher lustig als störend. Da die Bandbreite zwischen Luxusvilla und rudimentärer Behausung sehr groß ist, kann sie ja nicht wissen, was sie erwartet. Sie glaubt es aber zu wissen, und das ist die eigentliche Komik – wie so oft bei vermeintlichem Fehlverhalten. Lauris Mutter findet es dagegen nicht komisch, sondern nimmt ihren expeditionsgeeigneten Aufzug ernst. Wer so herumläuft, identifiziert sich offenbar mit dem Leben in der freien Natur. 70.000 aktive Pfadfinder in Finnland sind nur ein kleiner Teil der Menschen, die das Holzfeuer als meditativen Ort empfinden.

Viele andere möchten auch in der »Wildnis« nicht auf die tägliche Dusche verzichten – und stapfen trotzdem selbstverständlich in Gummistiefeln herum, ohne die neuesten Goretexprodukte überhaupt in Erwägung zu ziehen. Die gewisse Steifheit, mit der Mitteleuropäer mitunter der nordischen Natur begegnen, und die übergroße Ausrüstungsfreude (Braucht man ein Sturmfeuerzeug, um eine Sauna anzuheizen?) amüsieren diejenigen, die das alles viel praktischer angehen. Das *mökki* ist eigentlich kein Ort, an dem man über sich hinauswächst und seine Polartauglichkeit erprobt, sondern wo man zu den eigenen Grundbedürfnissen zurückfinden soll. Wenn die sich in einer Eismaschine ausdrücken, ist das eben so. Wenn sie das Fischen und Räuchern miteinbeziehen, ist das eben so. Nur sollte man nicht unbedingt so tun, als ob. Das wäre schade, denn ein *mökki* ist wirklich ein Ort zum Kennenlernen. Lokale Spezialitäten mitzubringen, wie die *meetvursti,* ist übrigens eine gute Idee. Nach heimischer Sitte oder aus falsch verstandener Wildnisnähe mit Schuhen, egal welcher Art, im Haus herumzustapfen, dagegen nicht. Dafür gibt es dicke Wollsocken – nicht etwa Hausschuhe.

11 IST GENUSS MESSBAR?

IN DER SAUNA

Es ist Abend, aber die Sonne steht noch über den Bäumen und wärmt besonders angenehm, nicht so stechend wie zur Mittagszeit, aber intensiv und kraftvoll. Greta sitzt auf dem Steg und lässt die Füße durchs Wasser streifen. Die Frische des Sees passt zu dem leichten Wind, der gerade nicht zu kühl ist. Der beständig wiederkehrende Ruf des Haubentauchers ist die einzige Melodie.

Lauris Schritte auf dem wurzeligen Pfad sind weder schnell noch langsam. Seine Gestalt tritt für Greta dennoch unerwartet aus dem fahlen Grün des Hangs. Als hätte sie seit mindestens einer Woche keinen Menschen gesehen, sieht sie zu ihm hoch. »Na, du auch hier?«

»Es ist langsam Zeit für die Sauna.«

»Oh! Wann muss man denn in die Sauna gehen?«

»Vor dem Abendessen. Also jetzt bald. Magst du mit mir den Ofen anheizen?«

An dem kleinen Parkplatz, der eigentlich nur entstanden ist, weil man ja irgendwo sein Auto wenden muss, steht ein Schuppen, braungrau, schlicht gebaut, mit ein paar Stufen hinauf zum Holzlager. Lauri hat einen Korb unter dem Arm und lässt Greta wählen. Dickere Scheite nach unten, ein paar kleinere obenauf zum Anfeuern. »Ist es so genug?«

»Für die erste Stunde ja.«

Unterhalb der Hütte, aber noch auf dem Hang steht ein kleineres Häuschen, näher zum Wasser, mit einer kleinen Terrasse. Von dort holt Lauri zwei glänzende silberne Eimer. »Der Tank braucht noch Wasser.« Greta füllt verwundert ihr Gefäß mit Seewasser und folgt Lauri zurück zum Saunahaus. Tatsächlich gibt es dort außen einen großen Wasserbehälter. Um ihn herum ist der Boden ganz glatt, kein Gras, keine Blaubeeren. Ein zweites und ein drittes Mal müssen sie ihn befüllen, erst dann schließt Lauri den Deckel wieder.

Er zieht die Schuhe aus. In der Hütte ist es dämmrig. Aber auf einer kurzen Bank liegt ein langes Sitzkissen, rot-weiß kariert. Aus demselben Stoff sind auch die Vorhänge vor dem kleinen Fenster, die Lauri nachlässig beiseiteschiebt. Nun ist eine zweite Tür erkennbar, und durch sie gelangt man ins Innere der Hütte, tief hinein. Auch hier fehlt ein kleines Fenster nicht, nur der Vorhang. Die Bänke sind blank, ohne Kissen, pur. Rechts in der Ecke schläft der Ofen. Es sieht fast aus, als werde er von Lauri begrüßt – Greta fragt sich, welche wohl die geheimnisvollen Worte sind, mit denen man ihn aufwecken kann.

Lauri zieht einen Schub auf und trägt ihn hinaus. Ein bisschen helle Asche breitet sich auf dem Boden aus. Das geleerte Fach wandert zurück in den Ofen. Die Klappe darüber ist größer, das ist gut. Sonst ließe sich das Holz auch schlecht stapeln. Lauri errichtet eine Art flaches Zeltgestänge aus mittelgroßen Scheiten. »Hast du etwas Rinde für mich?«

Greta blickt suchend in den Korb. »Nur am Holz. Welches möchtest du?«

»Pure Rinde. Mach sie einfach ab.«

Das geht leichter als erwartet. Die schwarz-weißen Muster der Birke sind im Nu in breite Streifen gezogen.

»Perfekt, danke.«

Mitten unter den größeren Hölzern hat Lauri ein paar dünne, lange Späne aufgestellt und schiebt jetzt die brennende Rinde hinzu. Es dauert einen Moment, dann fangen sie Feuer.

»Du kannst mit Saara und meiner Mutter in die Sauna gehen.«

»Okay, ich sage ihnen Bescheid.«

Greta ist schon am Hang unterwegs.

»In einer Dreiviertelstunde«, ruft Lauri hinterher.

Greta dreht sich abrupt um. »Wieso erst dann? Oder gehst du zuerst?«

»Es muss wohl erst warm sein, bevor man hineingeht.«

»Und das dauert so lange?«

»Leider nicht länger. Das Anheizen ist ja Teil des Genusses.«

Greta sieht ihre rußschwarzen Hände an und schweigt.

»Holst du noch ein bisschen Holz?«

Greta holt Holz. Sie setzt sich zu Lauri auf die Terrassenstufen. »Woher weißt du, wann du Holz nachlegen musst?«

»Das weiß ich nicht, das ergibt sich so. Vielleicht eine Art innere Uhr.« Er lacht ein bisschen, diesmal ganz ohne ironischen Unterton.

»Und drinnen? Ich habe gar keine Sanduhr gesehen?«

»Was für eine Sanduhr?«

»Na, um die sieben Minuten einzustellen.«

»Welche sieben Minuten?«

»Die für einen Saunagang.«

Nun erscheint doch wieder ein etwas gleichmütiger Spott in Lauris Blick. »Wer sagt so etwas?«

»Die Saunaregeln. Und Sanduhren gibt es doch in jeder Sauna.«

»Komisch, in dieser nicht.«

»Aber gerade in Finnland müsste doch richtig sauniert werden. Ich denke, ihr habt die Sauna erfunden?!«

»Ja, die Sauna. Aber nicht die Saunaregeln.«

»Und wenn jemand dann zu lange drinnen bleibt? Oder nicht lange genug ruht zwischendurch? Das ist nicht gut für den Kreislauf. Es könnte schon gefährlich werden.«

»Gibt es für die Ruhepausen auch Sanduhren?«

»Nein, richtige Uhren natürlich.« Greta sieht sich auf der Terrasse um, vergeblich. Nicht mal eine einzige Liege haben sie. Lauri hat aber einen Vorschlag: »Ich könnte dir einen Stock in die Erde stecken, dann kannst du die Schattenlänge messen und daran erkennen, wann du wieder hineingehen musst. Oder du zählst die Rufe des Haubentauchers. Es sind durchschnittlich 3,5 in der Stunde. Sagen wir, nach 1,86 Rufen gehst du wieder in die Sauna? Ich werde das mal ausprobieren, dann lerne ich wohl endlich, wie es richtig geht. Wird ja Zeit nach 24 Jahren ohne Stoppuhr.«

»Ich hole schon mal meinen Badeanzug.« Greta läuft schnellen Schrittes zum *mökki* hinauf, Lauri schließt geräuschvoll die Saunahüttentür hinter sich.

UNÜBERHÖRBARER SOMMERBEGLEITER

Lauris Vorschlag mag nicht ganz ernst gemeint sein, aber fair ist er schon. Denn kaum ein Vogel ruft so laut und durchdringend wie der Haubentaucher. Etwa einen halben Meter lang und bis zwei Kilo schwer, ist seine Stimme als käk-käk-käk-kä identifiziert worden. Auch köö-köö-köö wird ihm nachgesagt, was dem finnischen Vokalreichtum durchaus nahekommt. Bis zu 35.000 Paare bauen noch an den finnischen Seen ihre Nester. Die Jungen werden oft auf dem Rücken der Altvögel transportiert. Mit seinem zumeist dunkelbraunen Federkleid fällt der Haubentaucher vor allem durch den namensgebenden schwarzen Schopf auf.

Nach exakt 40 Minuten sind alle drei Frauen im Umkleideraum und stapeln ihre Kleidung auf dem karierten Kissen. Lauris Stimme ist aus Richtung des Holzschuppens zu hören, offenbar redet er dort mit seinem Vater. Saara ist als Erste im Schwitzraum. Ohne Dusche? Natürlich, es gibt ja keine. Ihre Mutter kommt einen Moment später nach, sie hat den Holzeimer in der Hand, der auf den leeren Bänken gestanden hatte. Nun ist er voller Wasser. Als alle Platz genommen haben, taucht Saara die wuchtige Kelle hinein und gießt sie mit Schwung über dem Ofen aus. Auf den heißen Steinen zischt es kurz und heftig. Ein lobendes Wort von Lauris Mutter begleitet den heißen Luftschwall, der unsichtbar über die oberen Bänke schwappt. Ein eigenartiger zischender Singsang steigt von dem obersten Stein auf. Für einen Moment kann Greta nicht atmen, dann knistert es überall auf der Haut. Wie eine kuschelige Decke liegt die Wärme über dem ganzen Körper. Als der Dampf sich verteilt hat, starren Greta zwei kleine schwarze Augen entgegen. Der oberste Stein hat Augen! Und zwei kurze Füße. Jetzt zwinkert er ihr zu – nein, das war wohl doch nur eine Täuschung, denn Saara hat gerade eine zweite Kelle geworfen und streckt genüsslich die Beine über das Geländer der oberen Bank.

»Für mich reicht es«, verkündet sie bald und eilt zur Tür.

Greta schließt sich ihr an. Das Thermometer, es gibt tatsächlich eins, zeigt 90 Grad. Saara läuft zum See hinunter und springt hinein. Greta steht mit dem Tuch um die Schultern auf der Terrasse und sieht ihr zu. Soll sie tatsächlich einfach so folgen? Und wenn nun Lauri um die Ecke kommt?

»Die Männer machen Holz.« Lauris Mutter ist ebenfalls hinausgetreten und hat ihre Gedanken erraten. »Wir können ruhig schwimmen gehen.«

Im Gegensatz zu Saara wählt sie den bedächtigeren Einstieg vom Ufer aus und schwimmt geruhsam ihre weiten Kreise. Greta stellt sich nach einem kurzen Bad in die rotgoldene Abendsonne ans Ufer. Als Saara bereits zum zweiten Mal herunterkommt, ist ihre Mutter immer noch im Wasser.

»Sie geht nur in die Sauna, um schöner schwimmen zu können«, erklärt Saara, springt in den See und ist schon wieder oben an der Hütte.

Dort stehen inzwischen drei Becher und zwei Wasserflaschen.

»Magst du einen Schluck?«, ruft sie zu Greta hinunter. Die genießt gerne die Erfrischung.

Außen an der Hütte rauscht es: Lauris Mutter steht vor dem Wassertank. Hier also ist die Saunadusche versteckt!

Saara schüttelt ihren Becher aus. »Einmal gehe ich noch hinein. Und du?«

Greta kommt mit.

Saara reicht ihr den Eimer. »Möchtest du *löyly* werfen? Ich weiß leider nicht, wie das auf Englisch heißt.«

Löyly. Wie könnte das auf Deutsch heißen? Saunaofenhitzeschwung? Holzkellenwasserladung? Saunaaufguss trifft es jedenfalls nicht, denn *löyly* ist mehr. Ein einzigartiger Wärmegenuss. *Löyly* halt.

DIE NACHHALTIGKEIT DES *LÖYLY*

Löyly kann man nicht erfinden. *Löyly* gab es schon immer, zumindest bei den Finnougriern. Diese Sprachgruppe ist einst in der Gegend des Ural aufgebrochen, um unzählige Generationen später am europäischen Eismeer zu stranden, von der Landseite aus. Die Samen sind wohl die ersten Finnougrier gewesen, die diese Region erreichten. Andere sind gar nicht so weit gekommen. Zu viele angenehme Wohngebiete gab es unterwegs zu besiedeln. Aber den meisten dieser Menschen ist gemeinsam, dass sie ein Wort wie *löyly* kennen. Geist mag es bedeutet haben, Seele oder Atemzug. Was bei einem Saunagang am meisten angesprochen wird, der Geist, die Seele oder einfach jeder einzelne Atemzug, das mag jeder selbst entscheiden, wenn der wärmende Dunst von den Ofensteinen aufsteigt.

Voi voi!

Möglicherweise hat jeder Finne ein angeborenes Recht auf eine Sauna. Rein statistisch gesehen, ist die Chance groß, einmal eine zu besitzen. Über zwei Millionen soll es davon geben. Große Rauchsaunen, in denen traditionell der ganze Raum geheizt und vor dem Bad gelüftet wird, bis hin zu modernen Minikabinen in nüchternen Großstadtwohnungen, die sich ohne Sauna, und sei sie noch so winzig und elektrobeheizt, heute praktisch nicht mehr verkaufen lassen. Sauna ... mit scharfem s! Und ohne Regeln. Nein, das stimmt nicht. Egal ob man an den Saunageist mit zwinkernden Augen glaubt oder nicht – viele stellen sich eine geschnitzte Figur auf den Ofen und die Stimmung hat passend zu sein. Nicht verkrampft korrekt, sondern respektvoll ruhig, bewusst. Eventuell auch mal ausgelassen und fröhlich. Das tut gut, denn schließlich mutet man seinem Körper ja eine ziemlich unnatürliche Temperatursteigerung zu. Ob er das mag, der Körper, sollte man langsam erspüren und sich danach richten. Da hat ein finnisches Kind es natürlich viel leichter, weil es schon ganz jung mitgenommen wird ins Schwitzbad. Ein mitteleuropäisches Kind, das gar kein Kind mehr ist, aber immer noch keine Saunaerfahrung hat, braucht sicher ein bisschen Hilfestellung, um zum richtigen Genuss zu kommen. Der Genuss wird aber nicht richtiger, indem man sich den Schriftlichkeiten gemäß kasteit und kurz vor dem Kreislaufkollaps ächzend die Sanduhr umdreht. Sauna ist nicht erst schön, wenn der Schmerz aufhört. Sauna hat überhaupt nur einen Sinn, wenn man sich einem paradiesischen Zustand nahe fühlt und die Überzeugung gewinnt, dass es sich ohne Kleidung eigentlich viel angenehmer lebt. Ob bei Wind, Eis oder zehn Grad frischem Wasser, die Saunawärme hält.

Doch man kann ja niemanden zu seinem Glück zwingen. Es ruft zwar viel Unverständnis hervor, wenn man die Einladung zu einem Saunabesuch ablehnt. Aber es ist immer noch besser, als freundlich zuzustimmen und dann das gesammelte Fachwissen mitteleuropäisch weiß gekachelter Wellnesshäuser in den finnischen Wald zu posaunen. Es könnte sein, dass man damit die eigene Glaubwürdigkeit massiv herabsetzt. Es könnte gar sein, dass man jegliche Aussicht verliert, als würdevoller Mitmensch anerkannt zu werden. Wenn man schon kein Finne ist und kein Gefühl für die Sauna hat, dann sollte man das wenigstens zugeben. Indem man schweigt. Lauris kurzer Kommentar ist eine scharfe Geste, die seinen echten Ärger ausdrückt.

Aber ach, so schwer ist es gar nicht. Ausnahmsweise mal nicht so viel nachdenken und die paar Grundbedürfnisse des Finnen in der Schwitzhütte respektieren: Männer und Frauen gehen in der Öffentlichkeit nicht zusammen in die Sauna. Man gibt der Sauna die Chance, positive Wirkung auszuüben. Man erzählt niemandem, wie lange und wie oft man drinnen, draußen, oben oder unten bleiben muss. Man guckt nicht auf die Uhr. Letzteres missachten die Finnen manchmal selbst, aber nur ganz selten. Denn es gibt Saunaweltmeisterschaften, die wenig gesundheitsfördernde Rekordbesuche heraufbeschwören. Das sind die berühmten Ausnahmen von der Regel. Finnen können übrigens aus allen kuriosen Ideen eine WM machen. Handy- und Gummistiefelweitwurf sind ebenso beliebt wie Frauentragen, Luftgitarrenspiel und Schlammfußball. Das ist jedenfalls gesünder als Kampfsaunieren.

12 SCHMECKT'S?

DIE KULINARISCHE OPTIMIERUNG DER NATUR

Der luftige Vorhang hält das Morgensonnenlicht nur wenig zurück. In der Nacht hat es einen heftigen Schauer gegeben, aber bei leicht angelehntem Fenster ist der Duft des Waldes nur umso kräftiger in Gretas Zimmer gezogen. Und jetzt singen die Vögel so vielstimmig und laut, dass an Schlaf nicht mehr zu denken ist. Samstag, ein ganzer Samstag im *mökki* von Lauris Familie, irgendwo im Wald mitten in Finnland. Dieser Tag muss mit einem frischen Bad im See begonnen werden.

Aus den Tiefen ihres Rucksacks holt Greta den Badeanzug hervor. Rasch die Sandalen in die Hand und hinaus! Aber leise, alles scheint noch zu schlafen, und so soll es auch bleiben. Ein bisschen Ruhe kann Greta schon gebrauchen. Sicher sind sie alle nett und zuvorkommend – Lauris Schwester Saara bildet vielleicht eine gewisse Ausnahme, aber sie ist ja auch erst 17 und findet sich gerade unwiderstehlich – doch zum Morgenschwimmen wünscht sich Greta keine Gesellschaft. Vom Steg führt eine Leiter in den See, und schon ist sie im frisch-kühlen Wasser. Schwarz dunkelt es herauf, der Boden ist absolut nicht zu erkennen, aber das liegt am Moor, hat Lauris Mutter erklärt. Und sauber ist es trotzdem, man kann das Wasser angeblich sogar trinken. Dass ihre schulterlangen Haare gleich wieder nass werden, stört Greta nicht. Sie muss einfach ganz eintauchen in diese finnische Natur, und wann geht das besser als an einem einsamen Morgen im Wald?

»Guten Morgen!«, schallt es ihr da entgegen. Mit wenigen leisen Schlägen nähert sich ein Ruderboot, und darin sitzt Lauris Vater, der passionierteste Angler der Familie. Lauri steht gerne mal eine Weile am Steg, aber sein Vater ist im Grunde immer am Wasser zu finden.

»Die beste Zeit«, ruft er, ohne seine glitschigen Schätze zu präsentieren. Beim abendlichen Feuer kommen alle in den Genuss, da ist Greta sich sicher.

»Ein wunderbarer Morgen«, antwortet sie und streicht sich das Wasser aus dem Gesicht. Allein zu sein ist schön, aber mit jemandem diese besondere Stunde teilen zu können, wenn der Nebel sanft über die Wasserfläche wabert und die Wärme erste vorsichtige Versuche macht, auch diesen Sommertag zu erobern, fühlt sich mindestens ebenso gut an. Zumal die Unterhaltung damit schon beendet ist, nein, ein kameradschaftliches Lächeln hat Greta noch geschenkt bekommen, bevor jeder wieder seiner Wege zieht. Er rudert zu einer kleinen Insel gegenüber der Hütte, um die Reusen zu kontrollieren, sie genießt die Zeit schwimmend und tauchend und treibend.

Das kalte Wasser liegt angenehm auf der Haut, als sie schließlich an Land geht, aber der Wind ist noch sehr frisch. Am Steg liegt ein großes Handtuch – doch leider gehört es ihr nicht. Dass sie daran gar nicht gedacht hat! Zu blöd, jetzt muss sie tropfnass durch die Hütte in ihr Zimmer laufen.

»Das Tuch ist für dich«, sagt plötzlich jemand, und dieser Jemand sitzt auf der Terrasse: Lauri, mit Shorts, T-Shirt und einem Buch.

»Danke! Du bist fantastisch!«

»Bin ich das?« Lauri bemüht sich, nicht zu lächeln, aber es gelingt ihm nicht.

Der Tag vergeht wie im Flug, unaufgeregt und doch abwechslungsreich. Ein bisschen rudern, ein bisschen lesen, ein paar Gespräche. Ein Bocciaspiel auf der Wiese hinter dem Haus. Eine kleine Erkundungstour durch die Blaubeerbüsche: Schon nach wenigen Metern ist die Orientierung gar nicht mehr so einfach, aber alle Trampelpfade führen schließlich nur ans andere Seeufer, und da die Hütte auf einer kleinen Halbinsel liegt, macht es Greta Spaß, sich ein bisschen verwirren zu lassen, um schließlich doch immer wieder zurückzufinden. Diese bewusste Planlosigkeit tut gut.

BEEREN. VON JÄGERN UND SAMMLERN DER SÜSSEN FRÜCHTE

Blaubeeren, Heidelbeeren, Bickbeeren, viele Namen für dieselbe Pflanze: *mustikka,* die Schwarze. Finnland ist ein Traumland für alle, die gerne gebückten Schrittes über die Heide laufen und erst mit blauen Fingern und Lippen den Sommer so richtig spüren. Wer das nicht nur zum Spaß, zur Entspannung oder für eine köstliche *mustikkapiirakka* (Blaubeertarte) auf sich nehmen möchte, kann in guten Jahren bis zu 40 Kilogramm pro Hektar ernten. Das sind 400 Gramm pro Quadratmeter. Anfang Juli geht es los, nicht nur das Sammeln, sondern auch der Verkauf. Einzelhandelsläden kaufen gerne von privat, wenn man Glück hat für mehr als vier Euro pro Kilo. Oder man stellt sich, ebenso privat, auf die Helsinkier Marktplätze, investiert schlappe sieben Euro Standgebühr und darf Beeren zu Höchstpreisen anbieten. Da lohnt es sich unter Umständen, den ganzen Tag im Wald zu verbringen und bis zu 60 Kilogramm in 24 Stunden einzusammeln. Ungefähr in dieser Größenordnung liegen die inoffiziellen Rekorde.

Nun sind es aber keineswegs nur die langjährigen einheimischen Blaubeerkenner, die solche Zahlen erreichen, sondern mehr und mehr ausländische Pflücker streben in den Sommermonaten in den Norden. Über 3.000 sind jährlich in Finnland unterwegs, um Blaubeeren, Preiselbeeren und gerne auch Moltebeeren zu entdecken. Diese arktischen Brombeeren mit ihrer gelben Farbe und dem besonderen Aroma sind selten und entsprechend begehrt. Da in weiten Teilen des

Landes keine Beschränkungen gelten, ist das berufsmäßige Pflücken attraktiv für Menschen, die beispielsweise schon die mitteleuropäische Erdbeerernte hinter sich haben. Und so manch neidvoller Finne hat sich in den letzten Jahren über die enorme Ausdauer und Professionalität beklagt, mit der die »besten Stellen« leer gepflückt worden seien, bevor er am Wochenende nach getaner Arbeit und überhaupt in dem bisschen Freizeit die angestammten Plätze aufsuchen könne. Groben Schätzungen zufolge werden in jedem Jahr nur zehn Prozent der gesamten Blaubeerbestände gepflückt. Der Rest bleibt den Vögeln, den Bären oder den zu spät Gekommenen.

Als sie gerade wieder den Moränenrücken erklommen hat, auf dem die Hütte steht, ist niemand mehr zu sehen. Keiner angelt, keiner liest, keiner streicht den Schuppen. Die Autos stehen aber noch da. Greta will in ihr Zimmer gehen und sehen, ob Lauri dort eine Nachricht hinterlassen hat. Doch kaum hat sie die Hüttentür geöffnet, findet sie alle dort versammelt. An jedem Tisch sitzt oder steht jemand und schnippelt. Salat, Gurken, Tomaten, was auch immer der finnische Sommergarten hergibt, wird mundgerecht gemacht und in eine riesige Glasschüssel verfrachtet.

»Kann ich helfen?«

»Ja, gerne, wenn du schon mal das Brot schneiden willst.«

Drei Plastiktüten liegen neben der Spüle, in jeder ein dunkler Brotring. Ein Messer ist nicht zu sehen. Endlich hat Greta einen Nutzen von ihrer Wanderausstattung, sie nimmt einfach ihr eigenes Messer. »Gibt es ein Schneidebrett?« Gibt es, ausziehbar neben dem Besteckschub. Ein wenig eigentümlich kommt Greta das Brot ja schon vor, fladenflach, aber weich, und der kräftige Roggenduft übernimmt die Rolle des Appetitmachers sofort.

Lauris Vater lässt sein Gemüse kurz im Stich und läuft zum Wasser hinunter. Dort steht ein achteckiger Pavillon, und daneben ist ein flacher Backsteinquader, an dem er herumwerkelt, wie Greta aus den Augenwinkeln beobachtet.

»Er kümmert sich um den Lachs«, erklärt Lauri. »Wir werden Räucherlachs essen heute Abend.«

»Toll! Und das Brot ist auch fertig. Was kann ich jetzt tun?«

»Wir können das Geschirr runtertragen.« Lauri hat schon einen vollgepackten Korb in der Hand und bedeutet ihr, den zweiten zu nehmen. Im Pavillon wartet ein runder Tisch mit Platz für mindestens acht Personen, sodass sie viel Raum haben für ihre Gedecke. Das ist auch nötig, denn auf dem Herd dampft eine Pilzsuppe, die Kartoffeln zum Fisch sind fast fertig, Salatschälchen brauchen ihren Platz, und Getränke fehlen ohnehin noch. Außer Gläsern werden auch Tassen verteilt. Sobald der Lachs fertig ist, kommen alle zum Essen. Die Salatschüssel ist schon halb leer, als alle noch die Pilzsuppe löffeln.

Greta nimmt ein Stück Brot wie die anderen und sucht nach der Butter. Margarine steht auf dem Tisch, darin steckt ein unförmiger Holzgegenstand, halb Messer, halb Löffel. Lauris Mutter nickt ihr zu.

»Das ist unser Buttermesser«, sagt sie. »Greta hat uns deutsche Mettwurst mitgebracht. Möchte jemand?«

Sie reicht einen kleinen Teller mit dünnen Scheiben herum. Alle probieren, Gretas Brot ist unter der dicken Lage Wurst gar nicht mehr zu erkennen. Die beobachtenden Blicke entgehen ihr, während sie beherzt reinbeißt. Lauris Vater macht es ihr nach.

»Fantastisch!«

Seine Frau nickt höflich und knabbert an ihrer Scheibe. »Möchtest du übrigens Wasser oder Milch?«

»Gerne Milch.«

Aus einem hellblauen Pappkarton gießt sie eine hellweiße Flüssigkeit in ihr Glas. Sie schmeckt so ähnlich, wie sie aussieht. Mit Vollmilch hat das nicht besonders viel gemeinsam. Ein paar Aromareste kämpfen sich den Weg zu Gretas Zunge frei und bekommen von ihr einen extralangen Aufenthalt dort zugestanden, damit sie auch ohne Fett ein wenig wirken können. Wie Greta auf der Packung liest, ist nicht mal ein Prozent davon enthalten. Auch die Margarinefirma rühmt sich, diesen eigentlichen Hauptbestandteil so weit wie möglich reduziert zu haben.

Den Pilzgenuss schmälert das aber kaum. Jeder Löffel schmeckt nach frischem, grünem Wald. Als Saara die benutzten Suppenteller aufeinanderstapelt, ist Greta schon aufgestanden, um abzuräumen. Sie bringt die Teller in die Hütte hinauf und schleppt den Kartoffelkessel herunter.

»Der Dill liegt noch im Kühlschrank«, ruft Lauri, als sie auf halber Treppe ist.

»Den kann doch ich holen«, sagt seine Mutter schnell und streut anschließend ein paar frische Spitzen über die Kartoffeln.

Greta ist begeistert vom heißen Fisch.

»Ihr habt es hier wirklich paradiesisch. Jeden Tag könnt ihr angeln, und schon liegt am Abend der frische Lachs auf dem Teller.«

»Weißt du, wo ich den geangelt habe?«, fragt Saara.

»Oh, du warst das? Nein, erzähl!«

Lauris Vater räuspert sich. Saara grinst. »Im Prisma.«

»Im Supermarkt«, ergänzt Lauri, »hier im See gibt es keinen Lachs.«

»Oh. Schmeckt trotzdem.« So schnell ist Gretas Sommerlaune nicht zu beschädigen. »Und was kann man hier im See angeln?«

»Kleine Maränen zum Beispiel, oder auch mal einen Hecht, wenn du Glück hast.«

Ein zweites Stück von dieser saftigen Köstlichkeit ist noch zu verkraften, dann ist Greta stoppsatt.

Wie aus dem Nichts erscheint aber plötzlich eine Kaffeekanne. »Oder möchtest du lieber Tee?«

»Jetzt? So spät am Abend? Ich weiß nicht ...«

Saara springt auf und fragt die Mutter: »Kann ich jetzt den Kuchen holen?«

Greta verhandelt stumm mit ihrem Magen, ob er freundlicherweise noch ein Stück Tarte aufnehmen könnte. »Ein ganz schmales«, bittet sie und bekommt es. »Wunderbar!«

»*Kiitos ruoasta*«, sagt Lauri, und die anderen stimmen ein. »Danke für das Essen heißt das«, erklärt er.

»*Kiitos,* vielen Dank!«, sagt Greta und kann sich nur schwer ein Gähnen verkneifen. »Seid nicht böse, wenn ich schlafen gehe, der Tag war herrlich, aber jetzt bin ich total müde.«

»Dann gute Nacht, bis morgen, sagen wir so gegen halb sechs?«, fragt Lauris Vater.

Saara zieht affektiert die Augenbrauen hoch und spitzt die Lippen, aber sie schweigt.

»Nur was für Frühaufsteher«, kommentiert Lauri mit einem Seitenblick auf seine Schwester, und der Vater wendet sich wieder Greta zu. »Falls du mal wissen möchtest, was wir hier aus dem See holen, komm mit mir fischen.«

»*Kiitos,* ja unbedingt, *hyvää yötä,* gute Nacht!«

Sopii!

Seit 1954 informiert die Ernährungsberatungsstelle des finnischen Staates über zuträgliche und weniger empfehlenswerte Speisen. Zunächst galt es, die Mangeljahre auszugleichen und eine gesunde, kräftigende Ernährung anzuraten. Bald jedoch haben Studien nahegelegt, dass besonders das fettreiche Essen zu vielen Krankheiten führt. Seit vielen Jahrzehnten schon setzt sich die Ernährungsberatungsstelle deshalb dafür ein, dass in allen Milchprodukten der Fettanteil reduziert oder gestrichen wird. Käse wird ebenfalls durchgängig fettreduziert angeboten und gerne so gekauft. Butter ist ebenso verpönt und wird oft durch pflanzliches Fett ersetzt.

Die obligatorischen Schulmahlzeiten werden als Teil des Unterrichts angesehen und sollen sowohl der Ernährungserziehung als auch dem sozialen Zusammenhalt dienen. Zu jedem Essen gehören folgende Bestandteile: Roggenvollkornbrot mit mindestens sechs Prozent Ballaststoffanteil, Margarine oder sonstige Pflanzenfette, fettfreie Milch, frisches Gemüse oder Obst oder Salat mit Soßen auf Pflanzenölbasis. Empfohlen wird weiterhin: mindestens einmal pro Woche Fisch, weniger als einmal pro Woche fetthaltige

Kartoffelprodukte, weniger als einmal pro Woche Käse mit über 17 Prozent Fett, weniger als einmal pro Woche Fast Food, überhaupt keine Butter oder Buttermischungen bei der Zubereitung, nur fettreduziertes oder fettarmes Fleisch.

Viele private Haushalte haben diese Hinweise verinnerlicht und sind sehr bemüht um eine gesunde Ernährung. Roggenbrot wird zu jedem warmen Essen serviert, Gurke und Tomate gehören oft selbstverständlich zum Brot dazu. Dass kultivierte Menschen sich dick Butter aufs Brot schmieren und mehrere Scheiben fetter Wurst darüber stapeln, kann mit höchstem Erstaunen oder Ablehnung zur Kenntnis genommen werden. Ob man es als modern, zivilisiert oder einfach attraktiv bezeichnet, eine dynamisch-schlanke Figur gilt als gute Visitenkarte.

Wenn das Brot in Plastik verpackt aus dem Supermarkt kommt, braucht man sich um die Qualität nicht zu sorgen. Die großen Abstände zwischen den Siedlungen machen es nötig, zentral zu backen und die Produkte dann über das Land zu verteilen. Kuchen, Eis und Süßigkeiten gibt es auch, mit Zucker und Fett, und sie schmecken hervorragend. Das Gefühl dafür ist also nicht abhandengekommen. Das Gefühl für die Zubereitung aller Köstlichkeiten aus den finnischen Wäldern erst recht nicht. Ob Pilze, Fische oder Wild, die Vielfalt ist groß und überall in der passenden Saison erhältlich. Kartoffeln haben sich ebenfalls einen bedeutenden Platz in der finnischen Küche erobert. Finnische Erdbeeren, Himbeeren und Johannisbeeren sind herrlich süße Sommerfreuden. Egal, was es ist und wo es gereicht wurde: Ein Dank fürs Essen gehört dazu: *Kiitos ruoasta!*

Gretas Mithilfe bei der Zubereitung wird gerne angenommen, und das ist keine Überraschung. Wenn man sich wie zu Hause fühlen soll, gehören auch ein paar gemeinschaftliche Arbeiten dazu. Bei offiziellen Einladungen kann auch serviert werden, aber es lohnt immer, die Hilfe anzubieten. Und kaum jemand wird wie Saara darauf aus sein, Ihre kleinen Unwissenheiten spöttisch zu kommentieren. Lassen Sie sich ruhig fallen in die finnische Landschaft. Viele Einheimische haben auch noch nie eine Angel in der Hand gehabt. Und wenn man den Wecker früh genug klingeln lässt, kann man selbstbewussten Langschläfern leicht ausweichen.

13 DARF'S WAS SÜSSES SEIN?

KÖSTLICHE SALZIGKEITEN

Es ist Freitagnachmittag. Die Seminare sind zu Ende und Lauri ist wieder im *mökki* (siehe »Wie wild ist die Wildnis?«, Seite 75). Das Wetter ist fantastisch, Greta setzt sich auf eine Bank an der Esplanade.

Immer mehr Leute schlendern vorbei, Eis in allen Farben in der Hand. Greta hat die Kioske schon mehrfach belauert, es aber bislang einfach noch nicht gewagt. Eine Kugel zwei Euro. Höllisch teuer! Und die meisten sind grellbunt oder sogar schwarz. An einer Box steht *»vanilja«*, aber das ist ja langweilig, Vanille. Wenn man schon so viel Geld für eine Kugel Eis ausgibt, dann soll es auch etwas typisch Finnisches sein. Wie sagt man das bloß?

Da, gerade kommt ein Kind mit einer Waffel und einer kleinen schwarzen Kugel und Streuseln drauf vorbei. So eins möchte Greta auch. Ob das Blaubeer ist? Oder Holunder? »Entschuldigung, wo hast du das gekauft?«

Das Kind bleibt abrupt stehen, erstarrt und schweigt. Der Vater zeigt auf den Kiosk nebenan, sagt aber auch kein Wort.

Dumme Frage, denkt Greta, wollte ich ja eigentlich auch gar nicht wissen, sondern eher, wie es heißt. Das Kind steht immer noch still da, und Greta ergänzt: »Ist das echtes finnisches Eis?«

»Ja, finnisches Eis, sehr lecker!«, sagt der Mann nun und lächelt aufmunternd.

»Okay, ich versuch's.« Greta ist froh, dass jemand die Entscheidung getroffen hat, auch wenn sie ihre eigentliche Info nicht bekommen hat. Gerade wartet niemand am Kiosk.

Diese Sorten sind von Ingman, klingt ja eigentlich nicht sehr finnisch, aber Greta vertraut dem Mann – und der Kuriosität der Farbe. Sie startet ihre Offensive: »*Hei.* Ein finnisches Eis, bitte. Ein kleines, bitte.«

»Welche Sorte?«

Greta ärgert sich, nicht genauer nachgefragt zu haben, wie das Eis heißt. Doch die Verkäuferin hilft ihr.

»Du möchtest also etwas typisch Finnisches?«

Greta nickt und hält das Zwei-Euro-Stück hoch. Die Verkäuferin greift zu einem immensen Eislöffel und kratzt großzügig alle Reste aus der schwarzen Box. Offenbar ist dieses Eis der Renner hier.

»Bitte schön. Zwei Euro.«

Super, das hat ja doch noch geklappt! Jetzt schnell an den Hafen gehen und einen schönen Platz suchen. Gar nicht so einfach, die Aussicht auf das Wasser ist durch die vielen Schiffe ziemlich verdeckt. Ein alter Segler, mehrere Fähren, Ausflugsschiffe. Aber hinter den Marktzelten entdeckt Greta eine Bank, nein, drei sogar. Auf einer sitzt ein Mann, die anderen Bänke sind frei. Greta atmet auf. Geschafft. Sonne, Wärme, Sommer. Leise Stimmen vom Markt, wie schön, kein Schreien und keine Aufregung trotz der vielen Menschen. Von Langeweile aber keine Spur. Menschen jeden Alters strömen hier zusammen. Ein paar Brocken Englisch sind auch zu hören.

Greta blickt gebannt auf ihre original finnische Errungenschaft. Neugierig schnuppert sie daran, aber die erwarteten Duftwolken fallen eher dumpf aus. Na klar, Eis duftet schließlich nicht. Der Asphalt um sie herum regt schon eher die Geruchsnerven an. Und ein bisschen gebratener Fisch ist auch dabei. Vom Meer kommt ein leichter Wind, der aber nicht aufdringlich ist. Warm ist es jedenfalls, warm und sommerlich. Gretas Zunge schnellt energisch in

Richtung Eis. Doch was ist das? Ihr Gehirn meldet: Error. Das kann nicht wahr sein. Leichte Irritation im Zentralnervensystem. Woran habe ich gerade geleckt?, fragt sie sich entgeistert. Also noch mal und ganz bewusst kosten. Waffel fixieren. Zunge vorbereiten. Und einen langen kräftigen Zug über die Kugel gleiten lassen. Hmmm. Hm? Üh ... Scharf! Bitter! Bitter, scharf ... Nein, das trifft es alles nicht. Sekundenschnell sind alle idyllischen Sommergefühle verschwunden und der Verstand schaltet sich ein. Nur der kann hier helfen: Wie nennt man diesen Geschmack? Kalt ist es. Eis ist es. Aber sonst hat es nichts gemein mit den 44 Varianten, die sie von zu Hause kennt. Selbst merkwürdige Sorten wie Bubblegum schmecken wenigstens noch süß. Das hier ist – salzig!

Ja, es schmeckt wie ein Bonbon, ein schwarzes, rundes – Lakritzbonbon. Kleine Korrektur: Salmiakpastille, wie eine Salmiakpastille. Greta holt tief Luft, das Problem ist erkannt, der Gegenstand der Verwirrung definiert. Eigentlich auch logisch: Schwarzes Eis muss Lakritz oder Salmiak sein. Alternativ käme noch Tintenfisch infrage, aber das gibt's ja nicht mal in Venedig. Beruhigt von dieser doch recht schnellen Erkenntnis betrachtet Greta ihre Kugel nun eindringlicher, ganz, als müsste unter der schwarzen Fassade noch eine fruchtige Explosion verborgen liegen. Doch das Eis schweigt, so wie das Kind vorhin. Ob es seine Portion wohl schon aufgegessen hat? Greta kann sich kaum vorstellen, dass Kinder diese absonderliche Salzigkeit freiwillig zu sich nehmen. Vielleicht ist es Teil eines geheimnisvollen Initiationsritus für heranwachsende Finnen: Wenn du aus der Grundschule kommst, musst du eine Kugel Salmiakeis verzehren können. Dann verliert die nächste Hungersnot ihren Schrecken. Greta empfindet eine gewisse Befriedigung, dem Eis auf diese Weise deutlich zu machen, dass sie es nicht ganz ernst nimmt. Mal sehen, wer gewinnt. Doch bevor sie die Zunge zum zweiten Mal ansetzen kann, rast ein grauer Schatten direkt an ihrer Nase vorbei, begleitet von einem durchdringenden Schrei. Nicht Gretas Schrei, der bleibt ihr vor Schreck im Halse stecken. Erstarrt wie das Kind vorhin auf der Esplanade nimmt sie gerade noch wahr, dass die Waffel in ihrer Hand nicht mehr vorhanden ist. Entschwunden, entflogen, um es genauer zu sagen. Die Schwinge des Räubers hat noch ihre Wange gestreift, mit viel gutem Willen kann man das als Dank und Abschiedsgruß verstehen. Da keine bedrohlichen Laute mehr zu hören sind, wagt Greta einen Blick nach oben. Dort kreist das Eis, stolz in die Lüfte erhoben von einer schillernden Silbermöwe.

Sopii!

Dieser Sommerabend hat Greta mindestens zwei neue Erfahrungen eingebracht: Salmiakeis ist in Finnland ebenso beliebt wie für mitteleuropäische Zungen absonderlich, und Silbermöwen am Helsinkier Hafen sind offenbar sehr hungrig. Möwen stehlen nicht nur Eis, sondern auch Teigtaschen, Würstchen und sonstiges frisch erworbenes Essen. Also lieber unter den Dächern bleiben oder eine Möwenwache mit Regenschirm postieren!

Die Bekanntschaft mit beidem, dem Eis (finnisch *jäätelö*) und den Möwen, hat Greta vielleicht ein wenig Mühe gekostet und sie nicht mit den gewünschten Genüssen belohnt, aber trotzdem hat sie sich einen geradezu klassischen finnischen Sommertag beschert.

Dass das Kind mit dem Eis wenig auskunftsfreudig war, braucht sie nicht zu beunruhigen. Es ist kein Problem, Kinder auf der Straße freundlich um Auskünfte zu bitten, es ist nur ungewöhnlich. Finnen würden von Kindern schlichtweg nicht erwarten, dass sie Fremden gegenüber die nötige Spontaneität und Souveränität zeigen, und lieber Erwachsene ansprechen. Die sind vielleicht auch überrascht (man sieht ja, wo es Eis gibt, weshalb muss man dann noch fragen?), aber sicher höflich.

Den Salmiakeisgenuss gibt es übrigens ganz in Schwarz von Ingman oder in der optisch zurückhaltenden hell gestreiften Variante von Valio. Selbst hergestelltes Eis findet man kaum, die beiden großen Molkereien beherrschen den Markt. Um dem Geschmack erst einmal auf die Spur zu kommen, kann man es auch langsam angehen lassen: Salmiakpastillen sind in allen Kiosken und Supermärkten vorhanden und hören zum Beispiel auf den schönen Namen Sisu (siehe auch »Hast du sisu?«, Seite 187). Es gibt sie in unterschiedlichen Farben, die unterschiedliche Stärken vermitteln sollen. Wer aber kein Salmiak mag, wird auch die schwächsten eher angestrengt genießen.

WIE MAN AUS EIS FINNISCHES EIS MACHT

Um Salmiaklakritz herzustellen, braucht man Ammoniumchlorid. Dieses auch beim Gerben und Löten verwendete Salz ist in geringen Mengen ungefährlich und keineswegs so scheußlich, wie es klingt. Auf dem Sektor der eher befremdlichen Speisezutaten und Eiskreationen hat Finnland noch eine Besonderheit zu bieten: Teereis! Heutzutage ist nur noch Teeraroma enthalten, traditionell verwendete man echten Teer. Ein bekanntes finnisches Sprichwort besagt: *Jos ei viina, terva ja sauna auta, niin sitten kaivetaan hauta.* Zu Deutsch: Wenn Schnaps, Teer und Sauna nicht mehr helfen, dann muss das Grab gegraben werden. Die antibakterielle Wirkung von Teersubstanzen macht man sich heute noch in Cremes gegen Schuppenflechte und andere Hautprobleme zu Nutze, übrigens auch in Mitteleuropa. Auf kulinarischem Gebiet ist Teerschnaps erhältlich, zum puren Genuss oder zum Marinieren von Fleisch. Beheimatet ist diese Sitte vor allem in Ostfinnland, in der Gegend um Kuhmo wurde im 19. Jahrhundert besonders viel Teer gewonnen und über Kanäle zur Ostsee transportiert. Damals ein lukratives Geschäft für die waldreichen Gegenden.

Die finnische Eisproduktion ist übrigens keineswegs auf kuriose Sorten beschränkt. Es gibt sicherlich nicht so viel Auswahl wie in Italien, aber doch auch Mango, Birne, Erdbeere, Nugat und vieles mehr, sowohl als Kugeln als auch abgepackt im Supermarkt. Insgesamt, und das übertrifft die Italiener sogar, verspeisen die Finnen im Jahr 14 Liter pro Person. Weltweit stehen nur Neuseeland, Australien und die USA vor ihnen. Eine Umfrage hat ergeben, dass 97 Prozent der Finnen Eis mögen. Ob das daran liegt, dass sonst kaum jemand weiß, wie köstlich schnödes Vanilleeis schmeckt, wenn man es mit Lakritzsoße krönt?

14 WER IST DER NÄCHSTE, BITTE?

DAS SCHLANGESTEHEN IM ALLGEMEINEN UND IM SPEZIELLEN

»Greta, schaffst du es noch auf einen Kaffee?«

»Ob ich es schaffe? Och ja, bestimmt, was sollte schon los sein? Hab ich etwas vergessen?«

»Woher soll ich das wissen?«, entgegnet Lauri. »Man sagt halt so bei uns. Wenn du zum Beispiel jetzt keine große Lust auf 'nen Kaffee hast, dann schaffst du es eben nicht. Eile ist immer ein guter Grund abzusagen. Und es ist irgendwie höflich, dem anderen diese Ausrede anzubieten.«

Man kann Greta förmlich ansehen, wie sie diese Möglichkeit rasch durchdenkt. »Also könnte ich jetzt sagen, dass ich es sehr eilig habe, damit du weißt, wie beschäftigt ich bin, aber dass ich trotzdem mitkomme zum Kaffeetrinken?«

»Na ja ...« Lauri ist amüsiert. »Dann könnte ich glauben, dass du nicht weißt, was du willst, oder unbedingt mit mir Kaffee trinken willst oder dich gezwungen siehst mitzukommen oder ...«

»Alles klar, ich habe verstanden. Und ich habe Zeit, also los!« Vor dem Tresen warten schon viele andere.

»Ist noch nicht offen?« Greta sucht mit den Augen nach einem Schild, das die Uhrzeiten mitteilen könnte.

»Doch, sicher, es ist offen.«

»Und worauf warten dann alle? Warum ist niemand hinter der Theke?«

»Ich schätze mal, die möchten Kaffee.«
»Und dann ist kein Mensch da?«
»Doch.«
»Und wo?«
»Na, in der Küche.«

Lauri tippt auf seinem Smartphone herum. Er scheint ihr nichts Genaueres zu sagen zu haben, und die anderen warten ja auch.

Schließlich kommt ein Mann zum Tresen, wechselt die Milchkannen aus und bringt Wasser in Karaffen in die Kühlung. Niemand aus der Schlange rührt sich. Manche sprechen miteinander, manche telefonieren, die meisten stehen wie unbeteiligt herum. Der Mann hinter der Theke blickt ein paarmal in den Raum, dann wendet er sich wieder in Richtung der Küche.

»Einen Moment! Wir wollten gern einen Kaffee. Und wir stehen hier schon ziemlich lange!«, beeilt sich Greta zu rufen, bevor er verschwindet und keiner etwas sagt. Manchmal sind die Finnen doch zu schüchtern, denkt sie und schlängelt sich nach vorne. »Kann ich bitte zwei Kaffee haben?«

Der Mann hinter der Theke nickt kaum sichtbar. *»Joo.«* Und er verschwindet.

Als Greta zu Lauri zurückgeht, sieht sie den Wartenden ins Gesicht. Wie würden die auf einem Festival wohl je an ihr Bier kommen? Einige blicken etwas angestrengt zur Seite, andere nehmen sie gar nicht wahr. Oder tun sie nur so? Mancher scheint ein Lächeln auf den Lippen zu haben, das Greta aber nicht gefällt. Lauri schüttelt den Kopf, als sie neben ihm steht.

»Greta, alle wollen Kaffee«, sagt er leise.

Die stumme Ablehnung, die ihr entgegengeschlagen ist, macht Greta unsicher und wütend gleichzeitig.

»Ja und? Dann muss man ihn wohl bestellen.«

Plötzlich ist Bewegung in der Schlange, die Ersten greifen auf den Tresen, gehen weiter, stellen sich an die Kasse.

»Jaha.« Lauri taucht aus seinen Gedanken wieder auf. »Kaffee«, sagt er und lächelt erleichtert.

Greta zwingt sich, mit Lauri Schritt für Schritt an die Theke heranzuschleichen. Dort offenbart sich ihr schließlich eine Warmhalteplatte. Und daneben noch eine zweite. Soeben stellt eine ältere Frau eine Glaskanne zurück auf die Platte. Die bräunliche Pfütze am Boden lässt vermuten, dass bis eben noch Kaffee in der Kanne gewesen ist. Greta ist kurz davor zu sagen, dass sie wohl doch noch einen wichtigen Termin hat, und zwar jetzt sofort! Aber in diesem Moment überreicht Lauri ihr eine gefüllte, heiße Tasse.

»Bitte schön.« Er hält die zweite Glaskanne in der Hand, auch sie ist jetzt leer.

»Dort rechts kannst du bezahlen«.

Zögernd stellt Greta ihren Kaffee auf ein Tablett. Vor der Kasse warten noch fünf andere. Die Versuchung, schon mal einen Schluck zu trinken, ist groß, aber niemand trinkt.

Aus lauter Unruhe angelt sich Greta mit der Gebäckzange eine Zimtschnecke aus der Vitrine. Die kauft sie zu Hause auch manchmal, abgepackt im Supermarkt, zwar eigentlich nur im Winter, aber egal. Die hier duften so frisch! Greta nimmt gleich noch eine zweite, für Lauri.

AUF UMWEGEN ZUR OHRFEIGE – UND DAS MIT BEGEISTERUNG

Zimtschnecken heißen auf Finnisch *korvapuusti,* Ohrfeige. Sie sind sehr beliebte Gebäckstücke aus Hefeteig, mit einer Zimt-Zucker-Butter-Mischung gefüllt und schneckenartig gerollt. Es gibt sie sowohl abgepackt im Supermarkt als auch einzeln zu kaufen, von den Großbäckereien frisch geliefert und natürlich auf jedem Festtagskuchenbuffet. Oft findet man sie in Cafés neben anderen *pulla,* wie Hefeteilchen allgemein heißen. Die Herkunft des Namens Ohrfeige ist nicht einwandfrei geklärt. Möglicherweise ist bei dem Einzug des auf Schwedisch *gifflar* (abgeleitet vom deutschen Gipfel) genannten Gebäcks nach Finnland die Assoziation zum französischen *gifle* aufgekommen, was Ohrfeige bedeutet, aber mit der Zimtschnecke nichts zu tun hat.

»Sechs Euro fünfzig.« Die Kassiererin greift mit abwesendem Blick nach dem Zehn-Euro-Schein und reicht ihr wortlos ein paar Münzen zurück. Noch jemand, der sie ignoriert?

Lauri steht am Tresen und unterhält sich mit einer anderen Studentin, offenbar ganz entspannt. Dass er immer noch keinen Kaffee hat und Greta jetzt ihren alleine trinken muss, scheint ihm egal zu sein. Er lacht sogar! Greta nicht. Sie sucht einen freien Tisch, doch vergeblich. Erst ewig warten, jetzt nicht mal sitzen. Da stehen zwei Gäste auf, ganz hinten am Fenster. Ah, ein schöner Tisch, und etwas abseits. Rasch läuft Greta hin und legt ihre Jacke über einen Stuhl. Und gleich kommt ihr noch eine Idee. Im Nu steht sie neben Lauri.

»Weißt du was, du kannst doch bei mir mittrinken, komm, ich hab da drüben einen Tisch und Nachschenken kostet ja nichts.« Das ist die Lösung für dieses Chaos hier, verrät ihr triumphierender Blick. Doch der erwartete Erfolg bleibt aus.

»Hmm«, Lauri räuspert sich nervös. »Also, hmm, ich warte.«

Minuten später erscheint er an ihrem Tisch, den Kaffee in der Hand.

»Hier, für dich, ist lecker«, meint Greta und reicht ihm das zweite *pulla*.

»Ich bin jetzt nicht hungrig, danke«, sagt Lauri. Dann trinkt er im Stehen den Becher aus und nickt ihr zu. »Ich muss los, wir sehen uns heute Abend.«

Voi voi!

Woran erkennt man einen zivilisierten Menschen? An der Ruhe in der Warteschlange. Diesen schlichten Grundsatz sollte man möglichst mit dem Grenzübertritt nach Finnland verinnerlichen. Jeder hat es eilig, aber niemand hat es eiliger als der andere. Also hat es keiner wirklich eilig. Wer diese Logik nicht süffisant lächelnd verachtet oder aus sehr guten, persönlichen, hochbrisanten Gründen meint, ablehnen zu müssen, tut sich einen großen Gefallen. Dabei genügt es auch nicht, stumm, aber zuckenden Fußes und mit wachsendem Groll sowie immer häufigeren Blicken auf die Armbanduhr in der Schlange zu verharren, um schließlich mit zornrotem Gesicht die leere Kaffeekanne auf die Platte zu knallen.

Greta hat es ja gar nicht böse gemeint. Sie dachte einfach nur, dass der Kaffee bestellt werden muss, wenn man ihn trinken will. Das muss er aber nicht. Kaffee steht da, wenn es welchen gibt. Und weil das jeder wusste außer ihr und sie es auch nicht verstehen oder erfühlen wollte, hat sie sich immer mehr in ihre Ungeduld verstrickt. Entsprechend interpretiert sie das Verhalten der Kassiererin ebenfalls als feindselig, doch das ist es gar nicht. Angestrengt höfliches Grüßen, Wünschen und Lächeln kann sie dort generell nicht erwarten, ein Dank ist aber immer angebracht. Die vielen »schönen Tage«, die sie zu Hause bei jedem Brötchenkauf, in jeder Tankstelle und bei allen Service-Hotlines gewünscht bekommt, werden ihr in Finnland sicher nicht entgegengeschleudert.

Nachdem Greta der Kaffeeschlange und der Peinlichkeit ihres Auftritts entkommen ist, ist die Zimtschnecke der Rettungsanker. Und diese Köstlichkeit sollte man tatsächlich nicht versäumen, am besten selbst gebacken, zum Beispiel in einer netten kleinen Museumscafeteria. Schade nur, dass sich kein gemütlicher Sitzplatz ergibt, und schade, dass Greta es nicht lassen kann, das sprichwörtliche Handtuch in Form ihrer Jacke zu platzieren. Ist eben in der Schlange noch die Ruhe so wichtig gewesen, ist das jetzt nicht anders. Man kann sich auf einen freien Platz setzen, klar, aber ihn reservieren geht nicht. Und dann lädt Greta auch noch Lauri auf ihren Kaffee ein. Spätestens seit Ikea hat sich ja die skandinavische Sitte des »Kaffee-satt-Angebots« immer weiter verbreitet (siehe »Wer bist du denn?«, Seite 51). Es ist jedoch selbstverständlich, dass man das nicht auch noch ausnutzt und zu zweit das ohnehin recht preiswerte Getränk genießt. Man kann es sich ohne Weiteres leisten, auch mal den anderen einzuladen, und das ist gerade bei Besuch oder unter Freunden nicht unüblich. Aber nur weil Lauri vorschlägt, Kaffee zu trinken, braucht er nicht für sie zu bezahlen. Hatte er Greta am Anfang noch fröhlich eingeweiht, wie man sich höflich einer Verabredung entziehen kann, erfährt sie dies nun viel schneller als gedacht selbst. Es ist ihm offenbar vor den anderen Gästen peinlich, mit Greta und ihrem Verhalten identifiziert zu werden. Sicher wird die Stimmung sich am Abend aber wieder beruhigen. Greta wird ihm ausführlich erläutern, warum sie sich so verhalten hat, er wird es nicht verstehen, aber bedauernd denken: *Voi voi,* Greetta, das Leben kann so kompliziert sein, wenn man nicht als Finnin geboren wurde.

15 WAS IST *RUSKA?*

IM HOCHPROZENTIGEN FARBENRAUSCH DES HERBSTES

Eigentlich passt es ja gar nicht in den Semesterplan, aber trotzdem hat Greta die Reise gebucht. Gebucht klingt vielleicht ein bisschen zu offiziell, Reise kann man das möglicherweise auch nicht wirklich nennen. Es fühlt sich eher nach Expedition an. Greta hat sich eingetragen in der Liste der Uni-Sportgruppe: Mit 17 Leuten geht es nach Lappland. Nach Lappland! In den Urho-Kekkonen-Nationalpark. Das klingt alleine schon aufregend. Der Park ist so groß wie Luxemburg, hat der Tourleiter neulich erzählt. Doch wie groß ist eigentlich Luxemburg? 2.586 Quadratkilometer, verrät das Internet. Endlich kommen einmal alle Wanderutensilien zum Einsatz. Nur gut, dass in Hütten übernachtet werden soll, denn ihr Zelt hat Greta nun doch nicht dabei.

Früh um halb fünf sitzen alle im Bus. Eine schier endlose Fahrt gen Norden beginnt. 17 gewaltige Rucksäcke sind im Gepäckraum untergebracht, einige Kartons Bier und mehrere Plastiktüten voller Würstchen, eingeschweißt, mit Kartoffelmehl, mit Käse und ohne. Das war besprochen, das ist im Reisepreis enthalten. Alles andere muss jeder selbst mitnehmen. Greta hatte Lauri gebeten, mit ihr einzukaufen. Aber sie wollte ihn dann doch nicht fragen, wie das mit dem Alkohol zu verstehen ist. Eigentlich will sie ja wandern und nicht jeden Tag feiern ... Doch sie beschloss abzuwarten. Demnach sind keine Insiderinfos, aber diverse Fertignudelgerichte in ihrem Gepäck gelandet, außerdem Instantkaffee und Äpfel. Zwei Kilo Äpfel, um genau zu sein. Außerdem Tüten mit Nussmischungen in allen erdenklichen Kombinationen, mit schokolierten Rosinen, karamellisierten Haferflocken und sonstigen Energiespendern. Für diesen Tipp ist Greta besonders dankbar. Lauri wollte zwar von allem nur die Hälfte nehmen, aber Greta blieb hartnäckig. »Lieber den anderen was abgeben als hungern« ist ihre Devise.

Bis Jyväskylä hat sie geschlafen. Nun sind sie schon mitten in Finnland, und im Bus ist es still, fast unheimlich still. 54 Leute hätten Platz, und so sitzen alle bunt verteilt und können die Beine bequem in den Gang strecken. Manche mit Kopfhörern auf den Ohren und ohne irgendeine Regung von sich zu geben. Ganz hinten haben die Organisatoren ihre Bank für sich und werfen sich den einen oder anderen Kommentar zu, mit verschlafener Stimme und ohne echte Lust aufs Reden. Greta blättert in einem Buch über die Botanik Lapplands. Selbst die Beerenbüsche müssten jetzt in bunten Farben leuchten.

WENN DIE WÄLDER GLÜHEN – HERBSTLICHE FARBENPRACHT

Mitte September, irgendwann nach den letzten heißen Tagen und während der erste Schnee sich ankündigt, erglühen die finnischen Wälder in Gelb, Orange und Rot. Unzählige gelbe Birkenstämme sind durchsetzt von dunkleren Tönen des Spitzahorns, der Espe und der Vogelbeere. In Lappland, auf den baumlosen Höhen, ergänzen rote Blätter der Heidelbeere (siehe »Schmeckt's?«, Seite 93) und der Alpenbärentraube das Bild.

Die Heide ist sicher schon verblüht, aber vielleicht sind noch Preiselbeeren zu finden. Im Moment genügen ein paar Kekse als Frühstück. Um halb neun hält der Bus in einer kleinen Parkbucht an.

»45 Minuten Pause«, ruft der Fahrer durchs Mikro.

Was, hier? Mitten im Nirgendwo? Manche steigen aus, andere verkriechen sich hinter ihre Jacken. Dass das gewohnte Fahrgeräusch verstummt ist, hindert am Weiterschlafen. Greta beschließt, lieber ein paar Meter zu laufen.

Klar ist die Luft draußen, glasklar, und die hellen Wolken ziehen mit überraschender Geschwindigkeit am eisblauen Himmel entlang. Fast spiegeln sie sich im See, doch der Wind kräuselt das Wasser zu sehr. Spätsommerlich riecht die Natur, auch wenn es bereits Anfang Oktober ist – für Gretas Wollpulli ist es eindeutig zu warm. Da kommen die Sonnenschirme gerade recht. Und wo Sonnenschirme stehen, müsste es doch auch einen Kiosk geben, oder? Eine Holzhütte nebenan hält die Türen einladend offen, und gerade kommen ein paar aus der Gruppe mit Kaffeebechern heraus. Greta fühlt in ihrer Tasche noch einige Münzen. »*Terve!*« Greta begrüßt zwei ältere Männer, die drinnen an kleinen Tischen sitzen, kauzige Typen mit stoppeligem grauem Bart und derber Kleidung. Etwas angekratzte Plastiktischdecken zeugen von den zahlreichen Besuchern, die dieses Café schon gesehen hat. In der schmalen Kristallglasvase auf dem mittleren Tisch prangt eine ehedem schöne, ehedem aufdringlich pinkfarbene Nelke. Es gibt noch drei Kuchenstücke in der Selbstbedienungstheke, außerdem zwei belegte Roggenfladenbrötchen, natürlich mit Gurke und Salat. Alles ist liebevoll drapiert, auf Porzellantellern mit Blümchenmuster und Servietten mit Erdbeerdruck. »*Terve*«, schwingt der Bass des größeren der beiden Männer Greta entgegen, und er prostet ihr zu. Greta nickt kurz, etwas steif und gewollt freundlich. Die Bierflasche auf seinem Tisch ist noch fast voll. Sein Freund – oder ist es nur der Nachbar? – hat dagegen schon ausgetrunken und steht soeben auf. Ein paar geknarzte Worte später ist er verschwunden. Autos stehen auf dem Parkplatz nicht. Wohin ist er gegangen?

Die Fensterscheiben der Hütte sind klein und werden soeben geputzt. Mit einem rot-weiß gepunkteten Plastikeimer schaut die Wirtin zur Tür herein.

»*Huomenta, huomenta. Mihin olette menossa?*«, erkundigt sie sich.

»*Anteeksi, en puhu suomea*«, erklärt Greta bedauernd, dass sie kein Finnisch spricht.

»Oh«, die Frau lacht ein wenig und wendet den Blick vollends ihrer Besucherin zu. »Wo ... wo reisen Sie hin?«

»Ah, nach Lappland! Urho-Kekkonen-Nationalpark.«

»Oh ja, *ruska* in Lappland, sehr schön, die beste Zeit. Die bunten Farben, wie sagt man noch? Indian Summer?«, lacht die Frau. »Ich bin aus Inari. Mein Mann«, sie nickt nach drinnen, »hat hier seinen Hof, also bin ich auch hier. Schon über 40 Jahre!«

Greta würde gerne mehr erfahren, aber dazu gibt es offenbar nichts weiter zu sagen. Der Herbst ist wunderbar, nicht mehr und nicht weniger.

»Grüße nach Lappland und eine gute Reise!«, wünscht die Frau zum Abschied.

»Danke, auch für den Kaffee!«

Wie schnell eine Dreiviertelstunde vergeht! Greta springt als Letzte in den Bus und wundert sich über ihre Selbstvergessenheit. Die eigenartige Idylle dort an dem kleinen See schwingt in ihr nach. Draußen verändert sich die Umgebung in den kommenden Stunden nicht besonders, aber durch das leichte Auf und Ab in der eiszeitlich geprägten Wald- und Seenlandschaft wird es auch nie langweilig. Mit der Zeit werden die Wälder lichter, und einzelne baumlose Bergkuppen kündigen den hohen Norden an. Die stetig vorbeiziehende Natur und die gleichmäßige Fahrt lassen Greta in einen eigenartigen Dämmerzustand fallen. Es fühlt sich an, als ob die Melodie einer langen Ballade mit immer neuen Strophen sie begleitet.

Ein paar Pausen und einige Stunden später greift der Tourleiter zum Mikrofon. »Hallo, hallo. Wir sind gleich da, nur noch diesen Hang hinauf, und oben haben wir unsere Hütten. Ich hole unsere Schlüssel, und dann checken wir erst einmal ein.«

Langsam, fast schleichend, erklimmt der Bus den Berg. Dabei ist von einem Gipfel noch lange nichts zu sehen, obwohl die Birken und Kiefern so niedrig sind, dass sie den Blick frei geben. Mitten darin öffnet sich die Straße zu einem Parkplatz. Zwischen mindestens acht weiteren Bussen und dreimal so vielen Autos finden auch sie noch eine Lücke. Greta streckt ihre verspannten Beine aus. Die tief hängenden Wolken machen sie nicht gerade munterer. Bei der Schlüsselverteilung wird sie schon wacher, schließlich kennt sie niemanden und soll mit fünf anderen eine Hütte und mit irgendjemandem sogar ein Zimmer teilen. Aber bevor sie noch überlegen kann, was sie sagt, hat sie schon einen Schlüssel in der Hand und zieht mit den neuen Mitbewohnern los. Zwei schleppen den Bierkasten in die Hütte 23 c, eine andere nimmt den Würstchenvorrat. Greta geht mit ihrem Rucksack hinterher.

Sie wirft sich auf ihr Stockbett, sie hat das obere, und atmet tief durch. Angekommen! Aber entspannt ist sie deshalb noch nicht. Am besten noch mal rausgehen, einen kleinen Spaziergang durch das Gelände machen. Irgendwann gibt es ja sicher noch eine Einweisung und einen Zeitplan. Vielleicht kann sie auch eine Landkarte kaufen in dem Infogebäude neben dem Parkplatz? Als sie gerade die Jacke anzieht, um hinüberzugehen, streckt ihr jemand eine Dose Lapin Kulta entgegen.

»Hier, Greta, probier mal. Lapplands Gold, Bier aus der Region. Ist nicht ganz kühl, aber es geht. Willkommen in Lappland!«, sagt einer ihrer Hüttenkameraden.

Die anderen vier sitzen schon auf den Sofas und haben ein paar Erdnusstüten geöffnet. Schnell rücken sie zusammen und winken Greta auf einen freien Platz.

»Warst du schon einmal hier im Norden?«

»Ich? Nein, ich war noch nie nördlich des Polarkreises.« Greta nimmt das Bier und setzt sich. Jetzt wird sich also zeigen, wie das hier ist mit den Trinksitten. Sie kommt sich vor wie bei einer Prüfung. Mal ein Glas mag sie schon gerne, aber was wird, wenn das hier jeden Tag so geht?

»Dann wird es dir hier hoffentlich gefallen. Wanderst du in Deutschland viel?«

»Och, es geht, mal so am Wochenende ...«

»Wie sind denn eure Wege dort? Habt ihr auch Nationalparks mit Hütten? In den Alpen soll es ja tolle Bergwanderungen geben, da möchte ich unbedingt mal hin.«

NATIONALPARKS – GENUSS FÜR MENSCH UND NATUR

Seit 1938 sind in Finnland bestimmte Landschaften besonders geschützt. Inzwischen gibt es 37 Nationalparks, viele weitere Naturschutzgebiete, Waldlehrpfade und Infozentren. Die Region um Pallastunturi und Yllästunturi in Nordwestlappland lockt jährlich fast eine halbe Million Besucher an. Außer den Sommermonaten sind die wenigen Wochen der Herbstlaubfärbung, die *ruska*-Saison, und der sonnige Spätwinter besonders beliebte Jahreszeiten.

Zwei Bierdosen später sind alle in einen lebhaften Austausch über frühere Wanderungen, unerreichte Traumziele und kuriose Erlebnisse versunken.

Greta hat kaum Zeit nachzudenken und ihr weiteres Vorgehen zu planen, so sehr wird sie von allen mit Fragen überhäuft. Da fällt es ihr auch nicht schwer, ihrerseits nachzuhaken. »Gibt es eigentlich ein Programm für die nächsten Tage?«, fragt sie.

»Am ersten Tag laufen wir immer eine Einstimmungsrunde über das Fjell und dann runter zu einem Wildmarkcafé. Die nächsten Touren sind frei planbar. Es hängt ja vom Wetter und den Wünschen aller ab, wie lange und wie weit man gehen will.« Okay, Greta ist langsam im Bilde. Jemand reicht ihr noch ein Bier. »Danke, aber ich glaube, es reicht für mich. Vielleicht nach dem Essen.«

»Wir essen heute alle oben im Blockhaus, um neun Uhr. Oh, es ist ja schon spät! Gut, dass du es sagst, Greta, wir müssen los.«

Tatsächlich sind die meisten schon da und haben sich bereits am Buffet bedient. Es gibt Salate ohne Ende, Roggen- und Haferbrot (siehe »Schmeckt's?«, Seite 93) und daneben zwei dampfende Warmhalteschüsseln: Kartoffelbrei und – eine Art Geschnetzeltes, oder so etwas wie Gulasch? Ein paar Zwiebeln, braune Sahnesoße ... Greta fragt Manja, ihre Zimmernachbarin.

»Das ist *poronkäristys.* Rentiereintopf.«

Köstlich!

Zurück in der Hütte holt jemand dunkelrote Flaschen aus dem Eisfach.

»Ah, jetzt haben sie genau die richtige Temperatur. Ruska muss man kalt trinken. Prost, Greta!«

»*Kippis.* Ein Beerenwein, lecker!« Er schmeckt wirklich nach *ruska* ... nach bunten Wäldern, süßen Früchten und dem ersten Frost.

Greta schwirrt der Kopf nach der langen Busfahrt. Nach dem wunderbaren Essen, den vielen Gesprächen, dem »lappländischen Gold«. Ist sie müde? Sie weiß es selbst kaum mehr.

»Danke für den netten Abend«, ruft ihr jemand hinterher, als sie sich in ihr Zimmer verabschiedet. Die Leiter auf ihr Bett ist eine kleine Herausforderung. Manja hat sich schon längst mit einem Buch zurückgezogen und fragt kurz, ob alles in Ordnung sei. »Aber klar, sicher, kein Problem! Wann geht es morgen eigentlich los? Ich muss ja noch duschen und packen und überhaupt ...« Undeutlich dämmert die Antwort zu ihr herauf, in der von acht Uhr und Frühstück und Wecker die Rede ist. Ist gut, bis dann, danke, ja, jetzt nur noch schlafen ...

Noojoo!

Oh, wie gefährlich. Da packt jemand ein paar Büchsen Bier in den Bus, und schon sieht man sich im Gelage untergehen. Wirkliche Alkoholkultur mit ein paar stilechten Gläsern guten Weins, wäre das so viel besser kalkulierbar? Weil Lauri leider nicht zu den klischeestimmigen Personen gehört, kennt Greta sich ja noch nicht aus mit dem finnischen Feiern. Das steigert natürlich ihre Unsicherheit. Aber warum traut sie sich nicht zu fragen? Warum glaubt sie einfach an die wilden Geschichten vom unkontrollierten Nordvolk? Aktuelle Zahlen zum Alkoholkonsum von Studenten der European Studies liegen nicht vor. Stattdessen lässt sich konstatieren, dass es überall Menschen mit mehr und weniger festen Trinkgewohnheiten gibt. In Finnland gibt es auffällig viele Menschen, die Alkohol prinzipiell ablehnen. Ob das auf schlechter Erfahrung in der eigenen oder familiären Vergangenheit beruht oder eine rein theoretisch gewonnene Überzeugung ist, gehört in die Privatsphäre jedes Einzelnen.

Die Gesamtmenge Alkohol, die durchschnittlich konsumiert wird, ist in Finnland niedriger als in Deutschland. Wer zu Hause Kneipen meidet, aus denen Betrunkene heraustorkeln, muss ja nicht in Finnland ausgerechnet diese Orte als Erstes aufsuchen. Es genügt völlig, seine eigenen Trinkgewohnheiten mit den höheren Preisen in Übereinstimmung zu bringen und sich den Menschen zuzuordnen, die ungefähr dem eigenen Verhalten entsprechen. Auch zu Hause macht es schließlich keinen Spaß, eine Flasche Rotwein im Restaurant zu bestellen, wenn man der einzige Anhänger dieses Getränks ist. Die Zeit an der Bar kann andererseits sehr lang werden, wenn alle ein Bier nach dem anderen genießen und man selbst bei Apfelschorle bleibt. Apropos, die gibt es in Finnland fast gar nicht.

Das sind alles keine landesspezifischen Ratschläge. Die braucht es auch nicht, nur ein bisschen Einfühlungsvermögen. Und das hat doch jeder. Damit kommt man auch in den vielen gemütlichen Cafés entlang der Landstraßen zurecht, die von der Lokalbevölkerung ebenso gerne aufgesucht werden wie von Reisenden.

16 GILT HIER DAS JEDERMANNSRECHT?

ALLES IST ERLAUBT, BIS AUF DIE VERBOTENEN DINGE

Gretas erster Morgen in Lappland. Der Himmel hat sich auf die feuchtkalten Hügel herabgesenkt und verspricht einen herbstlichen Herbsttag. Trotzdem stehen alle pünktlich am Eingangstor zum Wanderweg.

»Guten Morgen, alle zusammen, wir starten!« Der Tourleiter scheint noch die beste Laune zu haben. »Wer mehr als sieben Kilo Gepäck hat, gewinnt.« Lachend hängt er seinen Rucksack an einen rostigen Haken. »Drei Komma fünf.« Erst im Näherkommen sieht Greta, dass dort tatsächlich eine Waage angebracht ist. »Besser, man merkt noch vor dem Start, dass es zu schwer ist.«

Wasser, Äpfel, Nüsse, Wasser, Äpfel, Nüsse ... Viel mehr fällt Greta nicht ein, das ihr Gepäck belasten könnte. »Fünf Komma zwei.« Damit liegt sie im guten Durchschnitt. Nur Manja hat viel mehr dabei, bei ihr dreht sich der Zeiger auf über neun Kilo.

»Die Bücher natürlich!«, ruft jemand, und Manja nickt.

»Wer weiß, was wir wieder entdecken dieses Mal.«

»Manja glaubt immer noch daran, irgendwann eine neue Pflanze zu finden«, flüstert jemand aus Gretas Hütte ihr zu.

Trotz der schweren Wolken setzt sich die Gruppe munter in Gang. Der Weg führt zunächst stetig bergan und zweigt nach ein paar Hundert Metern auf einen schmalen Pfad ab. Das Tempo ist locker, aber beständig. Niemand läuft vor, niemand bleibt zurück. »Da, ein Moorschneehuhn!« Manja geht mit Greta am Ende und zeigt urplötzlich zur Seite. Greta kann vor den flechtenüberzogenen Steinen mitten im Blaubeerkraut nur kurz eine Bewegung erahnen, dann hat sich der scheue Vogel wieder unsichtbar gemacht.

Auf einem Sattel gibt es einen kurzen Stopp. Greta freut sich und kramt im Rucksack nach ein paar Plastiktüten. »Kannst du mir die verschiedenen Heidepflanzen zeigen?«, bittet sie Manja. Bereitwillig werden ihr die lateinischen Namen genannt – auf Englisch versteht sie sie erst recht nicht, obwohl Manja auch die fast alle kennt.

»Du bist ja echt eine Expertin!«, staunt Greta.

»Botanikstudentin«, erwidert Manja knapp.

Rasch bückt Greta sich hinunter und knipst vorsichtig ein paar Zweige von jeder Art ab. Eben hat Manja noch über die Anpassungsfähigkeit an Schnee und Wind gesprochen, nun hält sie unvermittelt inne.

»Greta, das ist, glaube ich, nicht so gut.«

Ein fragender Blick bittet um Erläuterung.

»Wir sind im Nationalpark. Die Pflanzen sind geschützt.«

»Oh, das tut mir leid. Ich dachte, das Jedermannsrecht sagt, dass man das darf. Ich will sie ja nicht verkaufen.« Greta lacht etwas verlegen.

»Hier darf man das nicht. Hast du eine Idee, wie lange die Pflanzen brauchen, um zu wachsen? Und du willst sie ja nicht essen, oder?«

Greta spielt mit den Zweigen in ihrer Hand. »Und jetzt? Wo ich sie schon abgemacht habe, kann ich sie doch auch einpacken, oder?«

Gesagt, getan. Manja reagiert nur spärlich. Sie wirft den Rucksack über eine Schulter und geht zur Spitze der Gruppe, die sich bereits wieder in Bewegung gesetzt hat. Es beginnt stärker zu regnen, und bis zur Hütte läuft jeder sein eigenes Tempo. Schließlich frischt auch noch der Wind auf und treibt feuchtkalte Schauer vom Berg herab.

Als Greta die schwere Holztür öffnet, sitzen einige schon am knisternden Feuer. Missmutig lehnt sie den Rucksack gegen eine Wand und reicht stumm ihre Nüsse herum. Im Nu ist die Tüte leer.

»Wo kann man denn hier Müll loswerden?«, erkundigt sie sich.

»Draußen«, antwortet jemand.

»Oder in deinem Rucksack«, ergänzt Manja.

Greta winkt ab und steckt sich das Plastik in die Tasche. Mit einer Tasse heißer Schokolade oder Kaffee in der Hand wird allen bald wärmer, und als eine zweite Gruppe hereinkommt, ist der Raum auch schon voll. Man muss enger zusammenrücken und kommt schnell ins Gespräch. Die anderen haben bereits einige Tage im Park verbracht und sind von Hütte zu Hütte gezogen. Greta ist erstaunt.

»Kann man da einfach so übernachten?«

»Ja, sicher. Manche muss man auch reservieren, aber die meisten sind offen für alle – solange Platz ist.« Vorsichtshalber haben sie aber noch zwei Zelte dabei.

»Das ist überhaupt das Beste«, schwärmt Greta. »Einfach irgendwo an einem schönen Steg am See sein Zelt aufschlagen und so lange bleiben, wie man will.«

»Es ist elf Uhr, weiter geht's!« Der Tourleiter steht schon an der Tür.

Greta seufzt. Gerne hätte sie noch mit den netten Wanderern am Feuer geplaudert. Sie zwängt sich in die klammen Kleidungsstücke, trocken sind sie noch lange nicht.

»Lass doch, sieh mal raus!« Ein Hüttenkamerad zeigt durchs Fenster hinaus. Wild jagen kleine graue Wolken am Himmel entlang, aber schon blitzt auch der eine oder andere Sonnenstrahl hervor. »Hast du den Wind nicht gemerkt vorhin? Der bringt uns die Sonne zurück, pünktlich zum Wurstfeuer.«

»Wurstfeuer?«

»Ja, am Rumakuro.« Der Name kommt Greta bekannt vor, es müssten nur ein paar Kilometer von hier sein, immer im Flusstal entlang.

Auf den Holzbohlen, die die sumpfigen Moorpassagen überspannen, bleibt immer wieder jemand stehen und zückt den Fotoapparat. Fieberklee wächst überall, der Himmel spiegelt sich schön im dunklen Wasser. Manja ist überhaupt nicht mehr zu sehen. Greta hat die überflüssige Kleidung außen am Rucksack verknotet und nimmt sich Zeit. Die Landschaft sieht richtig urtümlich aus, mit den kleinen Seen und sandigen Pfaden auf schmalen Rücken dazwischen. Sobald der Weg hinuntergeht, ist der Untergrund gleich wieder feucht und gibt bei jedem Schritt nach. Ein paar Vögel sind zu sehen, einige scheinen sie regelrecht zu verfolgen.

KONTAKTFREUDIGE PECHVÖGEL (FINNISCH: *KUUKKELI)*

Über 100.000 Unglückshäher leben in Finnland, normalerweise das ganze Jahr hindurch. Bei schlechter Nahrungslage aber ziehen sie im Winter nach Mitteleuropa – ob dies ihren Namen begründet hat? Sah man sie nur in harten Zeiten, wenn der Frost das Land fest im Griff hatte und kein Frühling in Sicht war? Als Wanderer sieht man sie besonders in nadelwaldreichen Gegenden Lapplands häufig. Sie sind drosselgroß, braungrau und recht neugierig. Wer alleine unterwegs ist, findet in ihnen zutrauliche Tischgenossen.

Plötzlich sieht sie zwischen den Bäumen einen roten Fleck. Mindestens 20 Meter vom Pfad entfernt bewegt er sich langsam hin und her. Greta fröstelt im Stehen, die Sonne ist gerade wieder hinter einigen Wolken verschwunden, und der Wind ist nach wie vor kräftig.

»*Perkele!*«, zerreißt plötzlich ein wütender Schrei die sumpfige Ebene. Vor ihr ist niemand mehr auf den Stegen unterwegs. Dann ist es wieder still. Der rote Fleck ist nicht mehr zu sehen.

»Hallo?«, ruft Greta. »Hallo, ist da jemand?«

»Greta?«, schallt es zurück. Die Stimme klingt nach Manja. »Greta, bist du es?«

»Ja. Was ist passiert?«

»Kannst du mir helfen? Schaffst du es hier herzukommen? Aber vorsichtig, immer nur auf die Heidehügel treten! Daneben ist es verdammt ...« Ein erneuter Fluch bricht den Satz ab.

Greta hört, wie etwas ins Wasser klatscht. Sie legt ihren Rucksack auf den Steg. Den Teleskopstock, bisher nutzloser Ballast, schnallt sie rasch von den Klettverschlüssen ab. Mit ihm fühlt sie vor, wo die Pflanzen dicht genug sein müssten, um sie zu tragen. Alle paar Meter steht eine schmale Birke, da kann sie einen Moment verschnaufen.

»Kurze schnelle Schritte!«, ruft Manja ihr entgegen. Nun ist auch der rote Fleck wieder zu erkennen. Es ist Manjas Jacke, immer noch ganz nah am Boden.

»Bist zu verletzt?«

»Nein. Jedenfalls nicht sehr.« Manja versucht ein Lachen, aber es klingt gezwungen und hart. »Ahh!« Unversehens ist Greta mit dem linken Fuß in ein Loch geraten. Kaltes Moorwasser sickert ihr in den Stiefelschaft.

VON BAUERN VERWÜNSCHT, VON WANDERERN VEREHRT: NASSE WÄLDER, FEUCHTE MOORE, SUMPFIGE SEEN

Früher war ein Drittel der finnischen Landfläche von Mooren bedeckt. Davon befindet sich nach Trockenlegungen für die Forst- und Landwirtschaft etwa ein Drittel heute noch in natürlichem Zustand. Dennoch ist Finnland im Vergleich zur Gesamtfläche weiterhin das moorreichste Land. Man unterscheidet dort grundsätzlich zwischen Hochmooren und Aapamooren. Das Aapamoor weist sowohl Niedermoorbereiche auf, die von Grund- und Oberflächenwasser erreicht werden, als auch höher gewachsene, trockenere Stränge, auf denen die Zwergbirke zu Hause ist.

Landkarten geben den Charakter der Moore speziell für den Wanderer an: Neben nassen Wäldern und betretbaren Sümpfen sind unüberwindliche Moore deutlich gekennzeichnet. Sie sind von einem schwarzen Rand umgeben, genau wie Seen. Deren Betreten ist gefährlich. Für den unkundigen Nordlandreisenden stellen auch die übrigen Sümpfe zumindest unangenehme Hindernisse dar, wenn man nicht gelernt hat zu erkennen, an welchen Stellen sie überquert werden können. Vom Weg abzuweichen ist ohne ausgezeichnete Ortskunde und zum Schutz der einzigartigen Natur nicht empfehlenswert. In einigen Schutzgebieten ist es auch verboten, darüber informiert jede Region separat.

Dann ist sie da. Manja hockt auf dem Boden, denkt Greta im ersten Moment, doch es täuscht. Sie scheint auf dem Moos zu sitzen, doch von ihren Beinen ist nichts zu sehen.

»Hier habe ich letztes Jahr wunderschönen Sonnentau gefunden. Aber an der Wurzel da oben«, Manja zeigt zu einer einsamen Kiefer in der Nähe, »bin ich abgerutscht und in den Sumpf getreten. Wenigstens konnte ich den Rucksack retten.« Er liegt einen Meter entfernt auf einem Heidebüschel.

»Und jetzt? Was kann ich tun?« Greta will Manja den Stock reichen und tritt einen Schritt näher.

»Stopp, bleib da, sonst stecken wir beide drin! Keine Angst, es ist nicht tief, ich muss mir nur irgendwie das Knie verdreht haben.« Manja versucht sich zu bewegen und verzieht schmerzhaft das Gesicht.

Greta macht einen kleinen Umweg und springt zu einer Birke, die nur eine gute Armlänge von Manja entfernt ist. »Versuch mal, dich zu mir umzudrehen!«

Manja presst die Lippen zusammen und tut es. Langsam wendet sie sich Greta zu.

»Hier, greif den Stock und such mit dem Fuß nach Halt!«

Mehrere Male tritt Manja ins Leere. Doch schließlich hat sie einen kleinen Hügel unter Wasser gefunden und steht nun nur noch bis zu den Knien im Morast.

»Jetzt schnell, mit dem gesunden Bein zuerst!«

Manja macht einen Schritt nach vorn und versinkt in dem Moment wieder tiefer im Wasser. »Gib mir deine Hand!«

Greta umfasst ihren Arm, aber hochziehen kann sie sie nicht. Da findet Manja plötzlich ein paar Wurzelausläufer und zwingt sich zu Greta hinauf.

»Das wär geschafft.«

»Danke!« Manja bringt ein schiefes Lächeln zustande. »Jetzt nur noch zum Weg.«

»Kannst du denn laufen?«

»Ich muss.« Braunes Wasser fließt von ihren Beinen.

»Greta, Manja?« Laute Stimmen dringen durch den Sumpf. »Wo seid ihr?«

Die werden meinen Rucksack gefunden haben, denkt Greta.

»Hier, hallo!«, ruft Manja.

Zwei bekannte Gesichter erscheinen zwischen den Kiefern. Schon sind sie bei ihnen. Einer greift Manjas Rucksack, der andere fasst sie unter dem Arm. »Geh ruhig voraus, Greta!«

Stumm springen sie von Hügel zu Hügel, dann noch ein paar Meter auf den Bohlen, dann öffnet sich der Pfad in einen lichten Wald hinein. Alle setzen sich, Manja keucht.

»So etwas Dummes! Es tut mir leid, dass ich euch so aufhalte.« Als sie ihr Knie ein wenig stabilisiert hat, drängt sie zum Aufbruch. »Wenn wir langsam gehen, ist es schon in Ordnung.«

Eine Stunde später sind sie am Rumakuro angekommen. Greta verliert kein Wort über den Vorfall und überlässt Manja das Feld. Sie setzt sich lieber ans Feuer. Die anderen haben es sich bequem gemacht, die Sonne strahlt nun vollends vom Himmel, und über Handy hatten sie schon erfahren, dass kein größeres Unglück passiert ist. Nun aber springt jeder auf und holt seinen Rucksack.

»Müssen wir wirklich sofort weiter?« Gretas Stimme klingt ein wenig angestrengt. Ein Moment Ruhe an dem kleinen Bach täte jetzt gut, die Füße kühlen, die Schuhe ein bisschen sauber machen, die moornassen Socken abstreifen – was gäbe sie dafür! Und Manja hat sich auch gerade erst am Feuer niedergelassen, die klatschnasse Hose gewechselt und cremt ihr Knie ein. »Bleiben wir noch einen Moment und gehen später nach? Ich könnte auch Holz holen.« Greta begutachtet die schmalen Birken und überlegt, ob sie die kleineren wohl abknicken könnte.

»Nicht nötig, keiner geht jetzt. Die holen nur Senf und Brot. Ich hatte ja schließlich die ganzen Würste dabei. Und wenn wir Holz brauchen, gibt es das im Schuppen.«

DREHT DIE WURST SICH AUF DEM SPIESS ... WER DICHTET WEITER? SIE HAT'S VERDIENT!

Finnische Grillwürste sind keine deutschen Bratwürste. Diese banale, schlüssige Feststellung hat schon manchen Finnen dazu verleitet, aus Mitteleuropa mehrere Kilo »Roster« zu importieren. Weil sie ja so viel besser seien. Darüber kann man geteilter Meinung sein. Finnische Würste sind anders: Kürzer, dicker, und sie werden auch nicht so knusprig. Eher reißt die Haut über dem offenen Feuer auf, was aber zu leckeren Verkrustungen führt. Wohlgemerkt, über dem offenen Feuer. Ob eine finnische Wurst auf einem schicken Gasgrill überhaupt Temperatur annimmt, ist erst im 21. Jahrhundert erprobt worden. Die Ergebnisse lohnt es nicht, zu veröffentlichen. Eine finnische Wurst gehört über das Feuer, und zwar am besten an einem selbst geschnitzten Holzspieß oder einer bereitgestellten Metallstange. Viele kleine Hütten beinhalten dieses lebenswichtige Gerät. Mancherorts gibt es sogar drehbare Wurstroste. Diese Äußerlichkeiten sind das eigentlich Köstliche an der finnischen *makkara*. Ihr Inhalt, früher oft mit Kartoffelmehl versetzt, was heute für sogenannte A-Klasse-Würste verboten ist, ist zweitrangig. Dazu gehört jedenfalls auch süßlicher finnischer Senf, vorzugsweise aus Turku.

Manja greift in ihren Rucksack. »Bitte schön, die ersten sind für dich. Mit vielem Dank für deine Hilfe! Hier hast du einen Spieß.«

Greta schneidet die Tüte auf und nimmt sich einen Käsegriller. »Danke! Und ich hab wirklich geglaubt, dass du nur Bücher herumträgst …«

Manja lacht. »Was man nicht im Rucksack hat, muss man im Kopf haben. Und ich hab wirklich geglaubt, dass du so eine Großstadttante bist, die hier oben nicht zurechtkommt. So kann man sich irren.«

Noojoo!

Man darf sich in der Natur frei bewegen, zu Fuß, mit dem Fahrrad oder auf Ski. Man darf Beeren, Pilze und Blumen pflücken und diese verkaufen. Man darf vorübergehend in der Natur sein Lager aufschlagen. Man darf Seen bei offenem Wasser und bei Eis befahren und in ihnen angeln.

Dies sind die Grundregeln des Jedermannsrechts. Daraus könnte man ableiten, dass der Mensch tun und lassen kann, was er will und wie es ihm gerade gefällt. Die Beschränkungen dieses Grundrechts sind aber zahlreich und außerdem regional sehr unterschiedlich. Generell gilt, dass man nichts und niemandem schaden darf und keinen Müll zu hinterlassen hat. Dazu gehören auch vermeintlich schnell vergängliche Essensreste. Um sich in all den Vorschriften zurechtzufinden, weist jeder Nationalpark seine eigenen Bestimmungen aus.

Im Urho-Kekkonen-Nationalpark ist das Pflücken von Beeren und Pilzen zum eigenen Verzehr erlaubt, die Beschädigung von Pflanzen ansonsten aber verboten. An der großen bewirtschafteten Hütte gibt es ausnahmsweise Mülleimer, weil dorthin, wenn nötig, auch mal Fahrzeuge (der Forstverwaltung) fahren können. Dass Greta so beherzt zugreift und alle Heidepflanzen mit nach Hause nehmen will, ist für Manja vielleicht weniger ein rechtliches als ein moralisches Problem. Greta kennt sich überhaupt nicht aus, ist zum ersten Mal dort unterwegs und sollte nach Manjas Geschmack einfach mehr Zurückhaltung zeigen. Muss man die Pflanzen gleich besitzen, nur weil man sie schön findet? Dieses dominante Verhältnis zur Natur findet bei ihr kein Verständnis. Bäume dürfen auch nur gefällt werden, wenn das Überleben in Gefahr ist. Ansonsten kümmert sich der Nationalpark um den Vorrat an Feuerholz, das höchstens noch in kleinere Stücke gehackt werden muss.

Die Unterhaltung mit der anderen Gruppe in der Hütte hätte fast ins Abseits geführt. Denn natürlich darf man nicht überall zelten, wo es einem gefällt. Ein Steg ist ein deutliches Zeichen dafür, dass das Land jemandem gehört und auch privat genutzt wird. Da muss man fragen, ob eine Nacht, höchstens zwei, trotzdem in Ordnung sind.

Dass Greta aber keineswegs rücksichtslos ist, merkt Manja im Moor. Die Legenden vom Städter, der die Natur weder achtet noch sich in ihr bewegen kann, sind noch nicht ausgestorben und beziehen sich durchaus auch auf Einheimische, denen man nicht genug Einfühlungsvermögen oder Erfahrung zutraut. Ebenso wie die Mehrheit der Wandergruppe aber Greta gerne aufgenommen hat, wird im Prinzip jeder in der Wildmark willkommen geheißen. Und sowohl dort als auch in der Stadt ist es eine Extra-Überlegung wert, wie man seinen eventuellen Unmut äußert. Manjas Fluch »*Perkele!*« heißt übersetzt nichts Schlimmeres als »Teufel!«. Manche benutzen ihn, manche nicht. Wenn der eigene angelernte Finnisch-Wortschatz nicht über zehn Begriffe hinausgeht, fällt ein Fluch darunter natürlich mehr auf als bei ihr.

17 WO BEGINNT LAPPLAND?

EIN GRENZENLOSES GRENZLAND

In zehn Minuten müsste Inari erreicht sein. Der Bus ist schließlich pünktlich in Saariselkä abgefahren. Von Gretas Wandergruppe wollte niemand mitkommen – manche meinten, dass sie das samische Museum schon kennen, andere wollten lieber wandern, trotz des Nieselregens heute. Manja verzog amüsiert das Gesicht und fragte, ob Greta im Nationalpark nicht genug Natur erlebe. Ob sie glaube, dass die Samen ihr das genauer erklären könnten. Der Bus ist trotzdem voll besetzt. Einheimische Familien, Wanderer und ältere Leute, die offenbar zum Einkaufen fahren, bilden eine bunt gemischte Gemeinschaft.

Der Ortseingang ist nur an den wenigen Häusern rechts und links zu erkennen, an ein paar Straßenschildern und einer kleinen Kirche. Zum ersten Mal auf der Fahrt hat Greta nun auch einen kurzen Blick auf den Inarisee erhascht, über den sie sich im Reiseführer informiert hat. Von seinen 1.000 Quadratkilometern Fläche ist nur ein Bruchteil auf einmal zu sehen, so verzweigt liegt er inmitten der endlosen Wälder. Die Geschichte des Sees hat Greta gleich fasziniert: Hier haben sich bald nach dem Ende der letzten Eiszeit, also vor ungefähr 10.000 Jahren, Menschen angesiedelt. Hier hatten die

Samen ihre heilige Insel, Ukonkivi, eine eigenartige dreieckige Felsformation mitten im See. Angeblich mussten die jungen Männer dort früher einige Tage ohne Hilfe und ohne Vorräte ausharren, um zu beweisen, dass sie allein in der Wildnis überleben können. Gelang es ihnen, durften sie heiraten.

Der alte Marktflecken Inari ist auch heute keine eigentliche Stadt. Zwei Gebäude fallen Greta im Zentrum auf, die sich in Größe, Alter und Charme durchaus ähneln: der Supermarkt und das Hotel am Strand gegenüber, beide gleich nüchtern und zweckmäßig, aber offenbar auch sehr belebt. Autos parken wild davor, Stadt hin oder her, ein Treffpunkt ist das hier allemal. Aber die Menschen sehen aus wie in Helsinki, von der samischen Urbevölkerung entdeckt Greta nichts. Sollte tatsächlich auch hier kein ursprüngliches Lappland mehr zu finden sein?

SÁPMI UND SEINE LANDSCHAFT

Das ursprüngliche Lappland heißt gar nicht Lappland, sondern, in der Sprache der Urbevölkerung, Sápmi. Das hat aber nie einen eigenen Staat mit einer zentralen Regierung bezeichnet, sondern das Wohngebiet der Samen, das sich immer noch auf Norwegen, Schweden, Finnland und Russland erstreckt. Innerhalb Finnlands ist Lappi der offizielle Name für die nördlichste Region. Immerhin nimmt sie fast ein Drittel der gesamten Landfläche ein. Nach eigenen Angaben leben derzeit etwa 9.000 Samen in Finnland, die meisten allerdings außerhalb der zentralen samischen Wohngebiete.

Greta steigt aus. Im kleinen Hafen liegen einige Boote, meist eher praktisch als luxuriös ausgestattet. Greta vermisst ein bisschen die Beschaulichkeit, die sie sich hier weit nördlich des Polarkreises erhofft hatte. Ein Motor heult auf, der Bootsführer ruft etwas zum Strand hinüber, wendet und saust davon. Zwei Kinder stehen bis zu den Knien im Wasser, brüllen etwas hinterher und kichern.

Greta schlendert über die Brücke. Unter ihr sprudelt ein Fluss in den See. Gegenüber im Wald ein moderner, zurückhaltender, aber doch auffälliger Bau: Siida, das Natur- und Kulturmuseum für Finnisch-Lappland.

»*Hei.* Ein Studententicket, bitte.« Das klappt inzwischen auch auf Finnisch.

»Hallo, bist du aus Deutschland?« Greta ist ein wenig enttäuscht.

»Ja, hört man das?«

»Ein bisschen. Ich habe mal in Hamburg studiert.«

»Oh, toll. Aus Lappland in die Großstadt, das muss ja ein ziemlicher Schock gewesen sein, oder?«

»Na, nicht wirklich. Obwohl da natürlich mehr Menschen wohnen als hier. Ich habe noch viele Freunde in Deutschland. Bitte, deine Eintrittskarte.«

Greta hat sich extra diesen Tag Wanderpause genommen, um die samische Bevölkerung und ihre Lebensweisen kennenzulernen. Die Rentierzüchter mit ihrer bunten Kleidung haben sie schon immer begeistert. Es ist ja doch etwas ganz anderes, nur davon zu lesen, als die Menschen selbst zu treffen. Greta ist gespannt, was für eine besondere Ausstrahlung diese Menschen haben, die noch wirklich im Einklang mit der Natur leben und sich nicht von der Modernität überrollen lassen.

Im Freilichtgelände gelangt sie zunächst zu einem Bauernhof. Die schlichten Holzhäuser mit großem offenen Feuer und Moos zwischen den Balken interessieren sie im Moment nicht so besonders. Auch die kleinen Torfhütten mit Birkenrindendach und niedrigen Türen lässt sie am Weg liegen. Endlich steht sie vor den Zelten der Rentierzüchter – und ist enttäuscht. Weiße Planen in stabiler Industriequalität mit rostfreien Ösen umspannen hölzerne Gerüste. Kein Schmuck daran, kein Ureinwohner darin. Aber plötzlich trappelt es zwischen den Birken: Eine vorsichtige Nase streckt sich heraus, schnuppert ein bisschen, es folgt ein braun gemusterter Kopf mit Geweih, und schon trabt das Rentier auf dem schmalen Pfad davon. Greta steckt ihre Fototasche wieder ein, das war viel zu knapp für ein Bild.

Zurück im Haus führt ihr erster Weg zum Infotresen. »Entschuldigung, ich habe vielleicht nicht den richtigen Weg draußen gefunden. Wo komme ich denn zu den samischen Wohnplätzen, ich meine, den richtigen?«

»Den richtigen?«

»Ja, ich habe nur Holzhäuser und moderne Zelte gesehen. Ich interessiere mich sehr für die echte, die authentische Kultur. Wo finde ich die bitte?«

Die junge Frau hinter dem Tresen ist irritiert. »Hier überall. Dies ist das samische Kulturzentrum. Die Dauerausstellungen erzählen vom ganzen Leben der Samen seit dem Ende der letzten Eiszeit. Du kannst die Treppe hinaufgehen und dir oben alles ansehen.«

»Und draußen? Was sind das für Anlagen?«

»Das sind samische Wohnhäuser. Alle Gruppen sind vertreten. Der Bauernhof mit allen Vorratshäusern, die alten Sommerwohnstätten am See in den traditionellen Torfhütten, die Häuser der Skoltsamen und auch die moderne Rentierzucht.« Sie wendet sich dem nächsten Besucher zu.

Greta will noch etwas erwidern, aber dann geht sie doch erst einmal in die Ausstellungsräume. An den Wänden vielfarbige Leuchtkästen mit Fotos, Zeichnungen, Texten.

»Gefällt dir die Ausstellung?« Der ehemalige Austauschstudent ist plötzlich aufgetaucht und erkundigt sich freundlich in flüssigem, wenn auch akzentbeladenem Deutsch. »Du kannst alle Jahreszeiten durchreisen. Und überall kannst du die Tiere und Pflanzen kennenlernen, die hier oben leben. Damit wird auch gezeigt, welche von den Menschen nutzbar sind.«

»Ja, das ist ja alles ganz schön. Aber ich dachte, dass ich hier noch richtige Samen treffen könnte. Und echte samische Kultur sehe.«

»Woran denkst du denn?«

»Ja, Alltagsgegenstände, Haushaltsgerät, so etwas. Dinge, die man zum Überleben hier oben braucht und die gewissermaßen ihre eigene Geschichte haben, die etwas aussagen, weil sie unentbehrlich sind.«

Ihr Guide zeigt in die Mitte des Raumes. Ein glänzender Motorschlitten dominiert die Fläche, daneben steht ein hölzernes Schlittengestell mit einem Rentier davor. »Hier siehst du, wie sich samisches Leben im Norden verändert hat. Kein Rentierzüchter möchte mehr mit einem Holzschlitten unterwegs sein. Die moderne Zucht verlangt auch moderne Transportmittel. Sonst kann man nicht auf dem Markt konkurrieren. Und eine Sicherheitsfrage ist es natürlich auch.«

»Das verstehe ich ja. Aber ich dachte, die Samen legen auch Wert auf eigene Traditionen. Man muss sie doch von den Finnen irgendwie unterscheiden können.«

»Kann man auch.«

»Wie denn?«

»Indem du die Menschen fragst, ob sie Samen oder Finnen sind.«

»Haha.«

»Nein, im Ernst. Wie soll es sonst gehen?«

»Ich finde, es sollte noch erkennbare Gemeinsamkeiten geben. Wenn der Lebensstil genau derselbe ist wie bei anderen Europäern, wäre das doch total schade.«

»Für wen?«

»Na, für die Samen.«

»Wovon hängt denn dein Lebensstil ab? Von deinen Vorfahren? Oder von deinem Wohnort, deiner Arbeit, deinen eigenen Werten und Wünschen?«

»Das ist ja gerade das Traurige, dass wir alle so individualisiert sind und nicht mehr wissen, wo wir herkommen.«

»Das finde ich auch. Aber ich finde auch, dass man als Same gleichzeitig traditionsverbunden und modern sein kann. Ich kann Motorschlitten fahren und Samisch sprechen. Ich kann Informatik studieren und samischen Joik singen. Schließlich wollen wir keine Museumsobjekte werden oder Disneylandfiguren. Ich kann heute in Jeans zur Arbeit gehen und morgen in Tracht zur goldenen Hochzeit meiner Tante.« Er zeigt auf die Darstellung einer samischen Großfamilie in farbenfroher Kleidung. »Das ist auch modernes samisches Leben bei uns.«

Greta sieht erstaunt zu ihm hin. »Bei uns? Was meinst du damit?«

»Meine Großmutter mütterlicherseits war Finnin, ihr Mann Skoltsame, mein Vater ist Inarisame mit teils norwegischen Vorfahren, teils finnisch-samischen, so genau wissen wir es nicht.«

»Und du also?«

»Ich bin Same mit norwegischen und finnischen Wurzeln.«

»Warum? Warum nicht Finne mit samischen Ahnen?«

»Weil ich mich so fühle. Ich muss jetzt leider zurück zur Kasse. Hab noch viel Spaß!«

Dank dieser unerwarteten persönlichen Auskünfte bekommen die vielen Informationen für Greta nun einen anderen Klang: Wenn von der heutigen Gestaltung der Traditionen die Rede ist, wenn deutlich wird, welche Bräuche noch gepflegt werden, welche modernen Lebensformen aber parallel stattfinden, wenn die Tiere und Pflanzen in allen Einzelheiten vorgestellt werden, die früher den Alltag begleiteten, heute aber immer noch besondere Aufmerksamkeit in dem so wechselvollen Jahreslauf erhalten. Außerdem nimmt sie wahr, wie verschieden der Alltag der samischen Gruppen gewesen ist, je nachdem, wo sie lebten und ob sie sich hauptsächlich von der Jagd, dem Fischfang oder der Landwirtschaft ernährten.

Als sie an der Kasse vorbeikommt, nickt ihr derselbe finnisch-norwegische Same zu, ohne noch etwas hinzuzufügen. Aber Greta ist nun erst recht motiviert, mehr zu erleben: »Vielen Dank noch mal für deine Hinweise! Ihr habt wirklich ein sehr besonderes Museum. Toll wäre es, wenn man noch ein bisschen Kunsthandwerk selbst ausprobieren könnte.«

»Das geht schon, das machen die Kollegen auf der anderen Seite der Brücke.« Er sieht rasch auf die Uhr. »Es ist schon fast halb fünf. Wenn du dich beeilst, kannst du im samischen Parlament noch am Programm teilnehmen.«

»Im samischen Parlament?« Greta fällt in die nächste Überraschung.

»Ja, genau, der neue moderne Holzbau rechts am Flussufer.«

Auf dem Hinweg hatte sie den gar nicht gesehen ... »Danke! Das muss ich unbedingt probieren. Ich merke schon, ein Tag in Inari reicht einfach nicht.«

SÁPMI UND SEINE MENSCHEN

Als erstes Land im Norden richtete Finnland 1973 ein samisches Parlament ein. Auch in Schweden und Norwegen gibt es inzwischen eigene Parlamente, die über ein eigenes Budget verfügen können, das hauptsächlich für Kultur- und Bildungsangelegenheiten verwendet wird. Außerdem soll mit der parlamentarischen Tätigkeit den Samen die Möglichkeit gegeben werden, trotz ihres Minderheitenstatus landesweit Aufmerksamkeit für ihre Belange zu erhalten. Über Jahrhunderte hatten die aus dem Süden nachrückenden Menschen den Samen die Nutzung von Land und Wasser streitig gemacht, ihre Religion verboten, ihre Sprachen fast zum Aussterben gebracht und ihre Traditionen missachtet. In den vergangenen Jahrzehnten hingegen sind in allen nordischen Ländern tiefgreifende gesetzliche Änderungen für den Erhalt und die Förderung der samischen Kultur beschlossen und umgesetzt worden. Die Samen engagieren sich weltweit für die Rechte der Urvölker und sind auch im künstlerischen Bereich inzwischen sehr präsent und anerkannt. Insgesamt gibt es heute rund 75.000 Samen. Die Gemeinde Inari ist die einzige viersprachige in Finnland: Neben Finnisch sind auch Nordsamisch (die häufigste samische Sprache), Inarisamisch und Skoltsamisch (mit je etwa 300 Sprechern) offizielle Sprachen.

Aber wer ist überhaupt Same? Kann man Same werden? Kann man ein bisschen Same sein? Seit es Wahlen zum samischen Parlament gibt, mussten Definitionen geschaffen werden, die die Zugehörigkeit ermöglichen – und eben auch unmöglich machen. Niemand kann aus Sympathie Same werden. Selbst bei der Heirat mit einem Samen oder einer Samin kann man selbst nicht

Same werden. Was einer gewissen Logik ja nicht entbehrt, da die Vorfahrenschaft zum Hauptmerkmal erklärt wurde. Man muss sich als Same fühlen, um Same zu sein. Und zudem muss man Samisch als Muttersprache haben oder zumindest auf ein Großelternteil zurückblicken können, das Samisch als Muttersprache hatte. Wenn ein Vorfahr bereits als Same registriert war, braucht man die Sprachkenntnisse nicht gesondert nachzuweisen. Um in die Liste der Wahlberechtigten aufgenommen zu werden, müssen alle jungen Erwachsenen aktiv ihren Willen zur Zugehörigkeit erklären.

Noojoo!

Die Möglichkeit, sich seiner selbst empfundenen Identität nach in der Öffentlichkeit zu zeigen, ist für die Samen ein wichtiger Schritt in der Entwicklung ihrer Rechte als Urbevölkerung. Jahrhundertelang waren die Definitionen von der Mehrheit getroffen worden, sei es anhand der Sprache, des Berufs oder der Ortschaft, in der man lebte. Wurden den Samen früher pauschal negative Attribute zugeschrieben, hat sich das Bild seit der Mitte des 20. Jahrhunderts deutlich verändert.

Die verallgemeinernde Sicht ist aber noch nicht generell verschwunden. So gibt es immer wieder Stimmen, die dem traditionellen Leben der Samen zwar Achtung entgegenbringen, aber damit auch die Forderung verknüpfen, dass die Samen keine modernen Errungenschaften nutzen dürfen. Somit wird Gretas vorgefasste Meinung, wer oder was »wirklich« samisch sei, auch wenig begeistert zur Kenntnis genommen. Das Bild vom »glücklichen Wilden« wird als ebensolches unerträgliches Klischee aufgefasst wie die inzwischen seltenen Verunglimpfungen. Mit den heute bestätigten Sonderrechten geht mitunter auch finanzielle Unterstützung einher, die wiederholt für Konflikte gesorgt hat. Die nicht-samische Lokalbevölkerung zeigt nicht immer Verständnis für deren Sonderbehandlung, und noch kritischer wird es, wenn Konflikte darüber entstehen, wessen Vorfahren denn nun wirklich Samen waren oder nicht. Einige, die sich als Samen registrieren lassen möchten, ziehen nach einer Ablehnung des samischen Parlaments in Helsinki vor Gericht. Dies ist geltendes Recht, ruft aber unangenehme Gefühle bei Samen hervor, die „denen da im Süden“ keine Kompetenz in dieser Hinsicht zugestehen.

18 KOMMST DU MAL VORBEI?

WARUM EINFACH, WENN'S AUCH SCHWER GEHT?!

»Komm mal auf einen Kaffee vorbei. Ich wohne in der Puistokatu 24 B 3. Mittwochs bin ich immer früh zu Hause«, hat Manja gesagt, als der Bus gerade wieder die Vororte von Helsinki erreicht hatte.

Greta hat genickt und ist in Gedanken bereits ihren Seminarplan durchgegangen. Morgen geht es schließlich weiter mit allen Veranstaltungen, und was sie verpasst hat, muss nachgeholt werden. Gut, dass Virva sich bereit erklärt hatte, alle Kopien für sie zu sammeln. Vieles kann auch im Netz eingesehen und heruntergeladen werden.

Im Unialltag vergehen die Tage schnell. Die Dunkelheit hat noch nicht wirklich Einzug gehalten, aber wenn man von morgens bis abends in den Vorlesungen sitzt, bleibt kaum Zeit für Aktivitäten bei Tageslicht. Nun ist es schon November.

Die ruhige, konzentrierte Atmosphäre in den Veranstaltungen gefällt Greta gut. Dass es mit der Diskussionskultur nicht ganz so weit her ist, bedauert Virva auch. Manchmal stehen die beiden noch eine halbe Stunde im Flur und können gar nicht aufhören, sich neue Ideen und Argumente zuzuwerfen.

»Mensch, hallo! Das ist ja toll, dass wir uns mal sehen!« Greta hat aus den Augenwinkeln gerade jemanden entdeckt: Manja, ihre Zimmerkollegin von der Wandertour.

»Hallo.« Diese nickt und geht weiter.

»Warte doch mal kurz! Komm doch mal her, das ist Virva, eine Kommilitonin hier aus dem Institut. Das ist Manja, Botanikspezialistin, wir waren vor ein paar Wochen zusammen in Lappland.«

Die beiden Finninnen begrüßen sich kurz.

»Wo wir gerade von der Umsetzbarkeit der Minderheitenrechte im Alltag gesprochen haben. Manja, das gilt ja eigentlich auch für Pflanzen, also wenn man mal die betrachtet, die geschützt werden müssen und nicht für sich selbst sprechen können.« Greta lacht bei dem Gedanken. »So ein Nationalparkamt ist dann ja gewissermaßen ein Parlament für die bedrohte Natur. Was meint ihr?«

Virva stimmt ihr zu. »Das kann man vielleicht sagen.«

Manja hingegen hält sich heraus. »Die Verwaltung ist nicht mein Fach«, meint sie. »Tut mir leid, ich muss weiter.«

»Oh, schade. Wollten wir nicht mal Kaffee trinken?«, ruft Greta hinter ihr her. »Wenn du möchtest. Du weißt ja, wo ich wohne.«

Auf dem Nachhauseweg geht Greta diese Situation nicht aus dem Kopf. Manja hat sich wieder so reserviert verhalten wie am ersten Tag ihrer Reise. Am Abend sieht sie nach, wo die Puistokatu liegt: Ziemlich auf der anderen Seite der Innenstadt, in Pasila. Wenigstens hält da der Zug.

EIN STADTTEIL DES 21. JAHRHUNDERTS

1862 wurde die erste Bahnstrecke in Finnland eröffnet, sie führte von Helsinki nach Hämeenlinna. Für die etwa 100 Kilometer benötigt ein Intercity heute etwa eine Stunde, ein Regionalzug fast zwei. Die weitläufigen Gleisanlagen außerhalb des Stadtkerns bei Pasila werden heute nicht mehr benötigt. Durch den Neubau des Hafens bei Vuosaari im Osten der Stadt hat man sich endgültig entschieden, über 18 Hektar große ungenutzte Gleisfläche bis 2040 mit einem neuen modernen Stadtteil zu bebauen. Den Wettbewerb hat ein niederländisches Architektenbüro gewonnen.

Morgen ist Freitag, da hat Greta nur wenige Veranstaltungen, das ist der ideale Tag für einen Ausflug zu Manja. Etwas Mehl müsste noch im Schrank sein, Margarine und Backpulver auch. Aber die Eier sind aufgegessen, wie dumm. Greta beschließt, einen Kuchen mitzubringen, wenn sie zu Manja fährt. Aber jetzt noch mal zum Laden zu gehen, ist ihr doch zu weit.

Freitagmittag sind endlich alle Einkäufe erledigt, und es duftet in der Küche. Lauri schnuppert erfreut in Richtung Ofen und hat nur ein »Aha« übrig für den Hinweis, dass der Kuchen gleich die Wohnung verlassen wird. Den passenden Zug hat Greta schon herausgesucht, so gegen halb fünf müsste sie in Pasila sein. Sie ist es auch. Und der Fußweg zu Manja ist kurz. Über den Parkplatz, an einem Supermarkt vorbei, in die dritte Einfahrt des Wohnblocks rein und hoch.

»Hallo, da bin ich!«

»Hallo. Komm doch rein.«

»Ich hab uns einen kleinen Kuchen gebacken, dann haben wir es etwas gemütlicher.« Greta präsentiert ihr süßes Produkt. »Wo kann ich den hinstellen?«

»Einfach in die Küche. Ich koche Kaffee, bin sofort da.« Manja verschwindet einen Moment in ihrem Zimmer. Währenddessen erscheinen drei, vier andere in der Küche.

»Hallo, ich bin Greta.«

Alle reichen ihr höflich die Hand. Eine ruft etwas auf Finnisch zu Manja hinüber. Die Antwort ist kurz und deutlich, aber Greta versteht sie nicht.

»Setz dich, bitte.« Manja stellt Tasse und Untertasse parat, sie faltet zwei kleine Servietten und setzt sich auch. »Wie geht's dir?«, fragt sie.

»Och, prima, danke. Weißt du, eigentlich hatte ich mir manches ja etwas lockerer vorgestellt in der Uni, aber einige Dozenten sind auch total okay. Gut, dass Virva da ist, die war ja in London und weiß, wie es sonst so läuft. Und nett sind sie sowieso alle, das meine ich nicht. Aber man muss sich halt erst eingewöhnen. Meine Güte, dass ich schon fast ein halbes Jahr hier bin. Und leider hab ich immer noch nicht so viel Finnisch gelernt.«

»Aber du sprichst sehr gut Englisch.«

»Danke, das ist auch besser geworden. Ich bin ja beeindruckt, wie viele Finnen total gut Englisch sprechen, auch wenn sie noch nie im Ausland waren. Hätte ich nicht gedacht vorher.«

»Virva spricht sicher besonders gut.«

»Unglaublich, praktisch ohne Akzent! Die könnte auch Englisch studieren, ich hab schon gedacht, das passt vielleicht besser zu ihr. Also sie ist in unseren Fächern auch gut, aber trotzdem ... Und du? Wie geht's dir? Hast du viele Klausuren diesen Winter? Sag mal, kann man die Termine eigentlich verschieben, wenn man zu viele hintereinander hat? Ich weiß gar nicht, ob ich das alles schaffe. Aber jetzt erzähl du erst mal. Schön wohnst du hier. Ich meine, gut angebunden an die Stadt.«

»Ja, das stimmt. Dein Kuchen ist auch sehr gut. Du kannst wirklich backen.«

»Danke! Das hab ich von meiner Oma geerbt. Meine Mutter hat immer nur denselben Kuchen gebacken, so einen Blechkuchen mit Pfirsichen und Guss. Aber meine Oma, die hat jedes Mal Torten mitgebracht, obwohl sie mit dem Zug kommen musste zu uns.«

»Lebt deine Oma noch?«

»Ja, sie wird bald 85. Vielleicht fliege ich dann runter nach Deutschland. Aber vielleicht ist es auch zu teuer. Mal sehen. Warst du schon mal in Deutschland?«

»Nein, noch nie.«

»Dann komm doch mal vorbei.«

»Ja, warum nicht. Es ist sicher interessant dort. Schön, dass du vorbeigekommen bist, Greta. Jetzt muss ich aber leider los. Wir haben eine Verabredung heute.«

Im Flur sind inzwischen mindestens acht Leute zusammengekommen. Greta hat sie über dem vielen Erzählen gar nicht wahrgenommen.

»Oh, hab ich dich aufgehalten? Tut mir leid. Ja, dann macht euch 'nen netten Abend. War ja leider ziemlich kurz jetzt. Aber komm mal zu mir, dann backe ich uns wieder etwas, das schmeckt doch besser als diese eingeschweißten Sachen aus dem Supermarkt, hm? Und wir machen's uns richtig gemütlich, ja?«

»Danke. Ich sage Bescheid, wenn ich es schaffe. Und danke noch mal für den Kuchen.«

Voi voi!

Hunde kommen, wenn man sie ruft, anständige Gäste kommen von selbst. So sagt ein finnisches Sprichwort. Obwohl es sicher noch viele Anhänger findet, hat der Lebensrhythmus des 21. Jahrhunderts seine Ausübung sehr erschwert. Eine Einladung, wie von Manja geäußert, ist auch eine Einladung. Greta ist aber nicht gekommen. Dass sie sie stattdessen spontan in die Diskussion mit Virva einbezieht und persönliche Stellungnahmen fordert, ist ein bisschen zu viel Aktivismus. Manja weiß gar nicht, was Greta eigentlich von ihr will. Ein persönliches Gespräch ist das jedenfalls nicht, oder?

Also gut, dass Greta sich doch zu einem Besuch entschließt. Leider hat sie aber nicht mehr im Kopf, wann es Manja überhaupt passt. Oder es interessiert sie nicht. Wenn jemand es schon so deutlich sagt, dann kann man es auch ernst nehmen. Mit der plötzlichen Ankunft und dem Kuchen überfordert sie ihre Bekannte erneut. Klar, man darf einfach mal vorbeischauen. Manja kocht ja auch pflichtschuldig Kaffee und setzt sich ein paar Minuten zu ihr, obwohl sie eigentlich keine Zeit hat. Gretas guten Willen erkennt sie durchaus. Aber warum gleich ein Kuchen? Glaubt sie, dass Manja nicht backen kann? Schmecken ihr die finnischen Kekse nicht? Ein Anruf vorab hätte das Durcheinander und die bemühte, aber etwas steife Atmosphäre auf beiden Seiten gemildert. Ein Gastgeschenk ist generell nett und üblich, aber nur bei besonderen Feiern, nicht, wenn man mal eben zu Freunden geht.

Wie man sich unterhält, bleibt natürlich jedem selbst überlassen. Aber statt fröhlich draufloszuquasseln, könnte man ja auch ein paar Fragen stellen. Man muss die eigene Person dem Gegenüber nicht so sehr aufdrängen, dass schon fast ein Interview mit einem

Filmstar daraus wird, ein hierarchisches Verhältnis zwischen dem lustigen Typen, der unglaublich viel zu erzählen hat, und dem unscheinbaren, stillen Wasser, das ach so gerne zuhört. Das ist vielleicht nicht die beste Basis für eine Freundschaft, könnte aber häufiger vorkommen, da dem Kennenlernen in Finnland gerne mehr Raum und Zeit gegeben wird, als Mitteleuropäer es gewohnt sind.

19 FEIERST DU MIT?

DIE INDIVIDUALITÄT DER NATION

Die Straßenbahn, der nun ziemlich leere Marktplatz, die Esplanade, der Senatsplatz mit dem strahlend weiß aufblitzenden Dom, wenn immer wieder einmal die Sonne aus dem Winterdämmern hervorschaut, all das ist für Greta inzwischen tägliche Begleitung geworden. Die Geschäfte an der Aleksanterinkatu kennt sie, den Supermarkt am Bahnhof und so manche Kneipe irgendwo in einer Nebenstraße. Helsinki bleibt sich selbst treu, findet sie, auch im Winter. Der leichte Schnee, der manchen Morgen die Dächer überrieselt, steht der Stadt besonders gut.

Wenn es dann wieder wärmer wird, wenn vom Meer feuchtkalte Schwaden herüberwehen und alles in einen grauen Matsch verwandeln, fröstelt es Greta. Dann muss sie die Wärme von innen holen, mehr laufen, mehr Tee trinken, schon am Nachmittag mit Lauri auf dem Sofa sitzen und am besten dort gleich einschlafen, über irgendeiner Sendung, die er parallel zu ihren Plaudereien über sich ergehen lässt.

Es gibt wunderbare Wolle zu kaufen in Finnland, ein stetig wachsender Berg bunter Knäuel garantiert eine sinnvolle Beschäftigung, wenn der Rücken verspannt ist vom Lesen am Schreibtisch und ihre Finger die Aktivität übernehmen müssen. Parallel zu jenem Berg wächst auch der Stapel an Socken und Mützen im Schrank.

Lauri fragt sie manchmal, ob sie nachts heimlich alles wieder auftrennt oder warum es nie genug ist.

»Weil ich nicht stricke, um fertig zu werden, sondern um zu stricken.«

»Jaha. Du bist schon etwas finnisch geworden in den letzten Monaten.«

Und dann antwortet sie nichts, sondern sieht nur kurz zu ihm hinüber und gießt eine neue Tasse Tee ein. Und vielleicht gönnt sie sich dann eine Pause, lockert die Schultern und lässt die karge Landschaft draußen vor dem Fenster ein bisschen auf sich wirken.

An einem ebensolchen diffusen Tag, nach zwei wenig inspirierenden, aber perfekt durchgeplanten Vorlesungen und einem Seminar, das genau den vorgesehenen Text in genau der vorgesehenen Zeit, vielleicht zwei Minuten schneller, abgehakt hat, greift Greta, gerade zu Hause angekommen, mechanisch nach dem Wasserkocher und durchstöbert ihr Teesortiment. Jede Variante *yrttitee* tut jetzt gut, Kräutertee. Ein übervoller Teelöffel Honig ist schon in ihrem Lieblingsbecher versunken. »JYP« steht in Großbuchstaben darauf, mit einer roten, nach unten offenen Spirale unterlegt. In einer WG-Küche sammelt sich ja so manches an, gerade das Geschirr ist wie so oft auch hier ziemlich bunt gemischt. Und dieser Becher ist schön groß und liegt angenehm in der Hand. Selten steht er mal im Schrank, meist wartet er mit einem kleinen, kalten Teerest auf Gretas Schreibtisch auf seinen nächsten Einsatz. Der ist jetzt.

Ein paar rot-blaue Wollsocken liegen auch schon parat, außerdem der neue Roman von Arto Paasilinna – auf Deutsch. Greta hat einen Moment gezögert, ob sie die finnische Originalausgabe kaufen soll, aber abends noch Vokabeln zu lernen geht ihr doch zu weit.

HUMOR IST, WENN MAN TROTZDEM LACHT

1942 wurde Arto Paasilinna in Kittilä in Lappland (siehe »Wo beginnt Lappland?«, Seite 131) geboren. Seine skurrilen Romane erzählen so ernsthaft von den Schicksalen eigentlich ganz unbedeutender Zeitgenossen, dass es tatsächlich humorvoll ist. Man kann und soll wohl auch nicht umhin, seine Helden als Finnen zu betrachten. Ihnen passieren mehr merkwürdige Dinge, als im Alltag vorstellbar ist. Vielleicht beruht Paasilinnas großer internationaler Erfolg genau darauf. Denn sie überleben erstaunlicherweise. Und bei aller Tiefgründigkeit verzichtet er generell auf Gefühlsduseleien.

Ein unangenehm kalter Luftzug erreicht das Sofa, bevor Lauri da ist, und er bläst weiter kühle Temperaturen herein. »Mach doch die Tür zu!«, ruft Greta ärgerlich. Sie hat vorhin schon gemerkt, wie es in ihrem Kopf zu kribbeln beginnt, ein sicheres Zeichen dafür, dass die schwankenden Wetterlagen ihrem Immunsystem zu viel zugemutet haben. Noch dazu die Heizungsluft und zu wenig Bewegung, denn bei dem Matsch kann ja kein Mensch joggen. Sie klammert sich an ihren *yrttitee* und atmet die warmen Dämpfe ein. Endlich knallt die Tür zu. Lauris Zimmertür auch. Oje, das wird gemütlich, wenn er wieder den ganzen Abend vor dem Computer hängt. Greta holt sich noch eine Decke aus ihrem Zimmer. Damit es zum Schlafen nicht zu warm wird, hat sie dort heute gar nicht geheizt. Aber das Fenster schließt sie nun schon. Ein weiterer Blick hinaus steigert ihre Laune auch nicht.

Aber auf dem Sofa sitzt nun Lauri. Und auf dem Wohnzimmertisch liegen Chipstüten. Daneben zwei Gläser, schmale, hohe Gläser. Gibt's so etwas überhaupt hier in der Küche? Greta hat mit der

Zeit nicht mehr nachgefragt, wenn Lauri Besuch bekommt. Wenn er heute aber etwas zu feiern hat, muss er mit ihrer frösteligen Gesellschaft vorliebnehmen, so viel steht fest. In ihrem Schlafzimmer herrschen gefühlte minus fünf Grad. Greta zieht sich auf einen Sessel zurück, der etwas abseits steht, und zieht die Beine mit unter die Decke. Und nun hat sie das Buch vergessen! Mit einem Seufzer wickelt sie sich noch einmal aus der kuscheligen Hülle und will es holen. Aber es liegt nicht mehr auf dem Tisch. Hat sie es in ihrem Zimmer gelassen? Auch dort ist nichts zu sehen.

»Lauri, hast du mein neues Paasilinna-Buch in der Hand gehabt?« Er steht mittlerweile am Fenster. »Lass ja keine Luft rein, sonst erfriere ich!«

»Keine Angst.«

Etwas in seiner Stimme lässt Greta aufhorchen. Für einen gewöhnlichen Dezemberabend ist sie zu beschwingt. Und muss man an einem gewöhnlichen Dezemberabend silberne Kerzenleuchter ins Fenster stellen? Wenn hier heute Abend irgendeine neue Bekannte beglückt werden soll, wird Greta die Stimmungsbremse sein, und zwar ohne jedes schlechte Gewissen. Irgendwann könnte Lauri sie ja mal miteinbeziehen in seine Planungen.

»Das Buch hab ich dort rüber gelegt.« Er zeigt auf die Arbeitsplatte.

Kein Wunder, auf dem Wohnzimmertisch ist auch kein Platz mehr für ein Buch. Dort liegt eine Decke, aus Papier nur, aber immerhin eine Tischdecke. Dort gibt es nicht nur Chips, sondern auch Schokolade und Gummibärchen und allerlei anderes Süßes. Paasilinna ist auf der Arbeitsplatte ganz nach hinten geschoben worden, denn vorne warten Brot, Käse, Margarine, Tomaten und Gurken auf ihren Einsatz. Außerdem stehen zwei leere Glasschälchen herum, die sicher noch gefüllt werden sollen. Als hätte er ihre Gedanken erraten, greift Lauri in diesem Moment eine riesige Eispackung aus dem Gefrierschrank. Mindestens drei Liter Vanille.

»Magst du?«

Greta schüttelt den Kopf. »Das ist ja eiskalt.«

»Absolut! Ich widerspreche dir nicht.« Lauri bemerkt zum ersten Mal, wie umwölkt sie dasteht, und stellt die Packung zurück in den Schrank. »Ist dir kalt?«

»Nee, ich fühle mich wie nach der Sauna.« Ein bisschen stimmt das sogar. Die Fingerspitzen sind eisig, aber ihr Kopf glüht. Vielleicht mehr vor Anspannung als wegen der aufziehenden Erkältung.

Greta sinkt auf den Sessel, ohne Buch. »Soll ich gleich schlafen gehen?« So schlecht wäre die Idee auch nicht. »Dann könnt ihr hier in Ruhe feiern.«

»Wer ihr?«

»Weiß ich doch nicht. Deine Gäste.«

»Es kommen keine Gäste.«

»Und wofür dann der Aufwand?«

»Greta, für uns.« Greta schluckt. Greta wartet. Wartet, bis der Schwindel im Kopf wieder einigermaßen verschwunden ist.

»Hab ich da etwas ... ich meine, müsste ich wissen ...?«

»Nur mal auf den Kalender sehen. Und auf der Straße die Augen offen halten, statt nur ganz schnell und ganz geduckt und ganz missmutig durch den Nieselregen zu laufen.«

Lauri gießt ihr eine Tasse Tee ein und nimmt sich auch eine. »*Hyvää itsenäisyyspäivää*, meine Halbfinnin!« Und er hebt die Tasse, um mit ihr anzustoßen. »Zu diesem Wetter passt Tee auch besser als Sekt. Aber ...« Er geht zum Kühlschrank und öffnet eine Flasche. »Was sein muss, muss sein.«

Auf den Kalender schauen? Es ist der 6. Dezember, das weiß Greta genau, denn in einer Woche fangen die Klausuren an. Mit anderen Worten, heute ist Nikolaus. Klar, der Weihnachtsmann kommt aus Finnland, aber es kann doch wohl nicht sein, dass die deshalb so einen Aufstand machen? Mit Tischdecke und Kerzen und allem? Moment, die Tischdecke, die brennenden Kerzen, auch die Bonbons auf dem Tisch sind alle in denselben Farben gehalten – blauweiß. »Was hast du doch gerade gesagt? *Itsenäi ...?*«

»*Itsenäisyyspäivä*. Unabhängigkeitstag.«

NACH AUSSEN EINIG, IM INNEREN ZERSTRITTEN

Der finnische Nationalfeiertag wird seit dem Jahr 1919 am 6. Dezember gefeiert. Er erinnert daran, dass 1917 im finnischen Parlament mehrheitlich für die Selbstständigkeit gestimmt worden war. Allerdings ohne die Zustimmung des russischen Generalgouverneurs (siehe »Wo liegt Helsinki?«, Seite 11). Erst am 31. Dezember bestätigte Lenin die Auflösung des Großfürstentums. Damit war in Finnland aber keineswegs Ruhe eingekehrt. Anfang 1918 begann die militärische Auseinandersetzung zwischen den verfeindeten politischen Lagern der konservativen »Weißen« und linksorientierten »Roten«. Innerhalb weniger Monate starben rund 170.000 Menschen. Im Frühsommer war der Bürgerkrieg vorbei und aus Sicht der Roten verloren. Die aufgeheizte Stimmung im Land besserte sich maßgeblich durch ein Gesetz, das es den zahlreichen Kleinbauern und Tagelöhnern ermöglichte, zu günstigen Konditionen Ackerland zu erwerben.

Nun sind auch die Sektgläser gefüllt. Lauri reicht ihr eins. Greta muss lachen, und das Lachen ist wie eine Befreiung von all der Kälte. *»Hy-vää it-se-näi-syys-pä-i-vää!«* Der perlende Sekt lässt sie erschaudern, aber er tut auch gut. Das Glas ist leer, das Glas ist voll, die Schokolade ist innen braun und beige statt blau und weiß, aber wunderbar süß. Das Brot kommt frisch aus dem Ofen, Lauri hat es extra geröstet, der Käse schmilzt leicht darauf und passt ausgezeichnet zu der kalten Gurke.

Lauri hat den Fernseher eingeschaltet. Ein festlicher Saal voller festlicher Menschen ist zu sehen. Lauter Namen rieseln ihr entgegen, Künstler, Sportler, Politiker, alle scheint Lauri zu kennen (siehe »Weißt du noch, der Matti?«, Seite 194). Unterscheiden kann sie sie nicht, in dieser Garderobe schon gar nicht, aber das ist egal.

Die Wärme steigt in ihr auf, und sie rückt ein Stück näher zum Fernseher, um die Staatspräsidentin besser sehen zu können. Die Decke rutscht ihr von den Schultern. Eine Glasschüssel voller Vanilleeis landet in ihren Händen, aber sie fühlt sich heiß an. Flüssige Schokoladensoße rinnt hinein in die frostige Masse, wie lauter dunkelbraune Bäche, die sich sekundenschnell mit dem Eis zu einer sahnigen Creme vereinen wollen. Die dreifache Süße lässt Greta vergessen, dass es bis vorhin noch ein nasskalter Dezembertag war. Sei es das kontrastreiche Eis oder das überbordende Buffet oder doch die Kerzen im Fenster, die gegen die Nachtschwärze leuchten und sich an dem Wetter draußen überhaupt nicht scheren. Sei es auch, dass Lauri neben ihr mehr Sommer ausstrahlt als die ganze elegante Gesellschaft dort im Fernsehen. Sie schaltet das Gerät aus. Nun ist es an ihm, einen fragenden Gedanken zu denken. Er sagt aber nichts.

»Wir können auch gut ohne die alle feiern, oder?«

Sie können.

Der Unabhängigkeitstag ist vorbei, es ist nach Mitternacht. Die Farbe vor und hinter den Fenstern hat sich über Stunden nicht verändert. Die Wärme ist die gleiche geblieben in der Wohnung. Die Kälte ist die gleiche geblieben auf der Straße. Der Teebecher ist der gleiche geblieben in Gretas Hand.

»Was bedeutet eigentlich JYP?«, fragt sie gedankenverloren.

»*Jyväskylän Palloilijat.* Mein Eishockeyclub, seit ich laufen kann. Finnische Meister 2009 und 2012.«

»Du spielst Eishockey?«

»Ich habe gespielt.«

»Es ist mein Lieblingsbecher.«

»Wirklich?«

Sopii!

Ach, wie harmonisch so ein Abend ablaufen kann, wenn keine Erwartungen an ihn gestellt werden. Hätte Greta geahnt, dass Nationalfeiertag ist, wäre sie ja unweigerlich darauf verfallen zu überlegen, wann, mit wem und wie sie diesen Tag begehen kann, darf, soll und will. Es wäre kaum zu vermeiden gewesen, dass sie das Hissen der Flagge auf dem *Tähtitorninmäki* begutachtet hätte, sich Gedanken über den Inhalt der vormittäglichen Gottesdienste und der anschließenden Kranzniederlegungen für gefallene Soldaten gemacht hätte. Eigentlich hätten ihr auch die Fackelzüge der Studentenvereinigungen auffallen müssen. Die Reden zum Nationalfeiertag hätte sie nicht verstanden, aber die Ernsthaftigkeit, mit der der Tag begangen wird, wäre ihr sicher deutlich geworden. Vielleicht hätte sie sich auch gefragt, ob ihr so viel Landesliebe behaglich ist, ob sie die Zeremonien nicht doch ein wenig übertrieben findet und ob es sie gar ausgrenzt als Nicht-Finnin. Wenn sie selbst ein zwiegespaltenes Verhältnis zur nationalen Identität hat, wäre es ihr vielleicht schwergefallen, dies bei den Finnen zu akzeptieren. Und Toleranz ist das Mindeste, das von Ausländern erwartet wird. Entsprechend nimmt man es auch niemandem übel, der sein eigenes Land selbstverständlich feiert und eine positive Beziehung dazu deutlich macht.

Dies alles ist nun an ihr vorbeigegangen. Die Feier war privat. Die Erlebnisse subjektiv. Die Kerzen irgendwann heruntergebrannt und der Hals längst nicht mehr so kratzig wie am nieseligen Nachmittag. Finnland tut gut, ganz offenbar. Solch ein Abend kann positive Energien freisetzen. Ein Glück, dass es Nationalfeiertage gibt. Wie sonst hätte Lauri sie so unbefangen zu einem Candle-Light-Dinner einladen können? Nein, nun wird es indiskret. Schließlich geht es uns ja nichts an, warum er das getan hat. So besonders ungewöhnlich ist es jedenfalls nicht. Die Gala vor dem Fernseher zu genießen und sich seine eigenen Gedanken zum Auf und Ab in der finnischen Geschichte zu machen, kommt häufig vor. Und natürlich erwartet niemand, dass sich eine zufällig vorbeigekommene Ausländerin in Lobeshymnen auf ihr Gastland ergeht. Da Greta aber nicht mehr ganz so zufällig da ist und Lauri sie sich offenbar als mitfeiernde Wahlfinnin wünscht, wäre es absolut unhöflich gewesen, die Erkältung vorzuschieben und frustriert ins Bett zu gehen. Da sie sich aber darauf einlässt, zeigt sie Lauri, dass sie sowohl seinen persönlichen Wunsch als auch den Tag an sich respektiert.

20 IST DAS KITSCH ODER DESIGN?

GANZ FINNLAND IN EINEM SERVIETTENRING

»*En etsi valtaa loistoa* ... Ich suche weder Macht noch Glanz ...«, geht es Greta durch den Kopf, während sie durch die Einkaufsstraßen schlendert. Ein finnisches Weihnachtslied, das den Frieden auf Erden herbeiwünscht inmitten dieser Shoppingmeile.

DER NATIONALKOMPONIST

Jean Sibelius ist der Komponist dieses bekannten Liedes. Kurz nach seinem Tod schrieb Gösta von Uexküll am 26. September 1957 in der *Zeit:* »›Sie werden schon verstehen, was ich meine‹, sagte Sibelius, und sein Gesicht, sonst wie Runen in Granit, strahlte Liebenswürdigkeit und Wärme aus. Sibelius liebte es, mehr anzudeuten als auszusprechen.« Es sprachen seine Kompositionen für ihn, vor allem die berühmte sinfonische Dichtung *Finlandia,* die zunächst wegen der Russen nicht unter ihrem patriotischen Namen aufgeführt werden konnte. Die Befreiung Finnlands von fremder Herrschaft wurde von seinen Zeitgenossen darin ebenso erkannt wie die musikalische Abbildung der Naturgewalten des Nordens.

Trotzdem ergänzt es sich irgendwie. Schließlich will sie ja kein Smartphone, keine Diamantenohrringe oder einmalig betörende Duftserien erwerben, sondern einfach ein paar original finnische Weihnachtsgeschenke, nette Kleinigkeiten, die nicht sofort im Regal verschwinden, die man vielleicht auch aufessen kann, die Freude machen und ein bisschen von dem Wintergefühl vermitteln, das heute eingezogen ist mit dem ersten richtig dicken Schnee.

Den Auftakt zu ihren Einkäufen macht deshalb ein Besuch in der Schuhabteilung von Stockmann. Virva hat ihr dieses Kaufhaus schon früher empfohlen, da müsse sie nicht lange suchen und bekomme alles, vom Hemdknopf über Bücher bis zum Trüffellikör. Dass nebenan noch ein zweiter Buchladen ist, verlängert jeden Stadtbummel erheblich.

EIN LÜBECKER IN HELSINKI

Seit 1862 besaß Georg Franz Heinrich Stockmann aus Ritzerau bei Lübeck am Senatsplatz in Helsinki einen Laden. 40 Jahre später gründete er mit seinen Söhnen die G.F. Stockmann Aktiengesellschaft. Als 1930 das große neue Stammhaus in der Aleksanterinkatu eröffnet wurde, bot es nicht nur moderne Architektur und Inneneinrichtung, sondern auch eine bislang ungekannte Warenauswahl.

Jetzt geht es aber erst einmal um wärmere Schuhe. Die Wanderstiefel sind ihr zu schade für den täglichen Gebrauch, und wie sie inzwischen gemerkt hat, würden die ihr Image als hereingestolperte Ausländerin nur überbetonen. In der Stadt trägt man Lack. Oder zumindest pelzverbrämte Klumpen, die auf irgendeiner Designliste stehen. Greta hat nicht viel Sinn für die neuesten Kreationen, sie ist froh, dass die Modelle vom Vorjahr die deutliche Aufschrift »–60 %« tragen. Welch schöne Schuhe! Feste Sohle, gutes Profil, blaues Leder mit silberner Stickerei.

Nach zehn Minuten kann sie sich endlich ihrem eigentlichen Thema zuwenden: Jeder von den Lieben daheim soll ein Stück Finnland bekommen. Aus Holz, Glas oder Stoff, ganz egal.

Greta schweift durch die Gänge. Bei den Haushaltswaren ein erster Stopp: Tischdecken. Leicht zu verschicken, schöne nordische Muster, die Schwester ist versorgt. Auf dem Ladentisch stapelt sich Geschirr, weiß und schlicht, in klaren, etwas asymmetrischen Formen. »Arabia« steht darauf, nie gehört. Auch eine ganz neue Serie wird angepriesen: Verschlungene Fabelwesen aus den finnischen Wäldern haben erstaunlicherweise rote und blaue Farbe angenommen und blicken ihr geheimnisvoll starr durch die Zweige entgegen. Nebenan Glasschüsseln. Der rote i-Punkt darauf kommt ihr schon bekannter vor: Iittala-Gläser haben Lauris Eltern auch in ihrem *mökki*.

WEGE ZUR KUNST

Um finnisches Design zu erkunden, sei es im Textil-, Glas- Keramik- oder Holzbereich, lohnt es, die Esplanade und das angrenzende Stadtviertel zu durchstreifen. Auch am etwas entfernt gelegenen Arabianranta (Arabiastrand) ist eine große Auswahl an traditionellen und neuen Produkten versammelt. Außerhalb Helsinkis vermitteln die Glasmuseen von Riihimäki, Iittala, Nuutajärvi und Fiskars nicht nur die Geschichte des Glasdesigns in Finnland, sondern bieten auch eine Vielzahl von Waren an.

Greta bezahlt erst einmal die Tischdecken. Auf der Esplanade gibt es noch ein paar kleine Läden, in die sie bisher nie gegangen ist. Dort türmen sich überbunte Pullover mit finnischen Flaggen und Rentieren, grinsende Weihnachtsmänner mit Aufziehmechanismus und Wollmützen made in China. Wollmützen made by Greta liegen zu Hause im Schrank, das kommt also nicht infrage. Aber dazwischen, die hellen Holzbecher mit Horneinlagen! »*Sami duodji*« steht auf dem kleinen Anhänger, und sie erinnert sich an Inari, dort in Lappland hat sie dieses Qualitätsmerkmal samischer Handwerkskunst kennengelernt. Auch die samischen Kaffeelöffel sind leicht genug für einen Weihnachtsbrief. Drei Stück, dazu will sie je eine Tüte Presidentti-kahvi besorgen (siehe »Was bedeutet presidentti?«, Seite 30).

Das wunderbare Wetter gehört nun erst einmal ausgiebig genossen. In strahlender Sonne und völlig windstill liegen die Wege weiß und weit vor ihr. Die Hälfte der Autos scheint sich freiwillig von den Straßen zurückgezogen zu haben, eine bimmelnde Straßenbahn hat keine Mühe, durch die weiße Decke zu rattern. In feinen Wolken stiebt der Schnee vom Fahrtwind hoch in die Luft, so locker und kalt ist er. Greta lässt sich die Sonne auf den Rücken scheinen und bleibt länger als sonst an den Schaufenstern stehen.

Auf einmal sehen sie wieder diese seltsam verschlungenen Wesen an, rot und blau, auf Porzellanschüsseln. Gretas Blick wandert über das Fenster und sucht nach einem Namen für das Zuhause dieser Gestalten, die bereits Stockmann bevölkert haben. »Aarikka« liest sie und geht hinein, einfach aus Neugierde, und wird begrüßt von einer ganzen Elchschar. Braun und kugelig sehen ihr die dicken Nasen entgegen. Wenn man das Geweih wegnähme, könnten es auch Nilpferde sein. Sie schmücken Gläser, sie baumeln an Schlüsselanhängern und Teeeiern, es gibt sie auf Servietten und T-Shirts. Mit den bunten Waldfiguren haben sie außer der Heimat Aarikka nichts gemein, aber sie sind schließlich auch eine ganz eigene Produktserie. Greta fragt sich, ob die Könige der Wälder auch finnische Wohnzimmer schmücken oder ob das alles nur für Touristen dasteht. Es gibt aber auch ähnlich kugelige Halsketten, die Blaubeeren darstellen oder auch gar nichts darstellen außer buntem Schmuck.

In einer Ecke sind Sonderangebote zusammengerückt. Greta geht aus Gewohnheit mal schauen. Zwischen ein paar Holzbrettern fällt ihr Blick auf Serviettenringe. Kann man so etwas noch verwenden? Aber sie sind grün und blattförmig, birkenblattförmig, nicht zart, aber doch zurückhaltend, gleichzeitig klar in ihrer Aussage. Wir sind Natur, wir wollen gar nicht mehr sein. Sie treten nur in leichten Dialog mit der Umgebung. Man hat fast das Gefühl, dass man sie fragen müsste, ob sie wohl mitkommen würden. Greta glaubt an ihre Zustimmung und wählt auch noch eine passende Glasserie, die sich zwar nicht verschicken lässt, aber die einfach schön ist.

Auf dem Tresen liegt ein kleiner Flyer »World Design Capital Helsinki 2012«. Viele kleine Läden sind darin verzeichnet, die meisten gut zu Fuß erreichbar, manche gleich gegenüber. Greta blättert nach ein paar Inspirationen und geht zur Tür.

»*Anteeksi!*«, ruft sie erschrocken, als sich plötzlich ein Regenschirm in ihre Schulter bohrt. Der Schirm ist grellrot und fein gesprenkelt mit weißen Totenköpfen, und er gehört einem Gesicht, das sie gut kennt: Virva.

»*Hei,* Greta, welch fürchterliches Wetter!« Greta sieht sie erstaunt an. »Alles unter null Grad ist einfach entsetzlich kalt. Machst du auch Weihnachtseinkäufe?«

»Ja, ich will ein paar hübsche finnische Kleinigkeiten verschicken. Gar nicht so einfach in diesem Laden, aber ich ...« Greta wird von einem entzückten Schrei unterbrochen, und Virva geht gezielt auf den Tisch in der Mitte zu. »Hier, das ist doch süß. Wollte ich dir eigentlich schenken, aber jetzt ist es ja keine Überraschung mehr.« Sie lacht etwas zu laut und kauft fünf elchige Schlüsselanhänger. »Für meine Freunde in London. Damit sie etwas richtig Finnisches bekommen.« Greta wartet, bis Virva bezahlt hat. »Und jetzt zu Marimekko«, beschließt die und ist schon im nächsten Laden verschwunden. Vogelgezwitscher ertönt in Gretas Ohr, als sie ihr folgt. Aber nur wegen der überdimensionalen Blumendrucke und frühlingsbunten Bettbezüge, die sich hier stapeln. »Klassisch sind die Streifen.« Virva hält Greta ein blau-weißes Kissen entgegen. Maritim wirkt es auf sie.

Und dann ist da wieder dieses Hellgrün, diesmal ein ganzer Birkenwald auf Servietten, außerdem als Duschvorhang, als Tablett und als Schürze. Gibt es nicht vielleicht noch irgendwelche netten Leute, die sie auf ihrer Geschenkeliste vergessen hat? Sodass es sich doch lohnen könnte, zwei Becher mehr mitzunehmen?

»Habt ihr keine Birken zu Hause?«, fragt Virva, als sie Gretas Sortiment sieht. »Doch. Aber keine finnischen.«

Sopii!

Greta löst ein allgemeines Problem auf ihre ganz persönliche Art. Die Frage nach dem besten Weihnachtsgeschenk und dem kulturrichtigsten Mitbringsel hat schließlich schon vielen Menschen (sowohl Schenkenden als auch Beschenkten) die Laune verdorben. Ihr nicht. Und das ist vielleicht der Schlüssel zum erfolgreichen Einkauf. Sie zieht die Birke halt dem Birkenwaldbewohner vor. Obwohl so ein netter Elch auch noch nicht an Attraktivität verloren hat in den Augen und Händen vieler Nordlandbegeisterter. Auf Autos, Pullovern und Kettenanhängern prangen sie und verkünden die Liebe des Besitzers zum Norden. Rentiere sind die speziellere Variante, denn die gibt's nur in Lappland. Was der Besitzer der künstlerischen Ausführung natürlich nicht unbedingt wissen und beachten muss. Den zahlreichen finnischen Designfirmen ist das auch egal. Denn sie haben festgestellt, dass die Authentizität ihres Produkts selten infrage gestellt wird, wenn sie nur eines der allgemein akzeptierten Symbole verwenden.

Als nationale Symbole werden in Finnland zum Beispiel der Bär und der Singschwan betrachtet. Beide haben aber nur einen mittelmäßigen Verkaufswert. Also sieht man sie nicht so oft. Das entspricht übrigens ihrem Vorkommen in der Natur. Um einem Bären zu begegnen, muss man sich entschieden mehr bemühen als bei einem Elch. Von den Tausenden Rentieren ganz zu schweigen. Die armen Singschwäne werden fast gar nicht gesucht, obwohl die Morgenstimmung an einem See, durch dessen dichte Nebelschwaden große singende weiße Vögel rauschen, faszinierend ist. Aber ist sie typisch finnisch?

Designartikel im Alltag zu verwenden, ist in Finnland nicht selten. Das mag daran liegen, dass verhältnismäßig viele Produkte nicht nur einfache Tassen, Teller und Gläser sind, sondern Kunstwerke. In der Kunst nationale Aussagen zu verstecken, hat schon am Ende des 19. Jahrhunderts begonnen. Damals versenkten sich Maler, Schriftsteller und Komponisten in die finnischsten aller Landschaftsansichten und brachten damit ihren Protest gegenüber dem russischen Generalgouverneur zum Ausdruck (siehe »Wo liegt Helsinki?«, Seite 11). Der Natur kam so schon früh die Aufgabe zu, finnisch auszusehen. Und diese Eigenschaft ist ihr seitdem nicht mehr aberkannt worden. Von internationalen Preisen überhäuft, kann das finnische Design für sich beanspruchen, der nationalromantischen Schwärmerei längst entwachsen zu sein. Nur selten ist es knuddelig wie ein Plüschelch. Eher schon streng und eisig, aber auch offensiv und unverkrampft. Und natürlich noch viel mehr, denn die Auswahl und Bandbreite lässt sich nicht in wenige Sätze fassen.

Abfällige Äußerungen über einzelne Stücke, und seien sie auch als sachliche Kunstkritik getarnt, können schnell Irritationen hervorrufen. Das liegt nicht einfach am Nationalstolz, sondern auch an der weitverbreiteten Ansicht, dass solche Objekte einfach wertvoll sind. Der persönliche Geschmack spielt im Zweifel nicht die entscheidende Rolle. Namhafte Künstler und Firmen sind gut, weil sie es sind. Erfolg versprechender als gekünstelte Lobhudelei ist es aber, sich aus der großen Menge die paar Stücke herauszusuchen, die einem wirklich gefallen. Insofern kann man Greta nur gratulieren, dass sie es wagt, individuell zu entscheiden. Wenn ihr der omnipräsente Elch zu oberflächlich ist, muss sie ihn ja nicht wählen. Es könnte allerdings passieren, dass er ihr von verschiedenen finnischen Freunden dennoch untergejubelt wird, da sich doch alle Ausländer über Elche freuen. Ist das so? Manchmal kann man den Eindruck haben, dass die Ausländer mit dem Elchsegen absichtlich ein unverbindliches Stück Finnland überreicht bekommen. Greta wählt mit ihren Geschenken ebenfalls ein Stück Finnland. Die Gemeine Birke wurde 1988 zum Nationalen Baum ernannt. Auch die Moorbirke hätte ein Recht auf diesen Titel gehabt. Schließlich wagt sie es, feuchte Gebiete selbst im hohen Norden zu besiedeln, bevor sich andere Pflanzen dort dauerhaft niederlassen. Ihre große Schwester, die Gemeine Birke, bevorzugt hingegen lichtreiche, trockene Standorte. Und wo beide es nicht mehr aushalten, kriecht die Zwergbirke immer noch als strauchiges Gewächs über die Fjellheiden.

21 WIE WEIHNACHTLICH IST WEIHNACHTEN?

VOM SINN FÜR FEIERLICHKEIT

Die Tische quellen über von schweren Platten mit wohlsortierten Köstlichkeiten. Kalte Vorspeisen, dampfende Schüsseln, elegante Weine und tadellos gebügelte Damasttischdecken. Nicht wenige Gäste im Abendkleid. Manja erscheint zum ersten Mal, seit Greta sie kennt, nicht in Jeans. Sie trägt eine beigefarbene Bluse, hat die Haare streng zurückgekämmt und mit einer blumig geschmückten Silberspange hochgesteckt. Dies ist ihre Einladung, zur Feier ihres Masters ein Weihnachtsbuffet, nein, nicht nur irgendein Weihnachtsbuffet, ein kleines Weihnachten an einem Abend im Dezember. Greta fliegt nach Deutschland über die Feiertage, Manja wird mit ihrer Mutter in Kuhmo zusammen sein, aber heute feiern sie vor, und das nicht im kleinen Stil.

Es sind noch drei weitere Freunde dabei, alle haben zu Hause eine silbern gefärbte Einladungskarte liegen, alle haben die Kleiderordnung im Kopf gehabt. Greta natürlich nicht. Aber mit Manja kann man ja reden.

»Sag mal, wie feierlich wird das denn?«, hat Greta gefragt.

»Das ist nichts Besonderes, keine große Sache. Ich würde mich aber freuen, wenn du kommst.«

Aber sicher, Greta sagt ja nicht ab. Greta zog eine schlichte schwarze Hose an und konnte sich zwischen der pinkfarbenen Tunika und dem stahlblauen Longsleeve mit schwarzen Spitzenärmeln nicht entscheiden. Lauri hatte erst recht keine Meinung dazu. Es war schon spät, sie musste los, es war kalt, also nahm sie den kuscheligen Wollpulli mit den rot-blauen Streifen. Ganz neu ist er nicht mehr, aber wirklich bequem.

Die Adresse des Restaurants sagte ihr nichts, aber es ist gar nicht weit: In einem der großen Innenstadthotels, deren Restaurantbereiche sich von der Straße aus stets durch einsame weiße Kälte auszeichnen, ist es heute stimmungsvoll. Es ist weihnachtlich, kann man sagen. Dunkelrote Vorhänge gibt es hier vielleicht immer, aber nur heute leuchten sie warm im Kerzenlicht. Einige wenige hölzerne Weihnachtswichtel sitzen verschämt hinter den Salatschüsseln. Vielleicht trauen sie sich ja doch ein Stück näher, irgendwann? Mit ihren Filzstiefeln dürfte das kein Problem sein. Immense Samtschleifen zieren die Fronten der Buffettische, goldschimmernd, versteht sich. Entsprechend fürstlich ist auch der Empfang, sollte man denken. Aber die Garderobenständer stehen auf dem dunklen, nüchternen Flur und behaupten, dass dies ein Tag wie jeder andere ist. Es sei denn, man macht mehr daraus.

Greta kann nicht umhin zu erkennen, dass die Köstlichkeiten des Abends mindestens 50 Euro wert sind. Manja hat eine Flasche chilenischen Rotwein bestellt. Manja trinkt sonst nie. Sie trinkt auch heute nicht, sie feiert, das ist ein Unterschied. Und sie geht Greta ganz besorgt entgegen: »Oh, hast du Grippe? Schön, dass du trotzdem gekommen bist!«

»Nein, alles in Ordnung!« Greta schüttelt den Kopf. Als sie die Blicke der Bedienung sieht, die auf ihrem leicht verfilzten Wohlfühlpulli hin- und herrutschen, versteht sie es und ärgert sich. Hatte sie Manja nicht extra gefragt, welcher Stil heute angesagt ist?

Auch der Hering auf dem Buffet hat verstanden, dass Weihnachten ist. Er liegt in *glögi* mariniert stolz neben dem Standard-Senffisch. Greta ist für Gleichbehandlung und übergeht beide.

HEISSER WEIN MIT ALLEN EXTRAS

Fast könnte man vermuten, dass in Mitteleuropa mehr *glögi* getrunken wird als im Norden. Denn die unzähligen Weihnachtsmärkte hierzulande haben schnell entdeckt, dass Glühwein besser schmeckt, wenn man ihn außer mit echtem Sternanis, Ingwer, Zimt, Nelke und Kardamom auch mit schwarzem Johannisbeersaft, gehackten Mandeln und Rosinen verfeinert. Aber der individuellen Ergänzungsfreiheit sind keine Grenzen gesetzt. Höchstens finanzieller Art, zumindest in Finnland, denn immer noch ist Alkohol hier aufgrund der höheren Steuer deutlich teurer als in Mitteleuropa. Ein kleiner Hering braucht aber nicht viel *glögi*, um feierlich weihnachtlich zu schmecken.

Alle fünf Sorten Lachs platziert sie dagegen künstlerisch auf ihrem Teller. Graved Lachs in Kräutersalzbeize, kalt geräucherten Lachs, warm geräucherten Lachs, Frischkäselachstorte, Lachsterrine mit Krabben. Ohne drei verschiedene Sorten Brot würde er nicht schmecken. Zum Rotwein passt er vielleicht auch nicht perfekt (oder umgekehrt), aber jetzt ist Zeit zum Anstoßen. Manja sieht noch ernsthafter aus als sonst. Greta räuspert sich. Zwei andere heben das Glas und trinken. Alle trinken.

Manja hat sich bei den Vorspeisen auf das Nötigste beschränkt und macht sich nicht allzu elegant, aber in ihrer ehrlichen Begeisterung auch wieder stilecht über die warmen Aufläufe her. Möhren und Steckrüben und Kartoffeln sind jeweils püriert und vermengt und im Ofen gebacken worden. Dazu gehört ein saftiger, kräftiger Weihnachtsschinken. Und noch ein Glas Rotwein.

Die Nachspeisen sind süß und von Schokoladenmousse über Moccapannacotta bis hin zu tropischen Fruchtcocktails international. Manja nimmt lieber noch einen Schlag Rübenauflauf.

Aber zum Kaffee knabbern alle gemeinsam Pfefferkuchen.

Die Musik ist dezent und angenehm. Ab und zu wird ein Refrain etwas lauter und die Aufmerksamkeit an den vielen Tischen wendet sich kurz den besinnlichen Texten aus den Lautsprechern zu. Greta fragt sich, was jetzt noch passiert. Das viele gute Essen hat sie müde gemacht. Die Unterhaltungen plätschern freundlich und unpersönlich dahin. Manja verschwindet kurz und zieht eine Duftwolke hinter sich her, als sie zurückkommt. Träge hält Greta sich auf ihrem Stuhl und blickt aus dem Fenster, ohne wirklich hinzusehen.

»Hat es geschmeckt?«, fragt Manja.

»Danke, ja«, lauten die Antworten einstimmig.

Greta schlendert die Straßen entlang, sie hat den kürzesten Heimweg, sie geht allein. Die gediegene Atmosphäre war zweifellos chic. Das Essen war hervorragend, wenn auch originell gemischt aus Delikatessen und schlichter Hausmannskost. Aber Manja ist ihr ein Rätsel: Sonst immer nur in lässiger Freizeitkleidung, wirft sie sich in Schale für eine Weihnachtsfeier. Greta war das jedenfalls alles zu förmlich. In der Adventszeit könnte man doch viel gemütlicher zusammensitzen. So wie zu Hause auf Katajanokka ... Ach Lauri, warum können nicht alle so sein wie wir?

Greta schließt die Wohnungstür auf und streift die Stiefel von den Füßen. Sie schlurft in die Küche, irgendwo müsste doch noch Schokolade sein. Lauris Tür ist nur angelehnt.

»Ach, wenn du wüsstest, wie anstrengend das war!«, ruft Greta zu ihm hinüber. »Von Gemütlichkeit nicht die Spur. Das war eher Business als Weihnachten, schrecklich.«

Lauri steht vor seinem Schrank, als Greta zu ihm hineinstolpert.

»Oh, du Arme! Ich fand es ganz nett bei meiner Feier.« Er dreht sich mit mitleidigem Blick zu ihr um. Um seinen Hals baumelt locker die satinglänzende Fliege. Den Smoking hängt er mit geübtem Griff zurück auf den Bügel. »Weihnachten ist immer total stressig, hm?«

Noojoo!

Die Zeiten sind lange vorbei, als Weihnachten noch ein besinnliches Fest ohne Luxus war. Aber wenn man nicht mehr zu feiern versteht, kommen sie vielleicht schneller wieder, als man möchte. Was braucht man zu einer Feier? Das Abendkleid, die teure Handtasche und neues Parfum? Steckrübenauflauf, Schnee und Nordlicht? Nette Gesellschaft, gute Musik und ein knisterndes Feuer im Kamin? Wünsche. Und das Gefühl, feiern zu wollen. Manja hat dieses Gefühl, sie hat ihr Studium beendet und freut sich über den exklusiven Rahmen, den viele Restaurants in der Vorweihnachtszeit anbieten. Aber das will sie nicht laut hinausposaunen, also bleibt Greta im Vorhinein im Unklaren. Understatement in dieser Richtung oder einfach eine übervorsichtige Art, um dem anderen ja nicht zu viele Vorschriften zu machen, kann verwirren. Schlichte Eleganz schadet bei offiziellen Einladungen jedenfalls nie. Strenge Regeln für den Restaurantbesuch gibt es in Finnland nicht mehr. Eine respektvolle Grundhaltung zu einem besonderen Ereignis trifft man jedoch oft an. Es ist eine Gelegenheit, feierlich zu sein. Nach dem Essen könnte die Würde des Samtvorhangs mit der schrillen Realität einer Bar – Musik, Tanz, Ungezwungenheit – ergänzt werden, ohne dass die feierliche Kleidung dabei jemanden stören würde. Aber das ist halt nicht Manjas Stil. Trotzdem liegt Greta mit ihrem Freizeitlook eindeutig daneben.

Weil Vorweihnachtsfeiern in Finnland inzwischen genauso inflationär auftreten wie in Mitteleuropa, finden sich in den urbanen Zentren viele Varianten dazu. Events, die den Firmen versprechen, ihren Mitarbeitern einmaligen Spaß zu bieten. Laut, bunt und außergewöhnlich, damit die Feier in Erinnerung bleibt. Private Vorweihnachtsfeiern sehen oft sehr viel gemütlicher aus, duften nach Lebkuchengewürz und wären fotoreif für jedes Bilderbuch. Genau das, wonach man sich außerhalb des Nordens im Dezember oft sehnt. Denn, mal ehrlich, wem schmeckt schon der Glühwein, wenn draußen fünf Grad plus und Regen sind? Das ist in Finnland auch manchmal der Fall, aber eben selten. Man braucht Weihnachten dort nicht zu inszenieren, man braucht nur vor die Tür zu gehen. Entsprechend gibt es auch weniger Stimmungsaufheller in Form von singenden, klingenden, mitreißend glücklichen Dekoartikeln.

Die guten alten Zeiten sind nämlich immer noch da. Wenn man sie überhaupt finden will. Denn kalt ist er schon, der finnische Winter. Im Smoking über matschige Bürgersteige zu schlittern, kann unter Umständen ebenso frostig sein wie die Hundeschlittenfahrt über das blendend weiße Fjell oder der stille Nachmittag vor dem selbst gesägten Eisloch, mit der Angel in der Hand und dem Blick hinaus auf den nachtschwarzen See. Mit einem *glögi* wird aber alles zum Fest.

22 GENIESST DU DEN WINTER?

JEDER AUF SEINE ART

Endlich Wochenende! Der Schnee liegt dick und dicht, jetzt muss Greta raus in die Natur. Und weil das zu Fuß nicht immer geht (es sei denn mit Schneeschuhen), will sie eine Langlauftour wagen. Nun ist sie unterwegs, im Bus nach Norden, im Trainingsanzug. Das muss reichen, schließlich will sie sich ja bewegen. Das Gelände ist keine Wildnis, sondern noch im Stadtbereich gelegen, auch nicht verkehrt. Für 25,50 Euro bekommt sie als Studentin die komplette Ausrüstung für einen Tag.

SCHNEESPASS VOR DER HAUSTÜR

Im Paloheinä Sportpark werden das Jahr hindurch über 200 Wettkämpfe ausgetragen, hauptsächlich im Ausdauersport. Darüber hinaus bietet die Organisation Suomen Latu aber auch Freizeitsportlern die Gelegenheit, sich entsprechend der Verbandsidee ohne Konkurrenzdruck in der Natur zu bewegen. Gepflegte Loipen, Ausleihstationen, ein Café, Duschen und selbstverständlich Saunen gehören dazu.

Landesweit ist Suomen Latu mit vielen Kursangeboten vertreten. Beeren- und Pilzwanderungen werden ebenso organisiert wie Nordic-Walking-Treffs und Winterschwimmgruppen (nicht in der Halle, sondern in den Seen natürlich).

Vor einer Langlauftour empfiehlt sich ein ausführlicher Blick auf www.mski.fi/helsinki. Die Website informiert über den Loipenzustand rund um Helsinki, Wetter- und Schneeverhältnisse.

Die Tipps zur Strecke fallen eher spärlich aus. Ja, alle Loipen seien gespurt und die Skatingstrecken gewalzt. Natürlich gebe es alle Schwierigkeitsgrade, auf der Karte seien sie verzeichnet, bitte schön. Und schon ist der Nächste dran.

Der erste Schwierigkeitsgrad ist mit dem Anschnallen der Ski bald erledigt. Nun muss etwas gegen das Frieren getan werden. In grauer Vorzeit, als Grundschulkind, hat Greta schon einmal auf Ski gestanden. Sie erinnert sich noch, dass die Mutter ihrer Freundin, mit der sie damals unterwegs war, einfach gesagt hatte: »Geh langsam los, wie zu Fuß. Skilaufen ist das Natürlichste der Welt.« Damals hat das funktioniert. Heute fragt Greta sich, wo die klapprigen Holzbeine unter ihr plötzlich herkommen. Wie eine Marionette, die ein müder Puppenspieler achtlos fallen lässt, sinkt Greta in der Loipe zu einem wirren Haufen zusammen. Die Familie hinter ihr gleitet problemlos aus der Spur, die Kinder nutzen die Gelegenheit und überholen sich gegenseitig, bis sie vor Lachen stehen bleiben und auf ihre Eltern warten, die gemächlich ihrer Wege ziehen. Es muss kein Krampf sein, das Skilaufen, offenbar nicht. Greta wühlt sich wieder auf die Beine. Es ist schon später Vormittag, die meisten Leute sind längst unterwegs. Im hautengen Wettkampfanzug stürmt ihr ein älterer Mann entgegen und lässt sich langsam ausgleiten. Sonst ist niemand in Sicht. Das fördert die Ordnung der Bewegungen. Nur nicht nachdenken! Skilaufen verlernt man doch nicht. Ski-lau-fen-ver-lernt-man-doch- ... bis hierhin hat es geklappt. Der achte Schritt endet wieder über Kreuz mit dem neunten, der noch gar nicht hätte begonnen haben sollen.

Vielleicht war die motivierende Ansprache an das eigene Gehirn auch schlecht getextet, zumal das »nicht« ja nicht einmal mehr zum Zuge gekommen ist. Greta probiert es mit Singen. Aber ohne den rechten Marschrhythmus hilft auch das nicht viel weiter.

Oh, die verschneite Kiefer dort sieht aber herrlich aus, die muss mal eben fotografiert werden! Und da hinten, die ist ja eigentlich noch schöner. Mit beiden Stöcken in der linken Hand eiert Greta auf die nächste Kurve zu, das Handy zwischen den Handschuhen balancierend. Vielleicht doch nicht die beste Idee, solche Spiele zu wagen. Also weg mit dem Gerät, beide Hände in die Schlaufen und hopp, den Berg hoch. Die Ski schieben sich vorne auseinander, einer nach rechts, einer nach links. Soll das so sein? Haben die ein Eigenleben, oder ist das Intuition? Bevor Greta eine Antwort finden kann, ist sie oben. Beide Beine in die Spur zurück, zweieinhalb Mal anstoßen und gleiten. Gleiten, daran erinnert sie sich auch von früher. Immer schön gleiten, hieß es. Das Gleiten wird von ein paar holprigen Schritten unterbrochen, als sich der nächste Hügel in den Weg stellt, aber nach einer, zwei, drei Stunden ist kein großer Unterschied zwischen Berg und Tal mehr zu spüren.

Hochzufrieden lehnt Greta am Nachmittag ihre Ski an die Wand der Leihstation. Fast fühlt sie sich komisch ohne die Bretter unter den Füßen.

Voller Winter steigt sie in den stickigen Bus und lässt sich in das Stadtzentrum zurückfahren. Eigentlich hatte sie Virva versprochen, heute noch mal vorbeizukommen, aber die Tour war doch anstrengender gewesen als gedacht. Also lieber erst mal duschen, umziehen und eine kurze SMS schicken, mit der sie sie auf später vertröstet. Als sie am Abend bei Virva anruft, ist die gleich am Apparat.

»Tut mir leid, dass ich es vorhin nicht mehr zu dir geschafft habe, aber ich war so lange draußen und musste mich unbedingt erst aufwärmen.«

»Oh, das tut mir leid. Ist alles gut gegangen?«

»Absolut, es war super. Kommst du mal mit zum Skilaufen, nächstes Wochenende vielleicht?«

»Ach, ich bin eine ganz schlechte Skiläuferin. Oh, wenn ich nur daran denke, wie wir in der Schule immer in den Wald gejagt wurden. Und ich war immer die Letzte.«

»Aber hier jagt dich doch keiner?«

»Weißt du was, Greta, vorhin habe ich am Computer gesessen und ein bisschen in den Reiseangeboten gestöbert. Und da gibt es ein All-inclusive-Paket für Thailand, zehn Tage mit Flug und allem.«

»Denkst du schon im Januar an den Sommer?«

»Wieso Sommer?«

»Willst du deinen Sommerurlaub schon buchen?«

»Nein. Ich will jetzt fliegen. Meine Freunde in London haben mich auch eingeladen, aber da ist es im Winter genauso schrecklich wie bei uns. Ich brauche jetzt einfach etwas Sonne.«

»Ah ja. Die Sonne hier reicht dir nicht?«

»Oh, das ist doch keine Sonne. Das ist doch nur ein magerer hellgelber Punkt weit weg am Himmel. Übermorgen geht's los. Es ist ein Traum, ich wollte da schon so lange hin, aber nie hat es gepasst mit der Uni und allem.«

»Meinst du nicht, dass das ein bisschen verrückt ist?«

»Vielleicht, dann bin ich halt auch verrückt.«

»Das ist doch sicher teuer.«

»Unter 1.000 Euro!«

»Welch ein Schnäppchen.«

»Ich dachte, vielleicht hast du Lust mitzukommen?«

»Ich? Ganz bestimmt nicht. Also wenn irgendwas nun überhaupt nichts für mich ist, dann solche irren Sonnentrips zur falschen Jahreszeit. Ich komme prima zurecht mit dem Winter, mit der Dunkelheit und allem. Du nicht? Geht's dir irgendwie nicht gut?«

»Doch, alles bestens.«

»Bestimmt?«

»Ja, sicher. Alles klar.«

»Dann wünsche ich dir viel Spaß.«

»Danke.«

»Und schick mir 'ne Karte!«

»Okay.«
»Mach's gut, ja? Bis später!«
»Bis später.«

Voi voi!

Greta fährt gerne Ski. Schön. Greta fährt nicht besonders gut Ski, aber am Abend schon viel besser als am Morgen. Und Greta möchte noch öfter Ski fahren. Virva nicht.

Dabei könnte man es bewenden lassen. Leider treffen die beiden unterschiedlichen Einstellungen zum Skilaufen aber in einem ungünstigen Moment aufeinander. Gretas Enthusiasmus, genährt von dem Erfolg in der Loipe, stößt auf Virvas Begeisterung über die Möglichkeit, endlich dem kalten Winter zu entkommen. Und damit ist sie in guter Gesellschaft, denn seit Fernreisen erschwinglich sind, nutzen viele Finnen eine kurze warme Verschnaufpause vom langen Winter. Gretas spöttische Ablehnung, die sich hinter der scheinheiligen Frage versteckt, ob Virva etwa mit dem Winter nicht klarkomme, wirkt auf sie aggressiv. Jemandem Depressionen zu unterstellen, nur weil er oder sie den Winter nicht mag, klingt arrogant und überheblich. Laienpsychologische Ferndiagnosen kommen gar nicht gut an.

Virva möchte mit ihr in den Urlaub fahren und muss sich stattdessen rechtfertigen. Dabei lässt sich durchaus beides verbinden. Man kann ja auch im dunklen, kalten Januar in die Sonne reisen und trotzdem im Mai noch den letzten dicken Schnee für einen ausgiebigen Skiurlaub genießen. Erlaubt ist, was gefällt. Aber wenn man glaubt, der wahre Finne geworden zu sein, nur weil man drei Stunden auf den Brettern gestanden hat, tut es gut, den Stolz im Stillen zu genießen. Oder mit anderen Skiaktivisten. Die verstehen das auch ohne Worte, und was kann schöner sein, als ein stummes Einverständnis zwischen tiefverschneiten Kiefern? Aber Vorsicht: Vielleicht ist man dann genötigt, einen ganzen Tag gegen den Schneesturm anzukämpfen, der leider heute, völlig unerwartet, heraufgezogen ist und den Blick auf die Spur verschleiert und die Muskulatur eisig umklammert. Oje, so war das ja auch wieder nicht gemeint mit der Bewegung in der herrlichen Natur ...

23 WIE FINNISCH IST KAURISMÄKI?

WOHER DAS KLISCHEE VOM SCHWEIGEN KOMMT UND WARUM ES STIMMT

Im Uni-Kino läuft ein moderner Klassiker. Ohne finnische Untertitel, denn der Film ist auf Finnisch. Was nicht selbstverständlich ist bei diesem Regisseur, obwohl er Finne und vielleicht finnischer ist als viele andere. Zu finnisch, könnte man auch sagen. Solcherart Ankündigungen liest Greta im Internet und solcherart Kommentare hört sie in der Uni. Gesprächsthema ist er allemal. Allein damit wird dem traditionell wortkargen Auftreten seiner Filmfiguren schon ein realer Gegenbeweis geboten, denkt Greta. Aber neugierig ist sie auf ihn, denn sie hat noch niemanden getroffen, der eine neutrale Einstellung zu ihm hat. Entweder man hat jeden Film gesehen oder nur einen und dann keinen mehr. Nun, Lauri ist etwas weniger radikal, aber das kennt sie ja von ihm. »Schau ihn dir an«, hat er gesagt und offen gelassen, ob es ihn überhaupt interessiert.

Heute Abend schaut sie ihn sich an und denkt erst an der Kinokasse daran, dass er ohne Untertitel für sie ja eigentlich gar nicht verständlich ist. Sie fragt die Ticketverkäuferin, ob sich der Film trotzdem lohne.

»Nun ja, wie du willst«, sagt die nur und verkauft die nächste Karte. Also hat sie es hier offenbar nicht mit einem Fan zu tun.

Neben ihr sitzt ein Typ und isst Eis, zwei Kugeln mit bunten Zuckerstreuseln und Gummibärchen. Die schulterlangen Haare und das karierte Hemd geben ihm eigentlich eine etwas andere Ausstrahlung. Offenbar ist er keineswegs an irgendeiner Art von Kontaktaufnahme interessiert, aber das bunt glitzernde Eis scheint ihn zu begeistern. Oder er hat die Kommunikation am Eisstand so reduziert, dass er einfach irgendetwas bekam. Ist halt ein Eis. Und bevor man lange Romane erzählt, was man eigentlich haben möchte … (siehe »Darf's was Süßes sein?«, Seite 102) Greta merkt, dass ihre Gedanken merkwürdige Richtungen einschlagen, während sie Aki Kaurismäkis Fangemeinde inspiziert. Hier könnte man mal ein paar Interviews führen, zur Einstellung zu Finnland an sich. Aber wenn sie die Diskussionen um diesen Kultregisseur richtig verstanden hat, würde sie wohl keine Antworten bekommen, nur tiefsinnige Blicke. Gar nicht so verkehrt! Wenn auch studientechnisch unbefriedigend. Wie gut, dass sie privat hier ist.

Nach über einer Stunde muss sie notwendigerweise wieder anfangen zu denken. Bis dahin hatte die komplett geradlinige, wenn auch nie vorhersehbare Handlung sie einfach mitgenommen, mitgenommen in diesen Helsinkier Vorort, wo der Held gestrandet ist, ohne zu wissen, wer er früher einmal gewesen ist. Aber wer er eigentlich ist, das hat er tief in seinem Inneren nicht vergessen. Und er scheint sich, so will es Kaurismäki, gerade deshalb und jetzt erst wirklich kennenzulernen. Vorsichtig, aber durchaus selbstbewusst erkundet er seine Umgebung.

Greta weiß nicht, ob ihr der Schluss gefällt. Er wird mit seinem alten Leben konfrontiert, will sich korrekterweise darauf einlassen und wird durch glückliche Umstände davon befreit, wieder in die fremde alte Haut zurückkehren zu müssen. Dieser Zufall, dieses Märchenhafte kommt ihr merkwürdig schlüssig vor. Zuvor hatte der Alltag daraus bestanden, sich irgendwie sein täglich Brot zu verdienen, abgetragene Kleidungsstücke zu ergattern und weder von Hunden noch

Menschen hinterrücks überfallen zu werden. Mithilfe des Märchens wird aus dem traurigen Helden ein glücklicher Held, denn wenn man irgendjemandem das Happy End glauben kann, dann diesem *Mann ohne Vergangenheit.* Sie glaubt es ihm, und sie glaubt es sich und allen, die mit ihr hier gesessen haben, dass die Menschen hinter all diesen grauen Fassaden eine Begegnung wert sind.

»Lauri, den musst du dir ansehen«, ist ihr Fazit.

»So?« Seine Frage ist nicht ablehnend, nicht uninteressiert, aber gespannt. »Hat es dir gefallen?«

»Gefallen ist der falsche Ausdruck. Dieser Film hat etwas Geniales. Ich glaube, nur ein Finne kann so einen Film drehen. Anderswo würden die Leute sich nie trauen, mit so wenigen Worten so viel zu sagen.«

»Und das ist typisch finnisch? Du musst es ja wissen.«

»Findest du nicht?«

»Ich weiß nicht.«

»Siehst du, jetzt sagst du schon wieder mit einem Satz ganz viel.«

»Was denn?«

»Na, dass du skeptisch bist. Aber man kann doch ruhig auch mal begeistert sein. Das vermisse ich hier sowieso. Dass ihr mal wirklich so richtig jubeln könnt.«

»Wir können jubeln.«

»Wann denn?«

»Beim Eishockey zum Beispiel.«

»Na toll.«

»Wieso, gilt das nicht?«

»Schon, aber ich meine, auf so einen Regisseur könnt ihr echt stolz sein, und mit diesen Filmen bringt er Finnland in die Welt. Ich glaube fast, er versteht euch besser als ihr euch selbst.«

»Greta ...«

»Was denn?«

»Du redest die ganze Zeit von ihr und euch. Wen meinst du damit?«

»Na, Finnland. Euch Finnen eben.«

»Und wir sind nicht stolz genug auf Kaurismäki?«

»Genau. Da gehört ja auch ein bisschen Selbstbewusstsein dazu, zu sagen, ja, das stimmt, wir sind so skurril, seht es euch ruhig an.«

Lauri schweigt einen Moment. »Du bist ein emotionaler Mensch, Greta.«

»Was soll das denn jetzt heißen?«

»Du kannst dich begeistern, das ist beeindruckend. Aber meinst du, die Begeisterung gilt immer und für alle? Kann es nicht sein, dass du einfach nur einen guten Film gesehen hast?«

»Und nicht?«

»Und nicht die Wahrheit über alle Finnen. Es gibt halt etwas über fünf Millionen Menschen hier, und Aki Kaurismäki hat davon vielleicht 0,1 Prozent kennengelernt, meinetwegen auch etwas mehr.«

»Es geht doch nicht um Zahlen, es geht um Stimmungen.«

»Genau das versuche ich ja zu sagen. Ich glaube, wenn ich ohne Pass und Erinnerung in einem dreckigen Vorort stranden würde, käme ich nicht halb so weit wie dein *Mann ohne Vergangenheit.* Nicht jeder ist zum schweigenden Helden geboren.«

»Nicht mal als Finne?«

»Na, vielleicht ein bisschen mehr als andere.«

»Wirst du dir den Film ansehen?«

»Hab ich schon vor ein paar Jahren.«

»Und warum hast du mir das nicht gesagt?«

»Kaurismäki spricht doch für sich.«

Noojoo!

Aki Kaurismäki erzählt Geschichten. Aki Kaurismäki ist Finne. Aber erzählt er deshalb finnische Geschichten? Nein, ein Finne erzählt Geschichten! Wie die Geschichten sind, erfahren wir durch diese beiden Aussagen überhaupt nicht. Aber die Geschichten sind anders. Und die meisten Menschen in seinen Filmgeschichten sprechen Finnisch. Die meisten Zuschauer seiner Filmgeschichten haben nie einen Finnen getroffen. Also sind die Finnen auf Kaurismäkis Leinwand für sie die einzigen Vertreter dieser unbekannten Volksgruppe.

Ein Finne geht ins Kino. Dort wird ein Film gezeigt. Aber sieht er sich deshalb einen finnischen Film an? Nein, der Zuschauer ist Finne! Wie der Film ist, erfahren wir durch diese beiden Aussagen überhaupt nicht. Aber der Film ist anders. Und die meisten Menschen in diesem Film sprechen Finnisch. Der Zuschauer findet den Film merkwürdig. Aber wer ist nun der echte Finne? Der im Film oder der im Kinosaal?

Darüber haben sich Ausländer seit Jahrzehnten den Kopf zerbrochen. Denn es ist ja schön, wenn man auf unterhaltsame, intelligente Weise eine Antwort auf die Frage serviert bekommt, wie die Finnen denn nun eigentlich sind. Und es sind ja nicht so viele. Da kann man doch mal alle über einen Kamm scheren, oder? Wir wissen ja auch alle, wie die Berliner so sind und die Bayern sowieso. Es wäre allerdings ungerecht, Kaurismäkis internationalen Erfolg darauf zu reduzieren, dass er den Menschen einfache Antworten auf kuriose Fragen ermöglicht. Was er tut und gestaltet, entspricht seinen Überzeugungen. Und als er 2011 in einem Interview gefragt wurde, warum die Menschen, die er durch seine Geschichten lebendig werden lässt, selbst in dramatischen Situationen so würdevoll sind, erklärte er: »Wenn man der Crew, den Schauspielern und allen um sich herum ihre Würde lässt, dann sehen die Menschen im Bild auch würdevoll aus.« Selbst in Finnland hat man nach seinen ersten großen Erfolgen ängstliche und teils gar aggressive Kommentare verlauten lassen, weil man den Zuschauern nicht zugetraut hat, diese Würde wahrzunehmen, zwischen äußeren und inneren Welten zu unterscheiden. Man hat, leider nicht immer zu Unrecht, befürchtet, dass einige Zuschauer die Spielfilme als Dokumentarfilme betrachten. Insofern ist auch Lauri bemüht, Greta die Relativität der Bilder und Aussagen erkennen zu lassen.

Vielleicht liegt der Sehnsucht der Filmkritiker und Journalisten, die in Kaurismäki und seinen Figuren stereotyp die wahren Finnen erkennen wollen, etwas wie die verzweifelte Suche nach dem letzten Paradies zugrunde, dem Ort, wo die Menschen noch optimistisch bleiben trotz aller Umwürfe und wo man, wie Greta, sich noch traut, an das Happy End zu glauben, auch als erfahrener, unsentimentaler Erwachsener. Irgendwo muss das doch noch möglich sein, also, vielen Dank, Herr Kaurismäki, dass Sie uns das Geheimnis verraten.

Wenn viele Finnen ihrerseits nicht auf den Zug in die glückbringende Atmosphäre dieser Filme aufspringen wollen, sondern sich erstaunt oder auch entsetzt fragen, warum Finnland unbedingt als düsteres, unmodernes, alkohol- und nikotinversessenes Niemandsland dargestellt werden muss, dann gibt es zwei Möglichkeiten. Entweder sind sie so desillusioniert, dass sie gar keine Motivation mehr annehmen. Oder sie haben sie nicht nötig, weil – ja, weil sie bereits dort sind. Im Paradies. In der sicheren Gewissheit, dass es stimmt, was Kaurismäki zeigt, dass es dank der eigenen Stärke immer noch einen Ausweg gibt. Und weil ihnen diese innere Sicherheit der Personen so selbstverständlich ist, achten sie zu viel auf die Äußerlichkeiten: Wie peinlich, diese alten Müllcontainer! Wie schrecklich, diese altmodischen Gardinen! Das ist doch alles gar nicht typisch für Finnland! Hat ja auch nie jemand behauptet.

24 WO LIEGEN DIE FINNISCHEN WURZELN?

URZEITALTE ZAUBERWISSER

»Natürlich ist das interessant!« Manja ist die Aufregung kaum anzumerken, aber ihre Sätze sind eindeutig. Greta muss mit, nach Kuhmo. Denn dort ist gewissermaßen der finnische Baum tief verwurzelt in den Sümpfen des Gesangs. Ungefähr so hat Manja erklärt, was es dort zu sehen gäbe, verstanden hat Greta es nicht. Aber sie hat sie eingeladen mitzukommen, denn Manja stammt aus Kuhmo. Und wann gibt es eine bessere Zeit, um der schönen Heimat einen Besuch abzustatten, als im tiefen Winter? Manjas Mutter lebt dort, nicht wirklich in der Stadt und nicht wirklich im Wald. Genau hat Greta auch das nicht begriffen. Aber es muss wohl um mehr gehen als um Manjas altes Zuhause.

Auf der Fahrt hören sie Musik. Nach zwei Stunden steigt Manja aus.

»Magst du mal fahren?«

Greta nickt. Na klar, auf vereisten Straßen mit fester Schneeauflage zu fahren, das ist doch kein Problem. Manja gegenüber von fehlender Übung und wenig Freude am Autofahren zu sprechen, kommt nicht infrage. Also ran ans Steuer und los geht's. Dass die Reifen mit Spikes ausgestattet sind, ist eine gewisse Beruhigung. An den Ampeln in Helsinki haben die Fahrzeuge im Winter scharfe Rinnen in das Eis gefräst. Manchmal gehen die Spuren bis auf den Asphalt, sodass immer bei Grün eine dünne, hässliche Gesteinsschicht mehr in die Luft gejagt wird. Dass die Spikes aber auf Landstraßen ganz hervorragend funktionieren, wird Greta erst jetzt bewusst.

»Hier ist 80!« Manja muss es zweimal sagen.

»Wirklich?«

»Sehr wirklich. Und dort vorne kommt ein Blitzer.«

»Woher weißt du das?«

»Brems erst mal!«

Gerade noch rechtzeitig kann Greta die Geschwindigkeit drosseln.

»Hast du die Ankündigung nicht gesehen?«

»Nein. Hier wird vor Blitzern gewarnt? Ist ja nett.«

»Ist auch nötig, wenn man so fährt wie du.«

Das geht Greta zu weit. »Ich fahre ja wohl nicht gefährlich!«

»Aber zu schnell.«

»Meine Güte, hier ist doch nichts los.«

ACHTUNG, GLEICH VERLIEREN SIE IHR URLAUBSGELD!

Von etwa 454.000 Straßenkilometern in Finnland sind rund 800 Kilometer Autobahn. Autobahnen zeichnen sich dadurch aus, dass man streckenweise 120 Kilometer pro Stunde fahren darf, im Winter aber nur 100. Außerhalb geschlossener Ortschaften gilt sonst die Grenze von manchmal 100 Kilometern pro Stunde, oft auch nur 80, wie im Winter auf Landstraßen generell. Es empfiehlt sich nicht, die angekündigten Blitzgeräte zu übersehen. Bußgelder werden nach der individuellen Einkommenshöhe berechnet, es kann also selbst bei geringen Übertretungen enorm teuer werden.

Wenn der Schnee zu locker liegt, helfen auch die Spikes nicht so sehr. Nach einer guten Stunde merkt Greta die Anspannung. Sie wechseln wieder. Am Abend, irgendwann im Dunkeln, sind es nur noch 32 Kilometer bis Kuhmo.

Manja schließt auf. Eine Tür zu einem gelben Holzhaus, auf der Veranda Blumentöpfe ohne Blumen, die Farbe an den Fensterrahmen abgeblättert. Im Flur zwei Jacken und ein Regenschirm, ein Trainingsanzug, abgetragen, aber offenbar vor Kurzem über einen Stuhl gelegt. Oder hängt er dort schon seit dem Herbst? An dem wackeligen Holztisch in der Küche haben vier Leute gut Platz, wenn man auf der gemütlichen Eckbank ein bisschen zusammenrückt, sogar noch mehr.

Im Kühlschrank steht eine Plastikkaraffe mit Johannisbeersaft. Manja wärmt ihn auf dem alten Gasherd. Greta trinkt in tiefen Zügen und lässt Manja vertrauensvoll weiterwerkeln. Nach ein paar Minuten stehen Teller auf dem Tisch, in denen ein kräftig riechender, graubrauner Auflauf dampft. Manja stellt ein großes, halb volles Glas Preiselbeermarmelade dazu und fängt einfach an.

Greta versucht sich eine Vorstellung von dem Essen zu machen, bevor sie zugreift. Das ist aber kaum möglich. »Schmeckt gut«, sagt sie deshalb nach drei Löffeln.

Manja nickt, Manja lächelt und lehnt sich auf ihrem Holzstuhl zurück. »Zu Hause!«, sagt sie.

Greta fühlt, dass sie willkommen ist, und isst weiter. Zu viele Gedanken über den Inhalt des Essens verbietet sie sich. Manja scheint davon auszugehen, dass es wunderbar schmeckt, und dabei soll es bleiben.

»Hausmannskost, echtes Essen«, ergänzt Manja, nachdem sie den Teller blank gegessen hat. »Leberauflauf«, sagt sie nun bedeutungsvoll. »Ich habe meine Mutter extra gebeten, welchen zu kochen. Sie ist noch auf der Arbeit.«

»Oh, wann kommt sie denn?«

»Spät. Wir können schlafen gehen. Aber morgen gehen wir zusammen ins Museum.«

Greta wird in die obere Etage zu einem schmalen Gästezimmer geführt. Eine Liege ist offenbar für sie hergerichtet. Papiere, Liederbücher, Platten und Aktenordner stapeln sich auf dem Boden.

»Hier ist sonst unser Arbeitszimmer. Gute Nacht.«

SÜSSE LEBER UND FISCHHAHN

Es gibt manche Köstlichkeiten der finnischen Küche, die durch ihre Kombination oder Zubereitung erstaunen. Leberauflauf zum Beispiel wird mit Reis und gerne auch Rosinen zubereitet. Darüber kann eine kalte Beerensoße gegossen werden. In allen Orten rund um die Seen wird natürlich auch viel Fisch gegessen. Wenn er klein genug ist, isst man ihn ganz – ausgenommen oder auch nicht. Kleine Maränen (nicht Muränen übrigens ...) lassen sich köstlich braten. Oder man bäckt sie zusammen mit Speck in Roggenbrot ein, das nennt sich dann Fischhahn, *kalakukko,* und ist eine haltbare Speise, die man auch unterwegs gut verzehren kann. In Karelien sind diverse Gerichte aus der russischen Küche beliebt, wie zum Beispiel die Reispiroggen. Dafür bereitet man einen Roggenteig und füllt ihn in handtellergroßen ovalen Stücken mit pikantem Reisbrei. *Piirakkat* sind so lecker, dass sie sich über das ganze Land verteilt haben und inzwischen in mehreren Varianten vorkommen, auch mit Kartoffel oder Möhre. Rezepte findet man zum Beispiel unter www.kotikokki.net.

Besonders tief hat Greta nicht geschlafen, als sie von Geräuschen aus der Küche geweckt wird. Es gelingt ihr, den Weg zur Dusche und zurück zu finden, bevor sie sich hinunterwagt. Manja sitzt bereits auf der Eckbank und hat die Zeitung fast durchgelesen.

»Das ist meine Mutter Aino«, erklärt sie Greta und ergänzt etwas Kurzes auf Finnisch.

Ein freundliches Lachen zwischen tief gefurchten Gesichtszügen wünscht Greta einen guten Morgen, was sie auch auf Finnisch erwidern kann. Den Rest übersetzt Manja, denn Englisch spricht ihre Mutter nicht.

»Sie freut sich, dass ich mal eine Freundin mit nach Hause bringe.«

Wie lange muss man lächeln, um diesem Satz angemessen zu begegnen? Offenbar ist Greta ein seltener, daher umso geschätzterer Gast, und sie weiß nicht ganz, wie sie sich dementsprechend verhalten soll. Ein Griff in den Kochtopf überbrückt die Stille. Mit einer klobigen Holzkelle wird das Frühstück herausgeschaufelt: Haferbrei. Zur Feier des Tages gibt es ein wenig Zucker dazu oder wahlweise die Preiselbeeren vom Abend zuvor. Kaffee brodelt in einem Kessel auf dem Herd, Manjas Mutter gießt ihn durch ein Sieb und fragt, ob Greta Milch möchte. Ja, gerne. Eine kleine Kasserolle nimmt den Platz des Breitopfes ein. Im Radio werden Schlager gespielt. Manjas Mutter summt leise mit. Als sie beim Refrain die Sänger übertönt, hält Greta einen Moment inne. Diese hohe, klare Stimme steht in krassem Gegensatz zu ihrem Erscheinungsbild. Oder stimmt das überhaupt? Gewissermaßen scheint sie als Person erst jetzt vollkommen zu sein, und die geblümte Kittelschürze wird zur bedeutungslosen Randerscheinung, geradezu zum Kostüm dieser Sängerin, die heute scheinbar zufällig eine Rolle als Hausfrau am Gasherd dieses kleinen Häuschens spielt. Für den Galaauftritt am Abend bräuchte sie sich nicht umzuziehen.

»Du singst fantastisch.« Greta ist ehrlich begeistert. Aino lächelt und sagt etwas zu Manja, aber die wehrt ab. »Nein, Mama, wenn ich Kalevala-Lieder singe, ist das eher eine Beleidigung der finnischen Nation.«

Greta besteht darauf, hinten zu sitzen, als sie zum Museum fahren. Erwartungsgemäß beginnen beide vorne eine Unterhaltung auf Finnisch. Den einen oder anderen Brocken kann Greta heraushören. Es fallen Namen, vielleicht von der Familie, es werden Zahlen genannt, die aber so lang sind, dass Greta sie nicht wirklich versteht. Das Stadtzentrum ist klein. Ein paar Geschäfte, ähnlich wie in Inari, dann sind sie wieder zwischen Wohnhäusern unterwegs und halten unvermittelt an. Ein modernes Holzgebäude ist nach wenigen Schritten erreicht. Kaum haben sie die

Eingangstür hinter sich gelassen, kommt ihnen jemand entgegengelaufen.

»*Noo, hei!*« Die Begeisterung über den Besuch ist der Mitarbeiterin ins Gesicht geschrieben. Allerdings gilt die Freude nicht Greta, sondern Manjas Mutter. Bald wechselt sie jedoch ins Englische und verliert dabei nichts von ihrer Energie. »Willkommen in Juminkeko, Greta! Es ist wunderbar, dass du unser Haus besuchst. Du kannst dir all die alten Kalevalaschriften ansehen, und die Kunstwerke stammen von Künstlerinnen aus der ganzen Welt, die sich von Kalevala inspirieren ließen. Frage mich gerne, wenn du etwas wissen möchtest, aber Aino ist natürlich noch viel kompetenter als ich.«

Manja stöbert in den CDs und holt zwei heraus. »Dies sind Aufnahmen von meinem Großvater.«

»Hat er gesungen?«

»Ja, sicher. So wie alle in unserer Familie, also in der Linie meiner Mutter.«

»Singt sie auch?«

»Zu Hause schon, ab und zu auch bei Festen. Die Kalevala-Stiftung hat in den letzten Jahren viele Kontakte nach Russland hergestellt. Dort lebt der Großteil ihrer Vorfahren, in Russisch-Karelien. Und Aino ist oft hinübergefahren, um mit ihnen zu singen.«

»Und du?«

»Ich singe eigentlich nicht.«

»Was sehr schade ist.«

Die Museumsangestellte ist ihrer Unterhaltung gefolgt. »Manja hat als Kind wunderbar Kantele gespielt.«

»Ach, übertreib doch nicht, Sanna.«

Sanna nimmt Greta mit zu einer Fotowand. »Kennst du das Mädchen dort? Manja mit ihrem Opa bei einem karelischen Fest vor ... na ... über 15 Jahren.«

»Das ist lange her. Greta, möchtest du dir noch einen Film ansehen?«

»Gerne.«

KLASSE STATT MASSE

In Kuhmo liegt das kleine, aber exquisite Museum und karelische Kulturzentrum Juminkeko. Dort kann man nicht nur das Kalevala-Epos selbst in seinen vielen Ausgaben, Übersetzungen und Illustrationen entdecken, sondern es werden in Sonderausstellungen auch neue künstlerische Interpretationen von Personen und Ereignissen aus der gewaltigen Liedsammlung präsentiert. Exkursionen nach Russisch-Karelien gehören ebenso zum Programm des Hauses wie Lieder- und Vortragsabende vor Ort.

Am Abend nach dem Essen holt Manja ihre Ski aus dem Schuppen. Sie bietet Greta an, Ainos alte Ski zu probieren, aber die lehnt dankend ab. »Ich glaube, ich mach eine kleine Pause und höre mir die Lieder an, die ich vorhin gekauft habe.« Nebenbei blättert sie im Kalevala-Epos, das sie auf Deutsch erstanden hat, einer Reclam-Ausgabe von über 600 Seiten. »Väinämöinen, alt und wahrhaft, urzeitalter Zauberwisser« steigt zu Beginn des Epos zur Erde hinauf. Er, der in der Lage ist, andere mit seiner Kantele in die Sümpfe hinabzusingen, der mit seiner Stimme Wunderwerke vollbringen kann, der Karelien gegen den kalten, unbarmherzigen Norden zu verteidigen wusste. »Er erklomm das Land auf Knien, schwang sich hoch mit beiden Händen / Stand dann auf, den Mond zu schauen, staunend anzusehn die Sonne / Wahrzunehmen auch den Wagen, aufzuschaun zur Schar der Sterne …«

Sopii!

Ob das Stadt- und Landleben als Kontrast, als Ergänzung oder als gegenseitige Bedrohung aufgefasst wird, kann Greta so grundsätzlich sicher nicht ergründen. Manja nimmt sie mit nach Hause, um ihr zu zeigen, womit sie persönlich sich immer noch identifiziert und welche Traditionen zwar noch lebendig sind, aber von ihr nicht mehr praktiziert werden. Sei es, weil sie der Musik einfach nicht diesen Stellenwert gibt, sei es, weil sie sich mit ihren karelischen Vorfahren nicht so intensiv auseinandersetzen möchte. Aber sie ist überzeugt, dass es für Greta eine Bereicherung ist, das alles kennenzulernen. In ähnlicher Weise hat Virva Greta zum Tangotanzen geschickt (siehe »Tanzt du Tango?«, Seite 66). Die persönliche Anteilnahme ist bei Manja aber offenbar höher. Und Greta kennt sie inzwischen gut genug, um erst einmal abzuwarten, was sie eigentlich erzählen möchte. Schließlich verlangt Manja auch nicht, dass Greta gleich selbst anfängt, Kantele zu spielen. Sollte sie aber genau das tun wollen, stünde es ihr frei.

Die Bedeutung der karelischen Liedkunst für Finnland ist größer, als im Alltag ersichtlich ist. Seit dem Anfang des 19. Jahrhunderts ist diese Region zum Sehnsuchtsort geworden für alle, die dem aufkommenden finnischen Nationalgefühl Ausdruck verleihen wollten. Auf vielen Reisen sammelte der Arzt Elias Lönnrot Lieder, die er zunächst einzeln veröffentlichte und aus denen er später das Kalevala-Epos zusammenstellte. Der größte Teil Kareliens liegt heute in Russland. Insofern ist erst seit wenigen Jahrzehnten wieder ein intensiver Austausch zwischen den Verwandten auf beiden Seiten der Grenze möglich.

Greta gibt sich die Chance, das alles kennenzulernen, und vermeidet es, persönliche Ansichten über Musikstile, Traditionen und Identitäten kundzutun. Das wird sicher sehr positiv aufgenommen. Schließlich geht es nicht darum, dass sie hier ihre neueste Lieblingsmusik entdeckt. Und Manja ist offenbar etwas hin- und hergerissen zwischen der Wertschätzung der Tradition und der Moderne, da ist eine vorsichtige Haltung von Greta umso passender. Glücklich ist auch, dass sie erkennt, welche persönliche Bedeutung ihr Besuch für Manja und ihre Mutter hat. Mal so vorbeizuschauen und na ja, war nicht so cool, wieder zu gehen, hätte ihre Gastgeberinnen verletzt.

25 HAST DU *SISU?*

SELBSTÜBERWINDUNGEDULDURCH-HALTEVERMÖGENERGIE

Am Neujahrstag wird Skispringen geguckt. Das hat Greta nie infrage gestellt. Skispringen ist der ideale Sport für einen trägen, halb diffusen Neujahrsnachmittag. Die Vorstellung, dass das draußen, bei Minustemperaturen und eventuell sogar in Dunkelheit stattfindet, ist geradezu absurd. Skispringen findet bei Kaffee und Kuchen statt, auf dem Sofa, mit einer leichten Wolldecke und ein paar Kissen, und wenn man zu Beginn des zweiten Durchgangs einschläft, ist das auch nicht schlimm. Um Skispringen zu gucken, braucht man weder besonders viel Energie noch Durchhaltevermögen oder Standhaftigkeit.

In Finnland aber schon. Auf zwei eisschollenähnlichen Styroporbrettern balancierend sind noch ganz andere Fähigkeiten gefragt. Der Wind saust Greta um die Ohren, die Fahnenstange des österreichischen Ganzkörperfans hinter ihr gräbt sich immer wieder tief in die Daunenschicht ihres Mantels. Wofür so eine Rückenpolsterung doch gut ist. Die Fanfare des Österreichers dröhnt in ihren Ohren, vor, während und nach den Sprüngen seiner Landsleute, eigentlich immer. Es kostet sie eine ganze Menge Selbstüberwindung, um nicht zu flüchten oder zu fluchen. Aber die Zahl der Sprünge ist begrenzt, schließlich handelt es sich um einen Teamwettbewerb, vier Springer aus jedem Land.

Da Greta so farblos erschienen ist, hält man sie für eine Einheimische. Nach kurzer Irritation wird sie auf Englisch mit dem Neuesten aus dem finnischen Kader bekannt gemacht, auch mit der vorsichtigen Überlegung, ob Finnland nicht vorübergehend die österreichische B-Mannschaft aufstellen könnte. Dann gäbe es eine Chance auf eine Platzierung unter den ersten fünf. Solcherlei Ansichten über die bedenkliche Situation des finnischen Skisprungsports stehen für die Besucher aber offenbar nicht im Gegensatz zu einem enthusiastischen Abend. Den umstehenden Fans scheint die Kälte rein gar nichts auszumachen. Jeder Springer wird bejubelt und jeder Finne erst recht, vielleicht etwas kürzer als früher, als noch die Nieminens, Laitinens und Nikkolas von den Schanzentischen geschnellt sind, aber trotzdem: Das Publikum ist eindeutig optimistisch und gibt nicht auf. Die Salpausselkä-Spiele sind ein nationales Ereignis. Greta ist bei der Ski-Ausleihe darauf aufmerksam geworden und hat vielerlei Ermunterung erfahren, doch, in Lahti müsse man schon einmal dabei sein. Nun ist sie da.

FINNLANDS WINTERSPORTHAUPTSTADT

Seit 1923 werden die großen Skifestspiele abgehalten, inzwischen mit Weltcupwettkämpfen verbunden. Bereits 1926 veranstaltete Lahti eine Nordische Ski-Weltmeisterschaft. 1938 wurde diese mit den Salpausselkä-Spielen kombiniert und lockte über 100.000 Zuschauer an. Nach 2001 war Lahti im Jahr 2017 erneut Gastgeber der Nordischen WM. Im Skimuseum direkt neben dem Schanzenareal kann man in die nordische und internationale Skigeschichte eintauchen. In den Sommermonaten, wenn das Eintauchen wörtlich zu verstehen ist und im Schanzenauslauf praktiziert werden kann, weil dort ein Freibad installiert ist, ist der Turm der größten Schanze als Aussichtspunkt geöffnet.

Es ist viel kälter, als sie gedacht hat. Wenn man so lange auf einer Stelle steht, frieren die Beine fast am Boden fest. Da ist es nett, dass der engagierte Österreicher ihr ein paar Styroporbrocken zum Draufstellen abgegeben hat. Der zu erwartende Erfolg seiner Jungs wärmt ihn sicher genug. Greta nutzt die Pause zwischen den beiden Durchgängen für einen kleinen Rundgang. Schließlich möchte sie auch nachher noch genug Mumm haben, um dabeizubleiben. Die ganze Schanzenanlage ist schon beeindruckend, ein gewaltiges Areal oberhalb der Stadt, an das sich der eher unscheinbare, aber etwa 600 Kilometer lange Moränenrücken anschließt, nach dem das Wintersportfest benannt ist. Greta schlendert mit einem heißen Tee in der Hand herum. Am Kopf und an den Schultern fröstelt es sie, aber was soll man tun. Musik spielt, ab und zu kommen ein paar Ansagen aus dem Lautsprecher, einige weibliche, blau-weiß gestaltete Jugendliche versuchen sich in zaghaften Sprechchören für ihre ebenso jungen finnischen Skihelden, die meist in einem wilden Kichern enden, das den Angebeteten wahrscheinlich nicht zu schöneren Flügen verhelfen kann. Aber dafür sind ja auch die Trainer zuständig. Die Mädchen beweisen immerhin ihre unendliche Geduld.

Greta sieht auf die Uhr. Erst in 20 Minuten geht es weiter. Der Schnee knirscht nicht mehr unter ihren Stiefeln, er ist eher ziemlich weich, aber er schmilzt noch nicht. Zumindest jetzt am Abend ist es eindeutig unter null Grad kalt. Greta schiebt mit den Füßen ein paar Haufen zusammen. Sie stellt den leeren Pappbecher ab und greift nach den kalten Kristallen. Sie lassen sich leicht pressen, und die Kugel hält. Rasch über den Boden gerollt, ist sie gleich doppelt so groß. Und jetzt? Im Nu hat Greta die Grundlage für einen stattlichen Schneemann zusammengewälzt. Endlich haben die Hände etwas zu tun, und sie spürt, wie die Wärme durch ihren Körper fließt. Passenderweise formt sie noch zwei lange Ski auf dem Boden. Sofort gewinnt der plumpe Bauch an Dynamik. Als der Kopf schon darauf klebt und sie gerade ein paar passende Steine für die Augen sucht, quäkt es hinter ihr. Zweimal kurz, aber durchdringend wird gehupt. Das Beifahrerfenster surrt herunter und ein knapper Satz dringt hinaus. Greta sieht einen VW-Bus, der Fahrer sitzt im Dunkeln. Verstanden hat sie ihn nicht. Aber auf ihre Nachfrage erläutert er sein Anliegen gerne auf Englisch. Er möchte doch bitte vorbeifahren. »Klar!« Greta springt zur Seite. Aber er schüttelt den Kopf und zeigt nach vorne. Da steht jemand. Freundlich lächelnd versperrt der Dicke den Weg, unüberwindlich, bis der Frühling kommt. Ja, doch, Greta muss wohl nach einem kurzen Blick hangauf und hangab zugeben, dass sie nicht ganz den perfekten Ort für ihr Kunstwerk gewählt hat. Und vielleicht ist das auch gar kein Kunstwerk, sondern nur eine alberne Idee in einer verfroren langweiligen Pause. Aber das ist jetzt egal, jetzt ist er da und soll es auch bleiben. Ein schmaler Weg, kaum geräumt, zieht sich vom Skistadion bis zu den Schanzen hinauf, und offenbar will der Fahrer dort hin. Aber Greta sieht nicht ein, warum sie ihren Kameraden den Autoreifen preisgeben soll. »Gibt es keinen anderen Weg?« Sie zeigt auf die Straße, die vom Stadion in die Stadt führt. Der Kerl muss ja nun nicht ausgerechnet hier langfahren! Er sieht inzwischen etwas ungeduldig aus. Er antwortet nicht, sondern zeigt stumm auf den kalten Genossen. »Aber ich kann ihn doch nicht einfach verschieben! Helfen Sie mir vielleicht?« Greta lässt sich nicht einschüchtern. Mit einem Lächeln, das selbst den Schneemann zum Schmelzen gebracht hätte, tritt sie näher ans Auto heran. »Sorry?« Der Ton, in dem er dieses eine Wort sagt, lässt sie nicht daran zweifeln, dass er in den nächsten Minuten hier durchfahren will. Und wird.

Während Greta unschlüssig um ihre frostige Figur herumläuft, wird sie plötzlich von zwei Scheinwerfern ins Visier genommen. In wenigen Metern Entfernung hat ein zweiter Bus angehalten, von oben kommend. Der Fahrer springt kurz hinaus, er ist nicht besonders groß, aber trainiert, nicht ganz jung, aber offenbar Mitglied des finnischen Teams, nicht ganz blond, aber auch nicht dunkel, mit schmalen Augen und einem umso breiteren Grinsen. Er nimmt die Lage in Augenschein, springt wortlos zurück ans

Steuer und gibt Gas, fährt rückwärts, ein paar Meter. Der Schnee fliegt Greta ins Gesicht, als er an ihr vorbeisaust. Zwei Räder in der alten Spur, zwei im Nirgendwo, im lockeren Neuschnee hat er eine neue Fahrbahn planiert und auch den Entgegenkommenden umkreist. Er stoppt und ruft bei laufendem Motor dem Kollegen ein Wort zu. Ganz offenbar ermuntert er ihn dazu, den Versuch zu wagen. Der grummelt etwas zurück und gelangt nach ein paar Versuchen tatsächlich bergauf, ohne den eisigen Skiläufer zu verletzen.

Des Schneemanns Retter startet schon wieder, aber Greta ruft ihm schnell ihren Dank hinüber. Sie muss fast rennen, um ihn noch einzuholen. »Das war ja supernett von dir!«

Er ist offenbar überrascht von ihrem Englisch. Aber dann nimmt er sich die Zeit und streckt ihr seine Hand entgegen. Sein Name scheint mit A anzufangen.

»Bist du Ralleyfahrer?«

»Ach was, es ist doch keine Kunst, durch den Schnee zu fahren. Im Gegensatz zu deiner Eisfigur. Könnte unser Maskottchen werden für die nächste Ski-WM!« Er beugt sich rasch aus dem Fenster und macht mit seiner Handykamera ein Bild. Im Flutlicht des Stadions ist es sogar hell genug. »Es geht weiter, ich muss zu meinem Team.«

»Viel Glück!«

»Danke. Wenn's heute nicht klappt, dann eben nächstes Jahr.«

»Hoffentlich!«

»Ich arbeite mit den Jugendlichen. Da sind viele auf einer guten Spur.«

»Und was ist am wichtigsten, um ein erfolgreicher Skispringer zu werden?«

Er lacht. »Das kann man nicht in zwei Worte fassen. Aber außer Talent sicher vor allem *sisu.* Genau wie beim Schneemannbauen.«

»Ahhhhh!« Ein Aufschrei fliegt durch das Stadion, rund um den halbkreisförmigen Auslauf des Aufsprunghangs und wieder zurück. Die Stimme des Stadionsprechers überschlägt sich. Der Fahrer brüllt »Schanzenrekord!«, ballt die Faust und braust davon.

SCHNEE IST NICHT GLEICH SCHNEE

Der leichteste Neuschnee bringt nur etwa 30 Kilogramm pro Kubikmeter auf die Waage. Wird er wärmer und somit feuchter, kann der Kubikmeter hingegen bis zu 500 Kilogramm schwer sein. Die Nässe im Schnee sorgt dafür, dass er besser zum Modellieren geeignet ist. Wenn er hingegen wieder gefriert, nimmt die Dichte noch zu. Firn kann über 800 Kilogramm pro Kubikmeter wiegen und fast das Niveau von Gletschereis mit etwa 900 Kilogramm erreichen.

Wenn die kleinen Feldwege im Winter verschneit sind, räumt dort niemand. Mehrere Kilometer Straße nur für ein kleines Sommerhaus von den Schneemassen zu befreien, wäre unverhältnismäßig. Je weiter man nach Norden kommt, desto selbstverständlicher wird es aber, auf ein Gerät auszuweichen, das selbst auf Neuschnee ausgezeichnet vorankommt. Es greift mit seinen Ketten in den Schnee, es ist ziemlich laut und stinkt in den meisten Fällen. Aber es ist klein und wendig, ein ideales Winterverkehrsmittel und ein irrer Spaß für Jugendliche und adrenalinsüchtige Reisende. Das Schneemobil, der Motorschlitten. Wer es gewohnt ist, zwei schmale Kufen durch die Wildnis zu steuern, hat vielleicht auch genug Gefühl, um ein Auto an einem Schneemann vorbeizuleiten. Unkonventionelle Lösungen sind im Winter nötig, wenn man sich in die Wildnis begibt. Und die beginnt bei genügend Schnee gleich hinter der nächsten Kreuzung. Ohne Klappspaten ins nächste Dorf zu fahren, ist keine gute Idee, denn wer weiß, wann es wieder schneit und ob der Wind stark genug über die Felder fegt, um selbst die dünne weiße Decke meterhoch auf die Straßen zu türmen.

Sopii!

Während andernorts Veranstaltungen ausfallen, weil alle Besucher im drei Zentimeter tiefen Neuschnee versacken, sind heftige Minusgrade für nordische Wintersportfans kein Anlass, zu Hause zu bleiben. Und wenn demnächst die Elite des Skispringens wieder frischen Wind (natürlich von vorne, bitte schön) bekommen hat, werden auch die Stadien wieder gefüllt sein. Denn *sisu* ist bestimmt noch reichlich vorhanden. Übersetzen kann man dieses Wort übrigens nicht. Es ist die einzigartige finnische Eigenschaft, die Arbeit zu Ende zu bringen, die man angefangen hat, unabhängig von den äußeren Bedingungen. Früher in militärischen Zusammenhängen benutzt, wird *sisu* heute geradezu als Beschwörung aller (potenziellen) Leistungsträger verwendet, gerne im Ausdauersport. Auch ein Eisbrecher ist danach benannt worden und eine LKW-Firma. Und die besten Salmiakpastillen der Welt (siehe »Darf's was Süßes sein?«, Seite 102).

Seit dem Beginn des 21. Jahrhunderts ist Sisu sogar als Vorname beliebt geworden. Aber auch im Alltag ist *sisu* präsent. Nicht nur bei wenig glamourösen Auftritten der nationalen Sportler muss viel Energie, Durchhaltevermögen, Standhaftigkeit, Selbstüberwindung, Optimismus, Mumm und Geduld aufgebracht werden. All das hat Greta hier gerade wörtlich erlebt. Und noch intensiver praktiziert: Ja, sie hat die Verbindungsstraße zwischen Auslauf und Schanze blockiert, und zwar mit nichts Großartigerem als einem Schneemann. Und sie weiß offenbar nicht, dass die Trainerteams genau diesen Weg benutzen während eines Wettkampfes. Aber sie hat das Glück, nicht nur einen autotechnisch begabten Menschen zu treffen, sondern auch noch jemanden, der Sinn für *sisu* hat. Dem nicht nur ihre Figur gefällt, sondern auch die Beharrlichkeit, mit der sie ihr eigenartiges Werk verteidigt. Aus diesem Eis sind Weltmeister geschnitzt. Finnische Weltmeister.

26 WEISST DU NOCH, DER MATTI?

DER MANCHMAL KURZE WEG VOM WALD AUF DIE WELTBÜHNEN

Noch eine Woche Zeit. Greta dreht sich auf ihrem Stuhl und singt eine einfache Melodie vor sich hin. Die Worte dazu sind denkbar komisch: »30 in 113 ... 12 in 113 ... 11 in 113 ... lalala ... 60.000 von 5,4 Millionen (mehr als ein Prozent), und das in 110 ... 40 Prozent, also über zwei Millionen ... trallera ...«

Das ist schon fast ein Text. Zumindest kein Lied. Und es muss ein Text daraus werden, genauer gesagt ein Artikel für die Uni-Zeitung zu Hause. Ziemlich unerwartet hat Greta vor ein paar Tagen eine E-Mail bekommen. Eine Kommilitonin aus Deutschland hatte gehört, dass sie in Finnland sei. Greta kennt sie nicht weiter, aber sie ist im Redaktionsteam und hat einen Beitrag über ein Metalfestival geschrieben, das vor Kurzem stattgefunden hat. Dort sind auch zwei finnische Bands aufgetreten, noch ziemlich unbekannt, aber unglaublich gut, schreibt sie. »Liebe Greta, da du ja an der Quelle sitzt, wäre es echt supertoll, wenn du noch einen Artikel über die Musik in Finnland allgemein schreiben könntest. Am besten sofort ;-) aber bitte spätestens am 20. April mir schicken. Höchstens 5.000 Zeichen. Vielen lieben Dank! Lena.«

Und daran sitzt sie nun. Das finnische Musikleben ist ihr bisher eher am Rande begegnet. Lauris schräge Rockbands, Virva hört nur englische Gruppen, Manja gar nichts. Und sie selbst? Greta sucht einen Zugang zur finnischen Musik erst einmal in der Theorie. Sie blättert durch die diversen Websites mit Informationen und findet dort Zahlen. In Finnland gibt es 113 Städte. In diesen 113 Städten existieren rund 30 Orchester, also Sinfonieorchester, Kammerorchester und andere Gruppen, die im Orchesterverband organisiert sind. Natürlich gibt es überall entsprechende Konzertsäle oder Veranstaltungshäuser.

Wem das noch nicht genügt, der kann den ganzen Sommer über auf Festivals gehen, die alle Bereiche des künstlerischen Wirkens anzubieten scheinen. Hier und da verirrt sich ein Termin auch in die weniger lebendigen Jahreszeiten. Und wer bestreitet die vielen Darbietungen? Ja, natürlich sind auch ausländische Sänger, Tänzer, Dirigenten und so weiter gern gesehene Gäste. Aber wenn etwa jeder 100. Finne in einer Musikschule eingeschrieben ist, wenn an den Grundschulen landesweit 530 Musikklassen existieren, wenn 40 Prozent aller Finnen angeben, in der Freizeit mindestens ein Instrument zu spielen, dann braucht man nach Aktiven sicher nicht lange zu suchen. Die besonders enthusiastischen haben einen der begehrten Plätze an einer der elf Musikhochschulen inne. Aber wie wird aus diesen unglaublichen Zahlen ein Text?

»Lauri, wieso macht ihr Finnen so viel Musik?«

Er dreht den Lautsprecher leiser. »Machen wir das?«

»Ich hab mir hier ein paar Zahlen herausgesucht. In Deutschland gibt es laut Goethe-Institut 130 Berufsorchester. In Finnland sind es 30! Dabei leben in Deutschland 15 Mal so viele Menschen. In dem Text wird gesagt, Deutschland sei Orchester-Weltmeister, weil nirgendwo mehr Orchester existieren. Aber wenn man bedenkt, dass ihr nur 5,4 Millionen seid. Das ist doch unglaublich!«

»Vielleicht ist es etwas Besonderes. Aber unglaublich?«

»Wieso seid ihr so musikalisch?«

»Da fragst du den Falschen. Meine Musikalität beschränkt sich auf die Auswahl guter CDs.«

Greta seufzt.

»Aber meine Tante, also die Schwester meiner Mutter«, Lauri überlegt, während er spricht, »ich glaube, die ist mit dem Matti Salminen zur Schule gegangen.«

»Wer ist das denn?«

»Den kennst du nicht? Er singt überall auf der Welt, war lange in Köln und Berlin, hat in Bayreuth viele Wagnerrollen übernommen, aber bekannt geworden ist er in Finnland vorher schon als Philipp II in *Don Carlos.*«

»Hast du nicht gerade gesagt, dass du keine Ahnung von Musik hast?«

»Das habe ich auch wirklich nicht. Aber Matti Salminen kennt doch jeder.«

»Ich nicht. Hast du ihn schon selbst singen gehört?«

»Ja, einmal in Savonlinna, bei den Opernfestspielen. Irgendwann Mitte der 1990er-Jahre muss es gewesen sein. Wenn du noch ein bisschen Zeit hast, kann ich dir vielleicht bald mehr sagen.«

LÄNGST KEIN GEHEIMTIPP MEHR

Auf Betreiben der weltbekannten Sopranistin Aino Ackté wurden 1912 die ersten Opernfestspiele in der spätmittelalterlichen Burg Olavinlinna veranstaltet. Seit 1967 finden sie jährlich statt und haben stetige Anerkennung erfahren. Sowohl bekannte einheimische Sänger als auch junge aufstrebende Künstler aus dem Ausland treten in der Olavinlinna-Burg auf. Einen Monat lang ist die Seenlandschaft rund um Savonlinna die einzigartige Kulisse dieses Gesamtkunstwerks.

Wenige Tage später landet ein dicker Brief im Kasten, adressiert an Greta, abgesendet in Turku. Erstaunt öffnet sie den Umschlag und findet eine dicke Mappe voller Kopien. Außerdem eine Postkarte mit einer Burg darauf und einem Fluss davor. »Greetings from Turku« steht auf der Bildseite, »Greetings from Kristina. Ich hoffe, dir gefällt Mattis Musik« auf der Rückseite. Lauris Tante hat ihr einen ganzen Ordner zu Matti Salminen geschickt. Aktuelle Interviewausdrucke aus dem Internet, kommentierte Zeitungsartikel seit seinem ersten großen Auftritt in Helsinki 1969, außerdem eine CD mit einem bunten Querschnitt durch sein Repertoire. Viele Bilder von seinen Besuchen in Turku. Es sieht aus, als ob er ein paarmal im Jahr zu ihr zum Kaffeetrinken kommt.

»Das finde ich ja irre, so ein Zufall, dass deine Tante ihn so gut kennt!«

»Ich glaube nicht, dass sie noch Kontakt haben. Aber wenn du das Material verwenden kannst ...«

»Sieh doch mal, die ganzen Fotos! Salminen am Strand, auf dem Marktplatz ...« Greta lacht. »Deine Tante ist ja verrückt, auch so ein Fan, der überall hinterherrennt und Autogramme sammelt.«

»Das glaube ich nicht.« Lauri sieht sie einen Augenblick an und geht.

Greta beginnt ihren Artikel mit dem Schlusssatz eines Interviews mit Arte: »So, und jetzt bin ich ein Schurke und gehe wieder in die Sauna.« Davor, so berichtet sie weiter, habe Salminen die Individualität der Sänger hervorgehoben, auch gegenüber den verschulten Musiklehranstalten. Warum man ihn auf manchen Bühnen heute nicht mehr höre? »Der Sommer ist ja auch nicht unbedingt zum Arbeiten da.« Offenbar bevorzugt er dann die Sauna und die Ruhe. Andererseits hält er es für normal und nötig, sich jede Rolle und Inszenierung in höchstens drei Wochen aneignen zu können. Arbeiten sei er gewohnt, ob als junger Mann in den Werften von Turku oder auf den Bühnen der Welt.

Aus Lauris Zimmer dringen merkwürdige Töne. Herzerweichend oder unerträglich schräg oder beides zugleich. Klassiker der Popgeschichte sind mit Mühe zu erahnen, werden von Flöten und anderen Instrumenten immer wieder eingespielt. Und dann erneut dieses Jaulen, dieses dramatische, manchmal auch schaurig leise, dann wieder schrill die Ohren marternde metallische Jaulen.

Als Greta in Lauris Zimmer geht, sitzt er mit dem Rücken zu ihr am Schreibtisch und klopft den Takt.

»Was ist das denn?«

Keine Reaktion.

»Lauri, was hörst du da? Soll das Musik sein?«

»Das ist Musik.« Lauri reicht ihr wortlos das Cover. »Auch wenn es vielleicht nicht dein Geschmack ist. Mit Tante Kristinas Unterlagen konntest du ja wohl auch nichts anfangen.«

»Das stimmt nicht! Die Sachen sind ganz toll, ich finde es nur etwas komisch, dass eine erwachsene Frau diesem Star so hinterherläuft.«

La Sega del Canto, liest Greta auf dem Cover. Ein Mann mit Zylinder hält sein Instrument in der Hand, eigentlich stützt er sich fast darauf ab, wie auf einem Spazierstock. Das Instrument ist aus Metall und verträgt den harten Kontakt mit dem Boden sicher gut. Es muss auch nicht gestimmt werden. Es ist garantiert in keiner Musikhandlung erhältlich. Es stammt wahrscheinlich aus einem Baumarkt, es ist eine Säge. Eine stattliche, matt schimmernde, nicht zu kleinen Ausmaßes, die wahrscheinlich auch der einen oder anderen Kiefer zu Leibe rücken könnte. Vielleicht hat sie das sogar schon getan, um den richtigen Klang zu bekommen. Jedenfalls sei sie absolut nicht präpariert, versichert Lauri, ein handelsübliches Stück, sozusagen ein Alltagsinstrument ersten Ranges. Greta schüttelt den Kopf.

»Ist das ein Scherz?«

»Wie man's nimmt. Ein Scherz vielleicht, aber dann ein bühnenreifer und erfolgreicher.«

Greta setzt sich an ihren Laptop und formuliert an den letzten Sätzen herum: »Die Besonderheit finnischer Musik liegt nicht zuletzt in ihrer Eigensinnigkeit. Man kann es schon nicht mehr Experimentierfreude, sondern eher Individualitätsbesessenheit nennen, mit der in Finnland die verrücktesten Instrumente und Bands entstehen. Noch verrückter mag es allerdings sein, dass die nicht nur in einem versteckten Hinterhof auftreten, sondern oft den Weg nach Europa oder darüber hinaus finden. Möglicherweise sind sich da Opernsänger und Performancekünstler einig: »Wirkliche Persönlichkeiten gehen sowieso ihren eigenen Weg«, erklärte Salminen 2007 gegenüber dem Fernsehsender Arte. Und man lässt sie. Vielleicht ist Finnland musikalisch so erfolgreich, weil man keine Angst vor der Kuriosität hat.«

Noojoo!

Wenn ein Berliner Sänger international bekannt ist, weiß das ganz Berlin. Wenn Hertha BSC in die Bundesliga aufsteigt, feiert nicht die ganze Stadt, aber immerhin die halbe. Warum sollte das in Finnland anders sein? Wer Finnland in die Welt hinausträgt, ist Botschafter des Landes, und bei fünfeinhalb Millionen Einwohnern kann man es sich leisten, dessen Lebenslauf zu verfolgen. Nicht alle Sparten erhalten gleich viel Aufmerksamkeit, aber die große Musikbegeisterung im ganzen Land macht es diesen Künstlern leicht. Und Matti Salminen hat den Vorteil, lange aktiv gewesen zu sein. Außerdem singt er in der *ooppera,* was ihn für die Finnen besonders heraushebt. 1899 wurde bereits eine Oper in finnischer Sprache geschrieben. Komponisten wie Aulis Sallinen, Einojuhani Rautavaara oder Kaija Saariaho haben im 20. Jahrhundert internationale Aufmerksamkeit erhalten. Im 1998 erschienenen *Kulturlexikon Finnland* hat die Oper einen dreiseitigen Eintrag bekommen – doppelt so viel wie die Sauna.

Aber auch weniger bekannte Künstler und Sportler werden oft wie Familienangehörige betrachtet. Da spielt es nur eine untergeordnete Rolle, ob man sie und ihre Tätigkeit besonders faszinierend findet. Die Wertschätzung der Leistung an sich steht im Vordergrund. Dass sie präsent sind und ihre Fähigkeiten in der Öffentlichkeit zeigen, wird honoriert. Natürlich ist nicht jeder gleich intensiv interessiert. Aber wenn Lauri keine Ahnung hat, kennt er jemanden, der sich mehr kümmert. Die enge Verbundenheit seiner Tante zu Salminen als alberne Schwärmerei abzutun, geht an der Sache vorbei und ist gelinde gesagt unhöflich. Was will Greta nun, einen Artikel über Musik schreiben oder sich über diejenigen amüsieren, die ihr Vorhaben unterstützen und Verbindungen haben, die sie nicht hat?

27 WAS IST *PANIIKKI?*

DAS GEFÜHL DER UNSICHERHEIT, WENN DA GANZ SICHER WAS NICHT STIMMT

»Und hepp, und hepp.« Greta gibt sich selbst den Takt vor. Das Boot weigert sich aber mitzuschwingen und zieht eine beständige leichte Linkskurve. Warum muss das solch ein Äppelkahn sein, wo es doch auch moderne, wirklich symmetrische Glasfaserfahrzeuge gibt! Die Ruderbank ächzt unter Gretas willensstarken Zügen. Offenbar hat schon lange niemand mehr solche Kraft auf das Wasser übertragen. Leider kommt Gretas Energie nicht in dem Maße an, wie sie es sich vorgestellt hat. Schwanengleich wollte sie über den See schweben an diesem frischen Spätwintertag. Endlich ist das Eis so weit aufgebrochen, dass man sich wieder auf dem Wasser bewegen kann.

Und auf der Insel im See gibt es eine Beobachtungsstation für Brutvögel. Eigentlich müsste Manja hinausrudern, aber die ist krank. Greta hat sich spontan angeboten, für sie einzuspringen. Viel sei ohnehin noch nicht zu tun, aber man müsste die Hütte aufräumen, bevor in ein, zwei Wochen die ersten Studenten kommen. Greta räumt gern die Hütte auf, sie hat auch versprochen, Holz zu hacken und nach den Wegen zu schauen. Gasvorräte bringen die Vogelkundler selbst mit, aber die Liste der Dinge, die kontrolliert werden müssen, ist lang. Greta hat einen Anflug von Stolz genutzt, um sich tatsächlich alleine auf den Weg zu machen. Es seien ja nur 800 Meter bis zur Insel, hat Manja beruhigend gesagt. Ob sie dabei auch im Kopf hatte, dass der leichte Wind die übrig gebliebenen Eisschollen vor dem Ufer so dicht zusammengetrieben hat, dass Greta sich den Weg regelrecht freistaken musste, bleibt ihr Geheimnis. Wahrscheinlich hätte es sie auch nicht sonderlich gekümmert. Greta ist jedenfalls froh, als sie diese erste Herausforderung hinter sich hat.

An der Insel gibt es einen Steg, an dem sie anlegen kann. Und es gibt tatsächlich auch einen Baum in der Nähe, der das Boot hält, bis sie fertig ist. Hoffentlich hält er es wirklich (ein oder zwei Stunden, höchstens).

Die Hütte ist unverschlossen. Aber bis alle Fensterläden geöffnet, die Spinnweben weggewischt und alle Teppiche ausgeschüttelt sind, ist es schon Mittag. Der modrige Geruch nach den langen ungeheizten Monaten wird auch mit dem zögerlichen Feuer nicht so schnell zu vertreiben sein, das Greta umständlich entzündet hat. Skeptisch sieht sie auf die Flammen, die sich züngelnd gen Schornstein recken, nur um nach wenigen Zentimetern als grauweißer Rauch zu verschwinden.

Das Holzhacken ist eine schweißtreibende Beschäftigung und bei Weitem nicht so einfach, wie die ordentlich gespaltenen Vorräte des Herbstes glauben machen wollen. Die Axt hat eindeutig schon bessere Tage gesehen, und Greta hat vergessen zu fragen, wie viel Holz überhaupt nötig ist. Da Manja ihr aber eingeschärft hat, dass Holz das Allerwichtigste sei, denn schließlich müssten die Studenten ihre Zeit mit Beobachtungen verbringen, hackt Greta weiter. Und hackt und hackt. Keine Frage, sie versteht, dass diese Arbeit getan werden muss, bevor die Zugvögel da sind.

Als sie zur Hütte zurückkommt, in der Überzeugung, dass die Röte in ihren Handflächen morgen den blasenschlagenden Beweis für ihre aufopferungsvolle Tätigkeit liefern wird (auch ein Foto auf der Website des Instituts könnte sie sich vorstellen), sitzt dort jemand. Untätig, leicht vornübergebeugt in den Himmel starrend, sitzt der Mann auf der Bank. Greta kommt zu spät. Der erste Ornithologe ist schon da, ja, sie hatte eigentlich bereits vorgestern rausfahren sollen, aber da war das Wetter so schlecht. Das stete Pochen in ihren Händen lässt sich nicht wegdiskutieren, der Ärger über die Verspätung macht es noch schlimmer. Was er wohl sagen wird, weil die Hütte nicht fertig ist?

»*Terve.*« Der verfrühte Forscher richtet den Blick nun auf sie statt auf den Himmel. Mit demselben nachdenklichen Ausdruck wie zuvor.

»*Terve.*« Greta bleibt in ein paar Metern Abstand stehen. »Ich wollte hier aufräumen, aber ich bin noch nicht fertig. Ich wusste nicht, dass heute schon jemand kommt.«

»Ich auch nicht.« Der Neuankömmling springt auf und läuft auf einen gewaltigen Felsen hinaus. Greta folgt ihm.

»Hier ist die Liste, ich habe sie von Manja Lehtonen. Alles, was ich schon erledigt habe, ist angekreuzt. Soll ich noch etwas Bestimmtes machen, bevor ich zurückrudere?« Er reagiert nicht. Greta wird immer nervöser. »Nimmst du bitte die Liste? Zwei Fensterhaken sind kaputt, sonst ist die Hütte in Ordnung. Ich habe Feuer angemacht. Die Wege sind noch nicht kontrolliert, die anderen Stege auch nicht. Ich rudere dann mal zurück.«

»Sieh mal, der Baum dort drüben!« Er zeigt ihr nicht, welchen er meint. »Die Äste gehen genau in zwei Richtungen, siehst du, ab der Mitte.«

Nun kann sie die kahlen Zweige vor dem Horizont tatsächlich unterscheiden. Es ist eine Kiefer, die allein auf der höchsten Höhe der Insel steht. Der Stamm ist gerade und kräftig, sicher kein ganz junger Baum. Nach ein paar Metern teilt er sich, ganz gleichmäßig, nach rechts und links.

»Kannst du gut klettern? Stell dir vor, du stehst an der Gabelung und willst höher hinaus. Welche Seite würdest du wählen?« Plötzlich sieht der Fremde sie direkt an. »Sag mal!«

Greta ist so verblüfft, dass sie auf seine Frage eingeht. »Das ist beides gleich gut«, meint sie, »der Baum wächst auf beiden Seiten gleich kräftig weiter.«

»Da hast du recht, von heute aus betrachtet. Aber wer wusste das, als der Baum nur bis zur Astgabel reichte?«

Greta zuckt mit den Schultern und sieht ihn von der Seite an.

»Ich heiße Matti.«

»Ich bin Greta«, antwortet sie zögerlich. »Wo liegt eigentlich dein Boot?«

»Drüben.« Er deutet mit einer weiten Armbewegung hinter die Felsen.

»Wie groß ist denn die Insel?«

»Groß genug, um allein zu sein um diese Jahreszeit.« Er grinst.

»Dann gehe ich jetzt mal.«

»Ach was, so ist das nicht gemeint. Trinkst du noch einen Kaffee?«

Beim Kaffee erfährt Greta, dass die Papierfabrik in der Nähe Konkurs angemeldet hat. Überraschend sei die Schließung nicht gekommen, aber die Realität fühle sich doch anders an als der pure Gedanke. Also doch kein Ornithologe! Finnisches Papier sei zu teuer auf der Welt. »Aber Finnland ist Holz. Kannst du dir das vorstellen? Dieses ganze Land ist ein einziges Holzstück.« Er greift in den Korb mit Feuerholz und holt eine passende Scheibe heraus. Wie einen Diskus lässt er sie durch die Bäume davonsausen. »Keine Birke, Finnland ist aus Kiefernholz. Eine feine, glatte Scheibe aus einer gedrehten, ganz langsam wachsenden Kiefer. Bevor man solch eine silbrige Kiefer fällt, muss man schon sehr sicher sein, was man mit ihr machen möchte. Und diese Pläne, wer hat die? Irgendwelche Wirtschaftsbosse, die mal eben eine Fabrik schließen und damit eine ganze Region kaputt machen?«

KELO. VIEL MEHR ALS BESTES BAUMATERIAL

Holz wurde traditionell im Winter geschlagen, gestapelt und später über die Stromschnellen und Seen geflößt. Mit Sägewerken begann die Industrialisierung Finnlands. Papierfabriken brachten Arbeitsplätze in entlegene Regionen. Massenprodukte werden heute aber anderswo auf der Welt billiger hergestellt. Nach wie vor sehr gefragt, aber auch sehr selten ist finnisches Keloholz. Mehrere Hundert Jahre alte Kiefern sterben ab, bleiben jedoch im Wald stehen und trocknen innerhalb von Jahrzehnten zu einem hervorragenden Bauholz. Außen silbrig, innen rotbraun, wird dieses in Karelien und Lappland sehr langsam gewachsene Holz in ganzen Stämmen verarbeitet. Wenn sie unter 25 Zentimeter Durchmesser haben, werden sie eigentlich nur für kleinere Hütten benutzt. Aus stärkeren Bäumen, die in seltenen Fällen bis zum Wipfel einen halben Meter aufweisen, errichtet man Wohnhäuser. Allerdings ist die Nachfrage größer als der Vorrat und der verantwortungsvolle Umgang mit den Ressourcen ein viel diskutiertes Thema.

Dabei gehe es ihm sonst gut. Die Freunde sind klasse, die Kinder spielen Klavier und der Job macht immer noch Spaß. »Ich denke, deine Stelle ist gerade gekündigt worden?« Oh nein, er sei Lehrer an der örtlichen Grundschule, dort gebe es immer noch genug Kinder. Greta schwankt zwischen Ärger und Verwirrung. Was will dieser Matti eigentlich von ihr, was regt er sich so über die Papierfabrik auf, wenn es ihn überhaupt nicht betrifft?

Greta dankt für den Kaffee und das Gespräch. Sie müsse nun wirklich los. Bevor es dunkel wird, und viel Zeit ist bis dahin nicht mehr, möchte sie zurück sein, nicht nur an Land, sondern am besten auch gleich in Helsinki. Ihre Aufgabe hier ist größtenteils erledigt, und mehr kann Manja unter diesen Umständen nicht erwarten. Aber der Fremde hat keineswegs die Absicht zu gehen. Er streckt sich auf der Bank aus und schließt die Augen. Kann sie ihm die Hütte einfach überlassen? Mit Werkzeugen, Feuer und allem?

Sie weiß doch überhaupt nicht, wer er ist! Und sie hat doch die Verantwortung!

»Entschuldigung, ich muss hier alles wieder abschließen. Es tut mir leid, aber dafür musst du die Hütte verlassen.«

»Die Hütte ist doch immer offen. Was soll der Unsinn?«

Greta greift zu ihrem Handy. Sie muss Manja fragen, was sie tun soll. Nur die kann ihr hier helfen.

Aber Matti kommt ihr zuvor: »Greta, was wird das? Kommst du von der Forstverwaltung? Oder willst du gleich die Polizei rufen?«

Allein die Frage lässt Greta erschaudern. Sollte das nötig sein? Immerhin ist sie hier ganz allein mit diesem Fremden. Wer weiß, was er vorhat? Zum Steg sind es nur wenige Meter. Wenn sie bloß nicht auf der Treppe stolpert! Die Liste liegt noch oben auf dem Felsen, aber das ist ihr jetzt egal. Mit einem kurzen Handgriff ist das Seil gelöst. Greta springt ins Boot und fällt fast auf der anderen Seite in den See.

»Hast du solche Eile?« Die Stimme ist nah, viel zu nah. Das Ruder lässt sich noch nicht einhaken, erst müsste sie das Boot vom Steg abstoßen. Doch es bewegt sich keinen Zentimeter. Eine starke Hand hält es fest, Matti hat den Steg erreicht und lacht. »Es gibt ein Plumpsklo hinter der Hütte, falls du deshalb so davonspringst.«

Greta schüttelt den Kopf, wild und wirr. »Lass mein Boot los!« Sie erschrickt über den schrillen Ton, mit dem sie spricht. Matti auch.

»Was ist denn plötzlich in dich gefahren? Warte, ich bringe dir noch deine Liste. Sonst weiß Pekka doch nicht, was er mitbringen muss nächste Woche.« Pekka? »Und wenn du mir noch die kaputten Fensterhaken zeigst, kann ich sie richten. Holz ist bestimmt auch keins mehr da, oder?«

Die ruhigen, vernünftigen Sätze bringen Gretas Verstand wieder ein wenig in Bewegung. »Wieso sollte ich das tun?«

»Das ist eine gute Frage.« Eine leichte Ungeduld ist Matti inzwischen anzuhören. »Ich arbeite seit über 15 Jahren mit Pekka Koskela zusammen. Er an der Uni, ich im lokalen Naturschutzverein. Wahrscheinlich kennst du ihn gar nicht, habe ich recht? Gerade mal im ersten Semester und von den Kommilitonen auf die Insel geschickt worden, was? Weißt du eigentlich, was wir hier tun? Hast du schon einmal von Kranichen gehört? Grus grus? Wir beobachten die Bestände, zählen die Brutpaare und sorgen dafür, dass Feuchtflächen erhalten bleiben.«

Greta sitzt starr in ihrem Boot. Gut, dass Matti es noch festhält, sonst wäre sie ohne Ruder auf den See hinausgetrieben. »Wärst du jetzt so nett, noch mal auszusteigen und mir die Liste zu erklären?« Greta klettert an Land. Matti macht das Boot fest, er legt die Ruder hinein. »Es sind noch mindestens zwei Stunden bis zur Dämmerung. Also kein Grund zur Panik.« In seinem Blick liegt außer Unverständnis auch fast ein bisschen Mitleid. »Es tut mir leid, wenn ich dich durch mein Reden vorhin verwirrt habe. Aber woher sollte ich wissen, dass du unseren Betrieb hier gar nicht kennst?« Die Kiefer oben auf der Höhe strahlt goldbraun im flachen Licht. »Meine Frau hat in der Papierfabrik gearbeitet und sich jetzt um einen neuen Job beworben. In Schweden! Was, wenn sie ihn bekommt? Soll ich mitgehen? Soll ich hierbleiben?«

Greta bleibt einen Moment stehen und streicht sich über die Stirn. »Der Baum hat auch nicht gewusst, wohin die Äste wachsen«, sagt sie.

Noojoo!

Auf einen gefällten Baum kann jeder klettern! In dieser Hinsicht ist sich Greta mit ihrem unerwarteten Gast sicher einig, auch wenn sie das Sprichwort gar nicht kennt. Oder wer ist hier wessen Gast? Sind beide nur Gäste der Kraniche, die noch gar nicht da sind? Niemand hat vom anderen gewusst. Aber der Naturschützer ist ganz offenbar flexibler. Ohne Weiteres lässt er Greta an seinen Gedanken teilhaben. Da sie so sehr auf die Erfüllung ihrer Aufgaben konzentriert ist, lässt sie sich schnell verwirren. Und schon entstehen Fragen wie »Darf der das überhaupt?« Eine Situation, in der er sich pudelwohl fühlt, während sie hoch angespannt ist. Davon gibt es theoretisch natürlich viele. Da will jemand zwei Wochen paddeln gehen, einfach so, mit Schlafsack und Zelt. Darf der das überhaupt? Da will jemand in der Fußgängerzone singen. Darf die das überhaupt? Da will jemand sein Auto gelb anmalen und kleine rote Elche draufkleben. Darf die das?

Das Sprichwort von dem gefällten Baum in der Praxis auch umzusetzen, ist gar nicht so einfach: bis in die höchsten Äste zu klettern, ohne zu wissen, wie lange der Baum hält. Mit wilden Finnen Kaffee zu trinken, ohne zu wissen, wer die eigentlich sind. Zumal Greta nicht darauf vorbereitet ist, selbstverständlich als Kollegin behandelt zu werden. Aber warum eigentlich nicht? Wer sonst sollte auf die Insel kommen? Ach so, sie ist ja gar keine Kollegin, sondern nur Manjas unbedarfte Freundin. Das kann der arme Naturschützer aber nicht ahnen. Ob bei einem freiwilligen Räumeinsatz oder ganz offiziell am neuen Arbeitsplatz: Selbstständigkeit und Eigenverantwortung sind überall gefragt. Learning by doing hat traditionell einen hohen Stellenwert. Daraus ist auch die Überzeugung entstanden: Ein Kind, das immer an der Hand geführt wird, wird nie alleine laufen können. Geschweige denn auf Bäume klettern.

28 HAST DU STIL?

SPIEL MIR DAS LIED VOM HECHT

»Irgendwo habe ich diesen Hecht doch schon mal gesehen?«, überlegt Greta. Er springt direkt nach oben, ist mehr als menschengroß, also für einen Hecht geradezu überirdisch groß, und reißt sein Maul weit auf. Der Körper ist schlank und glatt, aber der Kopf ist detaillierter gearbeitet und lenkt damit den Blick unvermeidlich auf die wenig sympathischen spitzen Zähne des Raubfisches. Die locker verdrehten Ranken, die ihn am Boden umspielen, können der Figur weder Wucht noch Dynamik nehmen. Begleitet wird der springende Hecht von einer kurios anmutenden Komposition aus aufgestellten Klavierdeckeln und Holzstapeln. Die Holzstämme sind vielleicht das Zierlichste an der Skulptur, gerade im Vergleich zu ihrer in Wirklichkeit viel beachtlicheren Größe. Sie wirken allein durch ihre Menge. Der Vielzahl der Stämme gelingt es, den enormen Holzreichtum eines Waldes zu symbolisieren; die Flügel lassen ihn erklingen, in ihrer Gleichförmigkeit allerdings weniger zart als vielmehr einstimmig und laut. Der massige Hecht, der mit seinem offenen Maul alles überragt, triumphiert noch darüber – oder soll man ihn sich etwa als Solisten vorstellen? Ist er es, der über diese klingenden Bäume noch seine Stimme erschallen lässt?

War es in Kuhmo? Doch, möglicherweise war es da (siehe »Wo liegen die finnischen Wurzeln?«, Seite 179) – aber nicht im Museum – es war bei Manjas Mutter, zu Hause, in der Küche, da hing ein Bild, ein relativ kleines, aber auch das zeigte einen Hecht, auch der viel kleiner, und dieser Hecht schien aus den Wassern zu steigen und keineswegs im Überlebenskampf, sondern kraftvoll und sehr bewusst auf einen Baum hinaufzuklettern, um von dort aus in die Morgendämmerung hineinzusingen. Er machte allerdings den Eindruck eines Gastes dort oben auf dem Baum, wenn auch eines vergnügten Gastes, der sich in der scheinbar so fremden Welt gut zurechtfindet. Manja hatte etwas erklärt von einem Gedicht, das den Hecht als eigentlichen Herrn der Wälder darstellt.

Aaro Hellaakoski, 1893–1952, war ein finnischer Dichter, der eigentlich Geograf war. Er hat die landschaftlichen Veränderungen in Finnland sowohl wissenschaftlich als auch poetisch beschrieben, obwohl ihm letzteres von Wissenschaftskollegen wenig Zuspruch beschert hat. Dennoch ist sein Gedicht »Lied des Hechts« weithin bekannt. Heutzutage erfährt er mehr Anerkennung als zu Lebzeiten.

Aber erst jetzt, hier, vor dem *Musiikkitalo* in Helsinki versteht Greta, welche Wirkung dieser schmale, lange Fisch haben kann. Nach einem Blick aufs Smartphone, das ihr verrät, dass die Skulptur »Singbäume« heißt und von Reijo Hukkanen stammt, erklärt es sich noch besser. Nicht nur der Hecht fängt möglicherweise an zu singen, schon die Bäume tun es, und gemeinsam bilden sie ein Orchester, das mit Sicherheit in der Lage wäre, Jean Sibelius' Kompositionen so gewaltig erscheinen zu lassen, wie er sie erdacht hat (siehe Infokasten, Seite 154).

Greta bezweifelt, dass sie sich eine Miniatur des Ensembles ins Regal stellen möchte. Aber inspirierend ist es, zumal es sich einerseits farblich der Fassade des *Musiikkitalo* gut anpasst, andererseits aber eindeutig den Ton angibt vor der ansonsten unscheinbaren Wandgestaltung. Singbäume laden vom unteren, stadtseitigen Eingang dazu ein, die herausragende Akustik des Konzertgebäudes bei einem Auftritt des lokalen Sinfonieorchesters, der Sibelius-Akademie oder der zahlreichen Gäste zu genießen. Das hat Greta im Moment noch nicht vor, aber sie wollte schon mal zwei Karten kaufen. Ihre Mutter hat sich zu einem Besuch angekündigt – und wie so oft ist man erst in der Vorbereitung auf Gäste bereit, die Sehenswürdigkeiten vor der eigenen Haustür genauer unter die Lupe zu nehmen. Mit zwei Karten für einen musikalischen Rundgang hier im Haus soll ihr Ausflug in die Heimatkunde beginnen.

Das *Musiikkitalo* liegt schräg hinter dem Bahnhof, aber eben doch nur erreichbar, wenn man sich bewusst aus dem Zentrum hinausbegibt. Oberhalb führt eine breite Straße vorbei, die Greta mit der Straßenbahn schon öfter genutzt hat. Und der Weg vom Flughafen war das doch auch? Ein paar weitere Online-Erklärungen deuten auf das Nachbargebäude hin, die 1971 errichtete *Finlandia*-Halle, damals ein mutiger Neubau von Alvar Aalto, der gerne eine ganze Achse kultureller Versammlungsorte bis ins Herz Helsinkis hineingelegt hätte. Mit der Oper noch ein Stück weiter hinaus und ebenfalls am Ufer der Töölöbucht gelegen, passt das sogar zusammen – obwohl die ja viel später erbaut worden ist, als Aalto schon einige Jahre tot war. Die Idee von Aalto findet Greta aber schlüssig. Wenn man durchaus eine breite Verkehrsader braucht, die in die Hauptstadt hineinführt, dann soll sie auch von Gebäuden gesäumt sein, die der Hauptstadt Stil und Charakter verleihen. Das sind auf ihrer anderen Seite das Parlament und das Historische Museum, und hier unterhalb der Musikhalle gibt es einen breiten Fuß- und Radweg, der die »klingenden Häuser« verbindet, das neue Konzerthaus, das alte und die Oper. Greta fragt sich, ob Matti Salminen hier wohl auch schon gesungen hat. Im Inneren des *Musiikkitalo* findet sie zwar davon keine Zeugnisse, dafür aber die Taktstöcke vieler Dirigenten in einer Vitrine. Die sagen ihr zwar allesamt nichts, aber ihre Karrieren klingen sehr international, wie ein kurzer Blick ins Smartphone erneut darlegt.

An der Kasse bekommt sie zwei Karten für den Rundgang mit der Mutter. Obwohl der Besuch erst in vier Wochen ansteht, sind nicht mehr viele zu haben. Weil die Frau am Schalter ganz nett ist und niemand sonst dort wartet, wagt Greta noch eine Frage: »Ich kaufe die Karten für einen Gast – und gerne würde ich ihr außer Musik auch finnische Malerei zeigen. Gibt es da ein Museum?«

»Selbstverständlich.« Die Dame an der Kasse schaut Greta durch runde silberne Brillengläser direkt an. »Es gibt viele. Das *Ateneum* kennen Sie sicher?«

Greta verneint.

»Das nationale Kunstmuseum dort drüben, am Haupteingang zum Bahnhof?«

Greta nickt. Das klassizistisch anmutende Gebäude ist ihr durchaus schon aufgefallen – mehr aber auch nicht.

Im Nu wird sie über feste Ausstellungen zu finnischen Malern der Nationalromantik informiert, über die Bedeutung der Kunst an sich in Finnland und die Baugeschichte des Bahnhofsvorplatzes. »Oder möchten Sie moderne Kunst sehen? Das wäre auch gleich gegenüber: Im *Kiasma* und unter dem Glaspalast aus den 20er-Jahren.«

Greta zögert. Eigentlich wäre es ihr etwas beschaulicher lieber. »Kann man vielleicht auch einen authentischen Ort sehen? Wo die Künstler gelebt und gearbeitet haben?«

»Sibelius hatte ein Atelierhaus, etwas außerhalb der Stadt. Das kann man besichtigen. Es heißt *Ainola*, nach seiner Frau.«

Greta zögert. »Eigentlich könnte es auch ein Maler sein.«

»Viele bedeutende Maler seiner Zeit haben dort auch gelebt, ein paar Häuser sind noch da. Oder Sie machen es sich einfacher und fahren mit der Straßenbahn nur nach *Munkkiniemi*.«

»Wohnt dort nicht der Staatspräsident?« (siehe »Was bedeutet presidentti?«, Seite 30)

»Ganz richtig. Aber da gibt es auch ein nettes Café am Meer, und von dort sind es nur etwa zweieinhalb Kilometer zu Fuß bis zum Atelier von Akseli Gallen-Kallela.«

Der sagt Greta nun gar nichts.

»Oh, dann empfehle ich Ihnen das wirklich. Er ist einer unserer größten Maler der Nationalromantik! Seine Kalevala-Illustrationen sind immer noch beispielgebend.«

Nun kommt Greta wieder etwas auf Spur. Und erstaunlicherweise landen ihre Gedanken erneut in Kuhmo: Die Fischskulptur hatte sie an den Hecht erinnert, der in der Küche hing, und im Museum ging es ja um nichts anderes als das finnische Nationalepos. Hier in Helsinki würde sie also dazu noch mehr erfahren können? Die Dame an der Kasse ist auch noch so nett, ihr einen Stadtplan herauszusuchen und den Fußweg einzuzeichnen. Von der Haltestelle Saunalahdentie (Saunabuchtstraße) einfach immer am Wasser entlang. Das klingt ganz nach einem entspannten Nachmittag.

»Wissen Sie denn, ob das Museum dort noch offen hat?«

Nach kurzer Internetrecherche bejaht die Kassendame.

Bei so viel Entgegenkommen möchte Greta auch ein bisschen extra nett sein. »Meine Mutter kommt nämlich zu Besuch«, erzählt sie. »Und die kennt sich mit Kunst viel besser aus als ich. Außerdem hatte ich bisher noch nicht viel Zeit, hier herumzufahren. Ich studiere nämlich hier in Helsinki.«

Die Kassendame nickt verständnisvoll und wünscht einen schönen Nachmittag. Dabei ist ihr Blick schon gar nicht mehr auf die verträumt dastehende Greta gerichtet, sondern zielt direkt an ihr vorbei. Greta sieht sich um. Das kann doch nicht sein! Mindestens 15 Personen stehen hinter ihr und warten.

»Entschuldigung!«, ruft Greta, und zur Kassendame sagt sie ein wenig vorwurfsvoll: »Das hätten Sie mir doch sagen können! So viele warten hier? Vorhin war ja kein Mensch da!«

»Wir haben erst seit acht Minuten geöffnet«, ist die lapidare Antwort.

Noojoo

Selbstvergessenheit schön und gut – wenn man in den Wäldern herumspaziert. Auch wenn ihr niemand auf die Schulter klopft und die Frau am Schalter dieses renommierten Konzerthauses äußerst servicebereit ist, wäre es ja nicht verkehrt, die Umgebung trotzdem im Blick zu behalten. Dass Greta nicht auf die immer länger werdende Schlange aufmerksam gemacht wird, ist zum einen der finnischen Kunst zum stoischen Warten zuzuschreiben (siehe Kapitel »Wer ist der Nächste, bitte?«, Seite 107), zum anderen dem gehobenen Stil, der im *Musiikkitalo* gepflegt wird. Auch wenn die meisten Einheimischen sicher ihre Karten online kaufen, werden die Schalter weiterhin bedient – es ist halt ein Service, und entsprechend zurückhaltend sollte man den auch in Anspruch nehmen. Dankend, freundlich, aber unverbindlich. Ein Ort zum Plaudern ist dies nicht, und nur weil jemand Service anbietet, muss man ihn ja nicht unbegrenzt ausnutzen.

Kommt jemandem der Begriff »ausnutzen« hier unangemessen vor? Ist er nicht, aus finnischer Sicht. Den Finnen, der die ganze Hand nimmt, nur weil man den kleinen Finger angeboten hat, wird man eher nicht treffen. Jedenfalls fällt es sehr auf, wenn man einen Service allzu ausführlich beansprucht. Niemand käme auf die Idee, in einem Hotel den Koffer tragen zu lassen. Niemand würde an der Rezeption einem anderen Gast über die Schulter schauen und sagen: »Ich möchte nur schnell meinen Schlüssel, bitte!« Wenn die Sauna voll ist, ist sie voll. Ohne Kommentar geht man hinaus und setzt sich auf die Bank oder geht schwimmen. Selbstbedienung ist in allen kleinen Cafés ganz natürlich. Sie sind in einer Familie zu Gast und möchten am Abend noch mal in die Stadt? Vielleicht kann sie jemand mit dem Auto hinfahren? Aber wozu denn, es gibt doch Fahrräder! Jahrzehntelang sind damit die Sommerabende erobert worden (siehe »Tanzt du Tango?«, Seite 66), also taugen sie auch heute. Das mag in weniger bewegungsbegeisterten Familien außer Mode gekommen sein, der Geist dazu lebt aber noch. Insofern wird es auch kein Hintenstehender wirklich verübelt haben, dass die Ausländerin da vorne so viele Fragen hat. Aber es gibt inzwischen ja doch mehr als eine Million Hauptstadtfinnen, und die Mehrheit von diesen lebt ein Leben, das an Termine gebunden ist. Wahrscheinlich werden sie in diesem Kulttempel finnischer Kunst gerne Verständnis für die unkundige Greta aufbringen. Ihr Erkundungswille war ja lobenswert und hat manchem Wartenden sicher auch ein zufriedenes Gefühl beschert: Hier hat man halt Stil, und die Fremde da vorne ist dabei, das zu lernen.

29 IST DAS FRAUEN-POWER?

JA, NEBEN DER SONNENBRILLE, GANZ UNTEN IN DER HANDTASCHE HAB ICH SIE GESEHEN

Seit anderthalb Stunden schon hört Greta immer wieder dieselben Dinge, jedenfalls kommt es ihr so vor. Saara redet und redet, von der Schule, von den Klausuren, den Prüfungen. Von der Feier und wie sie alles geplant hat. Natürlich ist Greta eingeladen, auch wenn sie Lauris Schwester in den letzten Monaten selten gesehen hat (und wirklich schade fand sie das nicht). Und weil Lauri in Helsinki wohnt und man nirgendwo sonst so super shoppen kann, hat das nun hochschulreife Schwesterlein sich für vier Tage bei ihm einquartiert. Da Lauri die übliche, distanziert-gelassene Haltung zeigt, ist Greta mitgenommen worden in die Stadt. »Mit Männern kann man nicht einkaufen«, hat Saara erklärt, und Lauri ist es recht. Dass man mit Greta einkaufen kann, hält diese allerdings auch nicht für sehr wahrscheinlich.

Zum Einkaufen gehört auch Kaffeetrinken – nachher, wenn man alles erledigt hat, oder vielleicht mal kurz zwischendurch für Gretas Geschmack. Für Saaras Geschmack gehört ein Kaffee dazu, um überhaupt in die richtige Stimmung zu kommen. Außerdem ist ja Frühling, Sommer kann man das noch nicht nennen, aber draußen sitzen muss man jetzt. Saara hat eine neue Sonnenbrille. Und, welch ein Glück, die Sonne scheint! Das Designkürzel kommt Greta bekannt vor, aber ihr fällt der Name gerade nicht ein. Es ist eine gute Gelegenheit, um ein bisschen abzuschalten. Sie kann Saara freundlich ansehen, über die Schnörkel ihres Brillengestells nachdenken und dabei äußerst interessiert wirken. »Greta?« Oh, hat sie etwas verpasst? »Greta, jetzt sag doch mal!« Greta lächelt unverbindlich und hofft, dass Saara ihre Frage wiederholt. »Wie ist das nun mit euch? Lauri sagt ja nichts.« Ach, daher weht der Wind. Ist das jetzt eine WG oder mehr oder weniger oder überhaupt ... Ja, süße Saara, das möchtest du wissen! Erst jetzt fällt Greta auf, dass weder Manja noch Virva sie je nach Lauri gefragt haben.

»Weißt du, ich habe da gestern ein supertolles Kleid gesehen, in einer kleinen Boutique am Bahnhof.« Gretas Versuch der Ablenkung wird scheinbar akzeptiert. Saara lacht hell auf und bezahlt. »Ich weiß schon, was ich will. Hier«, sie kramt eine Zeitschrift aus ihrer übergroßen grünen Handtasche, »das und kein anderes!« Und warum sollte ich dann unbedingt mit?, fragt sich Greta und bekommt die Antwort prompt serviert. »Aber weißt du auch, was du willst?« Saara ist immer anstrengend, aber in dieser guten Laune noch viel mehr als sonst. Greta fragt sich, wie viele Jahre sie eigentlich älter ist als Saara. Es sind gerade mal vier, aber gefühlte 20. Sie nickt und schweigt und lässt sich von Saara in einen Laden hineinlocken, der das ersehnte Stück verkaufen soll. Irgendwo zwischen all den Lichtblitzen könnte es hängen. Greta fühlt sich ein bisschen an die Stadtbummel mit ihrer Großmutter erinnert. Wenn sie Geburtstag hatte, früher, hat die Oma immer gesagt: »Jetzt suchst du dir mal was Schönes aus!« Und dann ging es in die fünfhundertachtundsechzig Meter kurze Fußgängerzone, wo bis zum Ladenschluss um pünktlich 18 Uhr eingekauft wurde, so viel Greta wollte. Weil sie aber damals, lang ist's her, noch stundenlang vor den Spiegeln herumtänzeln konnte, ohne sich zu entscheiden, hielten die Summen sich stets in Grenzen. Die Oma hat sich in jedem Laden auf einen Hocker in die Nähe der Umkleidekabinen gesetzt und bei allen neu vorgeführten Pullovern »Sehr schön!« gerufen.

Jetzt sitzt Greta auf einem Hocker und probiert es auch mit dem »Sehr schön, nimm das!«. Saara guckt ein bisschen irritiert. Denn sie probiert gar nicht an, um etwas zu kaufen, sondern einfach so. Und wenn jetzt alles toll aussieht? Dann müsste sie ja alles kaufen? Endlich kommt auch das auserwählte Kleid an die Reihe. Bodenlang, altrosa, mit schwarzem Rosendruck. Wenn jetzt die Oma dabei sein könnte ... Der Ausschnitt klassisch, dünne Spaghettiträger und darüber ein leichter Chiffonschal in knallpink. »Nein, der Schal geht dazu gar nicht.« Zum ersten Mal äußert Greta sich wirklich. Saara kichert. »Na gut, aber dann geht das Kleid auch nicht. Ohne Schal ist es langweilig.« Und nach höchstens drei Minuten hängt es wieder auf der Stange. »Wo war doch die Boutique, die du meintest? Passt das Kleid da auch zu meinen Haaren?« Gretas Blick schweift über Saaras Blond. »Das dürfte nicht das Problem sein. Erst das Kleid, dann die Haarfarbe.« Bei jedem der vier Treffen mit Saara hat ihr Kopf in einer neuen Nuance geschimmert. Den Augenbrauen nach zu urteilen, müsste sie von Haus aus genauso dunkel sein wie ihr Bruder.

Mit drei Tüten in der Hand und noch völlig unentschlossen, ob eines der wenigstens nicht sündhaft teuren Exemplare denn zur Abiturfeier auch seinen Auftritt haben wird, schließt Saara die Aktion des Tages ab.

WO STOLZ UND SELBSTZWEIFEL SICH ERGÄNZEN: FINNISCHE SCHULEN

Zu den viel diskutierten PISA-Ergebnissen hier nur ein kurzer Kommentar eines finnischen Grundschulrektors nach den ersten Veröffentlichungen: »Du meine Güte, hoffentlich werde ich jetzt meine Kollegen noch motivieren können, unser System und ihren Unterricht weiterzuentwickeln. Es ist nicht gut zu glauben, dass man hervorragend ist.« Manchmal aber darf man das, sogar in Finnland, und zwar als Abiturient. Die traditionelle Studentenmütze spielt als Symbol nach wie vor eine große Rolle. Und jedes Frühjahr veranstalten die Studenten mit eben ihren Mützen große Partys. Nein, das kann man schöner ausdrücken: Das finnische Generalkonsulat in Hamburg definierte im Jahr 2008 den 1. Mai als »Mischung aus internationalem Arbeiterfest, mitteleuropäischem Frühlingsfest, skandinavischem Studentenklamauk, modernem Straßenkarneval und Oktoberfest«. In Helsinki wird seit über 80 Jahren die Statue der Havis Amanda, der Bronze gewordenen Personifizierung Helsinkis, in die Feiern einbezogen: Auch sie erhält am Vorabend des 1. Mai eine schmucke Mütze.

Jetzt besteht Greta auf einem Kaffee, und wenn es nur schnell am Markt ist. Saara protestiert. Nein, ein Pappbecher auf die Hand kommt nun gar nicht infrage. Der Himmel zeigt sich wieder von seiner gräulichen Seite, und Saara steuert das Café Jugend an. Wenn jetzt die Oma ... Greta protestiert. Das Café ist in einem wunderschönen Jugendstilsaal untergebracht, zugegeben. Aber dieser zieht so wunderschön viele Menschen an, dass man dort sein eigenes Wort nicht versteht. Zwar sind Gretas Ohren nach dem Shoppingmarathon ohnehin schon lärmgeschädigt, aber warum sündhafte Preise für Torten bezahlen, deren tatsächliche Qualität in diesem Trubel gar nicht zu genießen ist? Saara sieht sie einen Moment beleidigt an, aber schon hat sie eine neue Idee. »Dann gehen wir halt ins Fazer Café.« Das ist die Steigerung zum Café Jugend, nur ohne architektonische Besonderheiten. Noch voller, noch lauter, vielleicht sogar noch leckerer. Greta lehnt ab. Sie stehen schon am Marktplatz, und jetzt möchte sie nicht noch einmal zurück ins Getümmel. Eine Fähre legt gerade am Kai an, das ist ihre Wahl.

»Wir fahren nach Suomenlinna.«

»Was soll ich denn da?«

»Kaffee trinken.«

Saara zieht den Gürtel ihres gelben Trenchcoats demonstrativ enger und fängt passgenau an, mit den Zähnen zu klappern.

»Da fährt man nur im Sommer hin«, mault sie.

»Und was machen dann all die anderen dort?« Greta steht schon in der Schlange.

»Die wohnen bestimmt da.«

»Die Glücklichen.«

Nach kurzer Zeit sind sie an Bord. Greta stellt sich außen auf Deck und atmet den frischen Wind ein. Natürlich ist er kalt, wunderbar! Bald erscheint auch Saara, mit Mütze und Handschuhen und Sonnenbrille. Greta nickt ihr zu.

»Lauri und ich sind oft drüben zum Spazieren.«

»Ach ja?« Sofort schiebt Saara ihren Unmut beiseite und die Sonnenbrille auf die Stirn.

Greta nickt bereitwillig. »Ja, die alten Ruinen sind immer wieder spannend. In allen Jahreszeiten gibt es da neue Lichtspiele zwischen den Steinen zu entdecken. Und die kleinen Buchten sind wunderbar geeignet zum Picknicken. Oder zum Baden! Kannst du dir erklären, warum die Festung damals so schnell aufgegeben wurde, als die Russen kamen (siehe »Was bedeutet presidentti?«, Seite 30)?«

Das trifft jetzt nicht wirklich Saaras Interesse. »Zwischen all den rostigen Kanonen ist es aber nicht sehr romantisch.«

Greta denkt durchaus gerade an Lauri, aber das muss Saara ja nicht wissen. Sie bedauert ihn von Herzen, dass seine Schwester so oberflächlich und kindisch ist. Als Abiturientin sollte sie doch etwas mehr Sinn für Kultur haben. Entsprechend enthusiastisch preist Greta die Sehenswürdigkeiten Suomenlinnas an. »Und erst die alte Werft am Museum! Wenn die richtig Betrieb haben, fühlt man sich wirklich in vergangene Zeiten versetzt.« Die Fähre legt ab und nimmt Kurs auf die nahen Inseln.

Sie haben Glück, im alten englischen Landschaftsgarten hat das Café Piper schön geöffnet. Die Holztische stehen angenehm verteilt im Grünen. Greta lädt Saara ein, und zum ersten Mal an diesem Tag herrscht Stille, durchbrochen von noch etwas vorsichtigem, ungeübtem Vogelgepiepse. Inmitten der Ruhe beginnt Greta gerne wieder das Gespräch.

»Was machst du im Sommer? Willst du verreisen?« Greta amüsiert sich köstlich bei dem Gedanken, wie Saara in Rom, Barcelona oder New York durch die Straßen stolziert oder sich vor Sonnencreme spiegelnd in der Hitze Nordafrikas aalt.

»Nein. Ich verbringe den Juli mit meinen Erdbeeren.«

»Wo sind die denn?«

»Auf der großen Plantage am Päijänne-See.«

»Warst du da schon öfter?«

»Ja, klar, jeden Sommer. Also seit drei Jahren. Meine Tante wohnt in der Nähe und hat mir den Job vermittelt.« Saara scheint stolz darauf zu sein.

»Wie lange bist du dort?«

»Je nachdem, ob ich den Studienplatz bekomme. Wenn es klappt mit der Uni, höre ich Anfang August auf. Sonst kann ich dieses Jahr bis September weitermachen, die haben noch eine Gärtnerei, die längerfristige Mitarbeiter braucht.«

Greta ist sprachlos. »Willst du nicht mal ein bisschen ausspannen nach all dem Stress in der Schule?«

»Mach ich doch. Jetzt zum Beispiel.« Greta lacht, aber Saara zuckt mit den Schultern. »Vielleicht fahre ich noch vier, fünf Tage mit den Eltern nach Kopenhagen. Und mit Lauri, falls der nichts Besseres vorhat!«

Noojoo!

Ist doch nett von Greta, dass sie mit Saara einkaufen geht. Ist doch nett von Saara, dass sie Greta mitnimmt. Denn sicher hätte sie auch andere Freundinnen fragen können. Und es geht ihr ja nicht nur darum, Näheres über Greta und Lauri zu erfahren. War da eigentlich etwas? Wir erinnern uns nicht so deutlich, oder?

Ein netter Nachmittag in Helsinki, bisschen shoppen, bisschen quatschen, mal auf andere Gedanken kommen. Saara tut ihr Bestes, um die Freizeit schön zu gestalten. Falls Greta andere Vorstellungen von Entspannung hat – sie muss sie ja nicht ausgerechnet mit Saara ausleben. Also lässt sie sich, soweit es geht, auf die »Freundinnentour« ein und macht nett, aber bestimmt deutlich, dass sie auch eine eigene Meinung hat. Dabei gelingt es ihr, Saara nicht zu verletzen, weil sie ihr Verhalten gar nicht kommentiert. Stattdessen macht sie selbst Vorschläge. Das kann man ja beim besten Willen nicht unhöflich finden. Und Saara spielt auch nur die Beleidigte. Dabei hat sie sich die erste Adresse für Helsinkier Kaffeekultur ausgesucht. Seit den 1880er-Jahren sind rund um die Esplanade in der Innenstadt einige wenige Cafés entstanden, die zum eleganten Nachmittagsbesuch einladen. Heute trinkt man in Finnland mit einem knappen halben Liter am Tag durchschnittlich etwa doppelt so viel Kaffee wie in Italien. Aber es muss ja nicht das Fazer sein.

Wie viel Saara der Tag insgesamt bedeutet, erkennt Greta allerdings erst auf Suomenlinna. Wer die Sommerferien über Erdbeeren pflückt und sich gleich um einen Studienplatz beworben hat, ist offenbar doch weniger ausgeflippt, als Saara selbst gerne vermittelt. Das Nebeneinander von offensiver Individualität und selbstverständlichem Pflichtbewusstsein findet sich bei der jüngeren Generation häufig. Eingefahrene Bahnen zu verlassen, heißt ja nicht automatisch, dass alle Wertmaßstäbe gestrichen werden. Sommerjobs sind für ältere Schüler und Studierende ganz normal. Früher wurde auf dem elterlichen Hof geholfen, heute verdient man sich seinen Urlaub, sein Studium, sein Auto, was auch immer.

Falls Saara tatsächlich nur ihr Aussehen und die neueste Mode im Sinn hat, wäre sie ein seltenes Beispiel für karriereunbewusste Frauen in Finnland. Fast die Hälfte der Spitzenpositionen in der Wirtschaft ist von Frauen besetzt, ebenso in der Politik. Im Jahr 2010 wurden drei Dokumentarfilme über Männer in Finnland gedreht – warum wohl? Es gibt einen Verein, der die Interessen der Männer wahrt und öffentliche Diskussionen anregt, die nicht mehr politisch korrekt den Männern die Kommunikationsfähigkeit absprechen, sondern im Gegenteil Frauen dazu auffordern, doch mal – – trotz ihres Erfolges – bitte auch die positiven Seiten der männlichen Gesprächskultur zu übernehmen. Andererseits hat man nie aufgehört, kleine Mädchen in rosafarbene Häkeljacken zu stecken – möglicherweise kann frau in Finnland eine Symbiose aus Prinzessin und Topmanagerin sein. Die rechtlichen Grundlagen dafür wurden früh gelegt. Seit 1906 dürfen Frauen in Finnland wählen, länger als sonst irgendwo in Europa. Aber trotzdem erst seit 1906. Gleichberechtigung ist also auch dort relativ. Frauen kümmern sich mehr um die Kinder als Männer, aber nur in der Kleinkindphase. Anschließend ist die außerhäusliche Berufstätigkeit etwa gleich verteilt. Im Alltag und den Hobbys sind Männer und Frauen dagegen keineswegs immer gemeinsam anzutreffen. Eishockey und Angeln auf der einen Seite, Pilates und Kunst auf der anderen. Aber das ist vielleicht nur bedingt eine Frage der Gleichberechtigung. Greta sollte sich also trotz Sonnenbrille und Kleiderfimmel nicht über die Zielstrebigkeit ihrer jungen Bekannten hinwegtäuschen lassen.

30 IST DAS HEUTE NOCH AKTUELL?

VOM UNTERSCHIED ZWISCHEN KÜNSTLER UND WERK

Man könnte es Frühling nennen, auch wenn der Wind hier wohl nie stillsteht. Greta ist trotzdem zufrieden, bei diesem Wetter kann sie ihrer Mutter gut die Stadt zeigen. Jetzt am Wochenende ist auch Zeit für einen etwas längeren Ausflug, so sucht sie sich die passende Straßenbahnlinie heraus, die nach *Munkkiniemi* führt (siehe »Hast du Stil?«, Seite 208). Gerade mal der Innenstadt entkommen, zeigt ihre Mutter rechts aus dem Fenster.

»Ist das ein König?«

Greta verneint spontan. Dass Finnland nie einen König hatte, weiß sie sicher. Dass sie einen schwedischen König zentral in die Hauptstadt stellen würden, ist auch nicht vorstellbar. »Aber wer das ist – keine Ahnung.«

Die Mutter ist ehrlich interessiert und wendet sich auf Englisch an ihren zufälligen Sitznachbarn.

Der nickt bedächtig und antwortet durchaus bereitwillig: »Das ist General Mannerheim. Oder Präsident Mannerheim, wie Sie wollen.«

»Wann hat er gelebt?« Gretas Nachfrage ist eher eine Höflichkeitsgeste.

»Das war im Krieg. Er hat Finnlands Selbstständigkeit bewahrt.«

Greta ahnt, dass sie dieses Thema nicht so schnell abschütteln kann. Denn auffordernd sieht die Mutter sie an und geht offenbar davon aus, dass Greta dazu Genaueres ergänzen kann. Dem ist eher nicht so. Aber irgendetwas war schon hängengeblieben – wahrscheinlich von Lauris Ausflügen in die finnische Geschichte, als sie noch neu war (siehe Kap »Was bedeutet presidentti?«, Seite 30).

»Also, das muss im zweiten Weltkrieg gewesen sein.« Der finnische Sitznachbar nickt. Greta zieht eine Grimasse, also ob sie etwas Schlechtes gegessen hätte, und ergänzt: »Finnland hat mit den Nazis gemeinsame Sache gemacht, also gegen Russland.«

Die Mutter versucht, die Fäden zu ordnen. »Also war Mannerheim Nationalsozialist? Und dann stellen sie ihm hier heute noch eine Statue auf?«

Greta zuckt mit den Schultern. »Hauptsache, er war gegen Russland oder so.«

Der Sitznachbar räuspert sich. »Darf ich noch etwas dazu sagen?«, fragt er.

»Ja, bitte.« Die Mutter ist erfreut und fragt vorsichtshalber noch mal exakt nach. »Wann sind die Nationalsozialisten denn hier an die Macht gekommen? Und gibt es die Partei heute noch?«

»General Mannerheim war ganz sicher kein Nazi. Finnland war angegriffen worden von den Russen und hat sich verteidigt. Dass sie das schließlich zusammen mit den Nazis versucht haben, war ein Fehler. Aber das hat Finnland selbst eingesehen und die militärische Allianz wieder gelöst.«

»Aber die Statue steht trotzdem noch da!« Die Mutter bleibt beharrlich.

»Ja, warum nicht. Mannerheim war in seiner Zeit der wichtigste Mann Finnlands.«

Greta sieht ihre Mutter ein wenig genervt an und sagt: »In so einem kleinen Land ist jeder wichtig, der mal etwas Politik gemacht hat.«

Der Sitznachbar schweigt. Schließlich dreht er sich noch einmal zu den beiden Frauen und sagt: »Das hat Mannerheim auch genau gewusst. Er meinte, Deutschland könne kämpfen bis zum Umfallen, aber das kleine Finnland würde daran zugrunde gehen. Deshalb hat er die militärische Allianz beendet. Und das war gut für uns.«

Greta hatte sich unter einem Frühlingsausflug etwas anderes vorgestellt. »Guck, das Olympiastadion«, sagt sie zur Ablenkung und zeigt nun ihrerseits rechts hinaus.

»Es steht unter Denkmalschutz«, schaltet sich noch einmal der Sitznachbar ein.

»Ach, von wann ist es denn?«, fragt die Mutter sofort nach.

»1938 war es fertig. Aber wie Sie wissen, begann dann der Krieg, und die Sommerspiele von 1940 wurden abgesagt.«

»Dann war der ganze Bau umsonst?«

Greta wendet sich wieder an die Mutter: »Winterspiele wären wohl auch passender.«

Aber diesmal muss der Finne gar nichts einwerfen, die Mutter weiß es selbst: »1952 waren hier die Sommerspiele. Davon hat doch Opa immer erzählt. Weil es die ersten Spiele waren, an denen Deutschland wieder teilnehmen durfte. Und weil das Saarland als eigene Nation antrat.«

»Deutschland war hier natürlich willkommen«, beeilt sich der Sitznachbar noch hinzuzufügen. Bis zum Ende der Fahrt sieht jeder aus dem Fenster.

Aber als sie die Promenade am Wasser erreichen und langsam in Richtung des Künstlerateliers laufen, das Greta ihrer Mutter zeigen möchte, greift diese ihre Überlegungen noch einmal auf.

»Finnland hat wohl ziemlich zu kämpfen gehabt, um die Selbstständigkeit zu bewahren. Also, ich meine das jetzt nicht auf die Kriege bezogen, sondern allgemein. Wenn ich so an meine Bekannten denke: Die meisten würden glauben, dass hier alles ist wie in Schweden, nur irgendwie etwas russischer.«

»Also, das ist doch auch Unsinn.« Greta liebt zwar keine politischen Diskussionen, aber das ist ihr spontan unangenehm. »Nur weil man in Mitteleuropa davon keine Ahnung ist, kann es ja trotzdem eine finnische Kultur geben.« Sie beschleunigt ihre Schritte etwas und fügt begütigend hinzu: »Aber ich dachte mir, dass dich das interessiert. Deshalb gehen wir jetzt ja auch zu dem Haus, das einer der bedeutendsten Maler der Jahrhundertwende für sich hat bauen lassen.«

»Da war Finnland aber noch ein Teil von Schweden!«, meint ihre Mutter.

»Eben. Deshalb haben Finnen wie Akseli Gallen-Kallela ja auch versucht, eine eigene nationale Identität aufzubauen.« Soweit erinnert Greta sich noch an den Flyer, den sie vom Museum irgendwo gefunden hat. »Sie haben das Nationalepos bildlich dargestellt und Landschaften gemalt, die finnisch aussehen sollten, und das in Europa verbreitet, auch in Paris bei der Weltausstellung 1900.«

»Der Name Gallen klingt irgendwie schwedisch. Wie Mannerheim übrigens auch«, sinniert die Mutter. »Sind Finnisch und Schwedisch so nah verwandt?«

»Überhaupt nicht.« Auf dem Gebiet fühlt Greta sich wohler. »Aber es gibt eine schwedischsprachige Minderheit. Und zur Zeit von Gallen und Mannerheim gab die den Ton an.« (siehe »Wo wohne ich doch gleich?«, Seite 23)

»Und ausgerechnet die haben die finnische Kultur begründet?«

»Ja, sie haben sich sogar finnische Namen gegeben. Gallen hieß eigentlich Axel mit Vornamen und nannte sich dann Akseli. Und damit war er nicht alleine.«

Als sie am Museum ankommen, sind beide erstaunt. Das Haus sieht nun weder schwedisch noch finnisch aus. Es ist ein weiß getünchter Bau aus Stein, asymmetrisch, mit kleinen Fenstern und einem wuchtigen Turm in der Mitte. Nur die Holzschindeln auf dem langen Dach haben etwas Nordisches. Gretas Mutter lehnt sich in dem kleinen Portikus an die Mauern und blinzelt in die Sonne.

»Hallo«, sagt Greta an der Kasse. »Zwei Tickets bitte. Eine Studentin, eine Erwachsene.« Sie zahlt. »Gibt es Führungen zum Haus oder so?«

»Auf Englisch leider nicht. Aber Sie können mit Ihrem Smartphone alle Informationen anhören oder auch die Folien lesen, die in jedem Raum ausliegen. Und Sie können mich natürlich auch fragen.«

»Danke. Also erst mal wundern wir uns über die Architektur. Ich dachte, das ist der Nationalmaler Finnlands. Und dann baut er sich so ein Haus?«

»Er hatte auch ein Atelier, das Sie vielleicht eher finnisch nennen würden. Dabei ist das karelisch inspiriert, ein massiges schweres Holzhaus. Gallen-Kallela war viel im Ausland unterwegs. Sie können in den Ausstellungen einiges über sein Leben erfahren. Er hat zum Beispiel gerne in Afrika gejagt. Und in diesem Haus finden Sie Anklänge an italienische Bauweisen der Renaissance.«

Genauso vielseitig wie die Aufenthaltsorte und Architekturelemente muss auch der Mensch Gallen-Kallela gewesen sein. Zu Lebzeiten schon bekannt und geachtet, konnte er sich tatsächlich lange Auslandsaufenthalte leisten.

»Im Übrigen hat er auch diesen Mannerheim getroffen«, ruft Greta ihrer Mutter zu. »Er war mit ihm im Bürgerkrieg.«

»Einen Bürgerkrieg gab es hier auch?«

»Ja, direkt nach der Selbstständigkeit. Und beide waren auf den Seiten der Weißen, die gegen kommunistische und sozialdemokratische Tendenzen kämpften.« (siehe »Feierst du mit?«, Seite 146)

Dass der Besuch im Atelier so international werden würde, hatten beide Frauen nicht geahnt. Im Anschluss begeben sie sich ins Café gegenüber, das typisch nordischen Landhaus-Charme zeigt. Greta führt die Mutter zum Tresen und erklärt, dass hier Selbstbedienung ist.

»Entschuldigung«, sagt Gretas Mutter, und die Bedienung blickt zu ihr auf. »Hätten Sie wohl auch etwas Glutenfreies?«

»Aber natürlich. Möchten Sie Zitronentorte oder Hefegebäck oder ein paar Kekse?«

Vor Überraschung kann sich Gretas Mutter zunächst nicht entscheiden. »Zitronentorte, bitte.«

Auch die schmeckt eher italienisch als finnisch, aber sehr gut. Und weil noch Zeit ist, bestellen sie einen Salat hinterher. Als Greta die zweite Gabel schon fast im Mund hat, schreit sie plötzlich schrill auf.

»Guck mal!« Über das Blatt Eisbergsalat ringelt sich eine fette grüne Raupe. Angewidert wirft sie die Gabel in den Teller und springt auf. »Wie ekelhaft!«

Die übrigen Gäste sehen einmal rasch zu ihr hinüber. Ein kleines Mädchen rutscht mit seinem Spielzeugauto über die alten Dielen. Greta nimmt hektisch den Teller und eilt zum Tresen. Das Kind rutscht ihr hinterher.

»Gucken Sie mal!«, ruft Greta und hält der Bedienung den Teller hin. Die Raupe hat sich unter einer Tomatenscheibe versteckt.

Das kleine Mädchen steht auf und fragt etwas, das Greta nicht versteht.

»Da ist eine Raupe im Salat!«, sagt Greta an die Bedienung gerichtet, nimmt die Gabel und wühlt auf dem Teller nach dem Untier. Als das plötzlich seinen Kopf neben der Gurke auftauchen lässt und sich fröhlich in die Luft ringelt, schreit Greta noch einmal auf und knallt den Teller auf den Tresen. »Der Salat hat 12,80 Euro gekostet. Ohnehin viel zu teuer. Und dann auch noch das! Geben Sie mir mein Geld zurück. Den grünen Fraß können Sie behalten.«

Die Bedienung nimmt den Teller in die Hand, schaut die Raupe an und trägt sie auf der Gabel nach draußen. Das Mädchen läuft hinterher. In aller Ruhe stehen beide zusammen im Garten und unterhalten sich. Greta geht zur Tür.

»Bekomme ich jetzt mein Geld zurück?«

»Ich kann Ihnen einen neuen Salat machen. Kleinen Moment, bitte.«

»Nein, danke. Ich will mein Geld. Meine Mutter ist hier zu Gast, und Sie servieren so etwas. Was soll sie jetzt denken?«

»Das weiß ich nicht. Wir servieren in Finnland viele Bioprodukte, da passiert das schon mal.«

Voi voi!

Ein vielleicht neues Selbstbewusstsein, das gar nicht so neu ist. Ein paar Männer, die auf unterschiedlichen Ebenen Nationenbildung betrieben haben und über deren Lebensleistung man sicher diskutieren kann. Aber wenn man sich für innerfinnische Belange interessiert, wird auch eine respektvolle Distanz dazu erwartet. Wo schon die Lebenden vorsichtig miteinander umgehen, gilt das für Tote erst recht. Eine allzu investigative Art kommt nicht gut an, erst recht nicht bei einem Kurzbesuch zum Abhaken der Sehenswürdigkeiten. Dass Gretas Mutter spontan einen Mitfahrer ins Gespräch einbezieht, ist nicht unhöflich, nur ungewöhnlich, aber sie hat ja Glück, einen kundigen und auskunftsfreudigen getroffen zu haben. Angenehmer wäre es für diesen gewesen, wenn sie einfach neutraler gefragt hätte, und Gretas dahingeworfene Kommentare zeugen schon gar nicht von höflichem Interesse. Ebenso direkt und wenig abwartend verhält sie sich im Museum. Fragen zu stellen ist dort selbstverständlich erlaubt, aber das kann man ja auch schaffen, ohne seine eigenen (vielleicht sogar etwas peinlichen, weil allzu unkundigen) vorgefassten Meinungen kundzutun. Allerdings wird man bei den Finnen in Bezug auf den Bürgerkrieg meist eindeutige, wenn nicht sogar schwarz-weiße Antworten vorfinden. Entweder ist man den Weißen, also allen um Mannerheim, oder den Roten zugeneigt, die zum Teil wirklich kommunistisch dachten, zum Teil auch einfach nur ihre Lebenssituation als Arbeiter oder landlose Bauern verbessern wollten.

Danach wäre das Kaffeetrinken richtig entspannt geworden, zumal Finnland für Lebensmittelallergiker und Menschen mit Unverträglichkeiten das gelobte Land ist: Überall wird man informiert und in exklusiveren Restaurants und Cafés auch mit alternativen Zutaten verwöhnt. Wie wäre es da, angesichts einer kleinen Raupe nicht den Aufstand zu proben? Erstens geht es gar nicht, so laut und überauffällig zu agieren, dass man alle Gäste mit in das Problem einbezieht. Zweitens müsste man versuchen, einen objektiven Blick auf das Schockerlebnis zu werfen. Es verlangt ja niemand, dass Greta die Raupe isst, aber als erwachsene Person sollte sie sich beherrschen können. Und drittens schreit man keiner Bedienung entgegen, dass man sein Geld zurückverlangt. Überhaupt wird nicht öffentlich über Preise diskutiert. Man könnte ja auch dezent auf das Problem hinweisen und ihr die Chance geben, eine Lösung anzubieten. Wenn Greta so übertreibt, sollte sie sich nicht wundern, wenn nicht einmal eine Entschuldigung zurückkommt. Wer sich unangemessen angegriffen fühlt, wird sich nicht noch kleiner machen, als der »Angreifer« ihn schon machen wollte. Da kann man nur mit einer sachlichen Problemlösung rechnen. Salat mit Raupe gegen Salat ohne Raupe. Dass dem Ganzen noch ein Hinweis auf finnische Qualitätsprodukte angefügt wird, ist Gretas hitziger Frage, was ihre Mutter denn davon halten solle, geschuldet. Wer wegen einer Raupe schlecht von Finnland denkt, kann ja versuchen, mit seiner Meinung glücklich zu werden. Die Finnen wissen es besser.

31 SINGST DU GERNE?

EGAL, HEUTE SINGT JEDER

Das ist immer eine richtig tolle Tour. Und überhaupt, man muss einfach mal dabei gewesen sein. Sagt Virva. Sie hat das früher selbst organisiert, seit ihrem Auslandsaufenthalt macht es eine Kommilitonin. Aber aus dem Institut kann jeder mit.

Greta trägt sich in die Online-Liste ein mit Namen und Handynummer und ist dabei: Kurztrip nach Tukholma, Stockholm, Freitagnachmittag geht's los, und Sonntag sind sie wieder da. Sonderangebot der Viking-Line. Greta macht ein Kreuz bei *economy hytti* und hat sich damit ein preiswertes Bett in einer Kabine gesichert, mit zwei anderen auf vier Quadratmetern. Gerne wäre sie mit Virva zusammen untergebracht, aber die mag nicht unter dem Autodeck schlafen und investiert lieber in eine doppelt so große Außenkabine.

Greta nimmt den wärmsten Fleecepulli mit, um lange auf Deck sein zu können. »Das ist bestimmt eine schöne Fahrt, durch die vielen kleinen Schäreninseln, oder?«, will sie von Lauri wissen.

»Oh, sicher, die Landschaft ist herrlich. Wir haben früher oft auf dem Hof meiner Großeltern Urlaub gemacht. Eine eigene Welt aus Wasser und Granit, garniert mit Bäumen und Häusern. Vom Schiff aus natürlich etwas weiter weg, aber immerhin.«

Greta wundert sich ein bisschen, dass Virva davon so begeistert ist, denn in die Natur hatte sie sie noch nie locken können.

Die Abfertigung am Hafen geht erstaunlich schnell. Nachdem sie ihren Rucksack in der Kabine verstaut hat, will Greta erst einmal das Schiff erkunden. Endlose Flure mit Kabinen, darüber die Restaurants und Läden, aber alle noch geschlossen. Endlich ist sie draußen! Die Liegestühle sind noch nicht an Deck geholt, aber die Ausfahrt aus dem Hafen verfolgt Greta trotzdem. Der Ausblick auf all die kleinen Buchten und baumbestandenen Inselflecken ist so hoch über dem Wasser inspirierend und beruhigend zugleich. Aus dem Flugzeug damals, beim Hinflug, hatte die Landschaft viel künstlicher gewirkt, wie eine Modellanlage. Heute sieht sie die kleinen Boote, sie kann die Menschen vor ihren Häusern erkennen, wie sie neue hellgelbe Farbe aufs Holz bringen, wie sie die Flagge hissen, große Picknickkörbe zum Steg tragen. Überall Leben, und trotzdem hört sie kaum einen Ton außer dem leise surrenden Schiffsmotor und den Möwen, die immer noch über dem Heck kreisen.

Von den anderen ist niemand draußen. Virva hatte als Treffpunkt erst 19 Uhr vorgeschlagen, am Bistro. Lange vorher öffnen aber schon die Läden. Greta schlendert zum Zeitvertreib hindurch. Und kauft ein Kilo Fazer-Schokolade, zum absolut genialen Sonderpreis, wie ein grelles Papier glauben machen will. Auf einen Zehnerpack Kaugummis mit Xylitol verzichtet sie aber ebenso wie auf die exklusiv teuren Düfte. Die neuesten Animationsfilme FSK 0 wandern ebenso wenig in ihre Tasche. Aber ein paar Dosen *siideri* könnten nicht schaden. Die sind tatsächlich billiger als an Land.

HOLZ KNABBERN FÜR DIE ZÄHNE

Ksylitoli ist zwar Ende des 19. Jahrhunderts schon entdeckt worden, aber erst in den 1970er-Jahren sind, und zwar in Finnland, Versuchsreihen durchgeführt worden, die dessen karieshemmende Wirkung beweisen konnten. Xylitol hat eine hohe Süßkraft und ist unter anderem in Birkenrinde enthalten. Die Turkuer Zuckerforschungen gehörten in die Reihe der finnischen Initiativen für eine gesündere Ernährung (siehe »Schmeckt's?«, Seite 93) und haben herausgefunden, dass die Kariesbildung sogar bei Kindern verringert wird, deren Mütter regelmäßig Xylitol-Kaugummis kauen – allein durch den engen Kontakt, beispielsweise indem die Mütter das Essen der Kinder mit deren Besteck vorkosten.

Unter dem Autodeck, in der parkhausähnlichen Atmosphäre der preiswertesten Schlafplätze, ist viel los. Auf den Fluren wird gegangen, gestanden, geredet. Die Lautstärke hat Ähnlichkeit mit einem überfüllten Zug mittags nach Schulschluss. Oder einer schiffsweiten Party, wenn mehr Gäste da sind, als man eingeladen hat. Sie feiern sich selbst. Greta antwortet auf ihre Weise. Sie holt Stirnband und Daunenweste aus ihrem Kabinenviertel und wartet auf den Fahrstuhl zum achten Stock. Allein die Zahl verspricht schon etwas Luft. Und Ruhe. Beides gibt es an Deck reichlich, außerdem Wind und Regen. Die einzigen, die diese kühle Nässe mit ihr teilen mögen, sind ein paar Raucherinnen. An den wenige n einigermaßen geschützten Ecken drängen sich vier oder fünf hektische Schönheiten in glitzernden Kleidern, schwarzen Strumpfhosen und High Heels. Greta ist die kleinste, plötzlich, in ihren Sneakers. Dass sie sich deplatziert fühlt, liegt nicht nur daran.

»*Hei,* hier bist du!«, sagt auf einmal jemand mitten aus der kichernden Gruppe. Greta hatte gerade beschlossen, den direkten Regen dem indirekten Tabakkonsum vorzuziehen, da muss sie sich noch einmal umdrehen. Und wohl auch antworten. Denn in einem faszinierenden gelbgrünen Minikleid lacht ihr Virva entgegen. Gibt es gelbgrünen Lippenstift? In London wahrscheinlich schon. »Es ist gleich sieben Uhr, willst du dich nicht noch rasch fertig machen?« Stimmt, die Regensachen sind natürlich ungemütlich beim Essen.

Pünktlich steht Greta in trockenen Jeans und T-Shirt im Bistro. Damit ist sie den Jungs aus ihrem Institut nicht unähnlich. Vielleicht gibt es bei denen ein paar Modemarken mehr an den Füßen, ein paar coolere Hemden mehr auf der vielleicht nicht mal so viel breiteren Brust und allenthalben, ja, echt voll gute Laune. Greta hat Hunger. Sie gönnt sich einige Fleischbällchen in Sahnesoße. Und eine Cola light ist jetzt genau richtig. Oder doch lieber ein Tee? Na, der vielleicht später am Abend, wenn sie richtig durchgefroren ist. Denn den Sonnenuntergang muss sie unbedingt sehen nachher. Bis halb zehn ist aber noch Zeit.

Virva kommt vorbei und fragt, ob es ihr nicht gut gehe. Ist Greta vielleicht seekrank? »Du siehst so traurig aus. Magst du einen *siideri?*«

»Klar, gerne.«

Rund um die Bar sind bunte Leuchtschlangen gespannt. Über der Tanzfläche, dem dunklen Parkett, hängen silberne Kugeln. Sie reflektieren bisher kaum einen Lichtstrahl, die Scheinwerfer sind noch aus. Greta ahnt bereits die Nebelschwaden, die zu späterer Stunde weich schmelzende Sangestöne begleiten werden. Woher diese Töne kommen sollen, ist auch schon klar. Die kleine Bühne ist im Moment aber noch leer.

Ebenso klar ist für Greta, dass ein *siideri* erst mal reicht. Schließlich ist es neun Uhr, und über dem Wasser müsste sich bald die Sonne zeigen, dort am Horizont leuchtet ein orangegelber Streifen zwischen den Wolken hervor. Greta setzt die Kapuze auf und zieht die Gummibänder fester. Schilder an den Türen warnen vor der Glätte auf Deck. Die Wanderstiefel sind ja wasserdicht, insofern kein Problem.

»Es ist neun Uhr, die Show beginnt!«, tönt es da aus den Lautsprechern, und ein enthusiastischer Lichtschauer überzieht die anwesenden Gäste mit einer prickelnden Vorahnung, was diese lange

Nacht noch alles bereithält. Die Musik kündigt endlose Glückseligkeit an. Greta entzieht sich entschlossen dem wettergeschützten Vergnügen und stellt sich der nächsten Regenwand. Mit einer Hand schützt sie die Kamera, mit der anderen drückt sie auf den Auslöser. Das Ergebnis, dank Digitaltechnik sofort kontrollierbar, zeigt eine verschwommene Landschaft. Schiffsreling, Inselsilhouetten und graurote Farben ergeben eine eigenartige Komposition. Undurchschaubar, unwirklich. Vielleicht zu unscharf, um stimmungsvoll zu sein. Nach ein paar weiteren Bildern sucht Greta den trockenen Flur zwischen Bar und Deck auf, um in Ruhe neue Kameraeinstellungen auszuprobieren.

»Greta, komm tanzen!« Virva erscheint mit frischen Kajallinien und inzwischen himmelblauem Augenaufschlag und hakt Greta unter. »Uuh, bist zu nass!« Die tropfende Jacke erspart ihr den direkten Weg in die Partyhölle. »Wir warten auf dich.« Ein nächster Versuch, die Tür nach draußen zu öffnen, misslingt. Der Wind ist zum Sturm geworden und hat mehr Kraft als Greta. Auf der anderen Seite des Schiffes geht es. Aber die Kälte bleibt, und es gießt vom Himmel herab, dass Greta nur der Weg nach unten offen bleibt. In der Kabine ist es angenehm kühl. Platz für die nasse Kleidung ist nur im Bad.

Mit dem letzten trockenen Pulli stellt sie sich wieder in den Fahrstuhl. Neben den Decknummern sind gleich die passenden Symbole zu sehen. Greta wählt das Sektglas und die tanzenden Menschen. Schließlich muss sie ja mal bei Virva vorbeigucken. In dem dichten Gedränge findet sie allerdings niemanden. Wenigstens muss sie auch kein Getränk bestellen, an keinem der Tische ist ein Platz frei. Als sie schon wieder halb genervt, halb erleichtert den Rückzug antritt, beginnt sich ein weicher, lang gezogener Ton über das Stimmengewirr zu legen. Das Saxofon wird von einem gleichförmigen Trommelschlag gegliedert, er gibt den Rhythmus vor, zunächst wie zufällig hineingestreut, dann von Geigen unterstützt. Dann von einer Stimme begleitet, die wenige Worte zu sagen hat. Langsam werden die Unterhaltungen leiser. Alle Blicke wenden sich einem Bildschirm zu. Textzeilen blinken auf und verschwinden, ein Leuchtbalken gibt die aktuelle Position an.

Die Sängerin am Mikrofon sieht aber gar nicht hin. Sie streicht nur ab und zu über ihr Kleid, ihr gelbgrünes Satingewand, und singt, als ob sie nie etwas anderes getan hätte. Jubelnder Applaus beendet ihre Darstellung. Der Moderator, ein smarter Typ in silberfarbenem Anzug, unterstützt das Publikum in seiner Begeisterung und scheint trotz mancher schiefleiser Töne in den oberen Lagen tatsächlich angetan zu sein.

»Und jetzt«, er senkt dramatisch die Stimme, »wird Virva uns noch einmal erfreuen. Wir dürfen ein internationales Duo bei uns begrüßen: Virva und Greta!« Eine Hand zerrt an Gretas Arm. »Ich habe extra ein deutsches Lied bestellt. Komm!« Da die Gäste ja eben schon Virva gehört hatten, machen sie ihr bereitwillig Platz. Ebenso gerne bejubeln sie auch die zweite Sängerin, deren abwechselnd zornes- und schamesrote Gesichtsfarbe zwischen den Lichtblitzen glücklicherweise nicht auffällt. Es ist reichlich eng neben Virva auf der Bühne. Es ist zum Schwitzen eng und heiß. Greta möchte gehen, aber sie geht nicht. Sie flüstert Virva zu: »Ich kann überhaupt nicht singen, was für eine blöde Idee!« Der Saal lacht schallend und hält es für einen Teil des Auftritts. Das Mikro war nämlich schon an.

Virva stößt sie lachend in die Seite und deutet nach vorn. Die Bilder auf dem Monitor laufen an. Das Vorspiel kommt Greta nicht unbekannt vor. Es ist eine fröhliche Melodie zum Schunkeln, so was richtig Gemütliches. Bald gewinnt die Skepsis jedoch. Die ersten Zeilen erscheinen. Virva wagt sich mutig heran, doch der Wiedererkennungswert ist gering. Sie entscheidet sich schnell fürs Summen und ein lautes La-La-La. »Ein letztes Glas'l – mit alten Freunden – die geh'n allein nach Haus ...« Greta versucht, von einer bösen Ahnung immer mehr heimgesucht, noch weiter hinter Virva zurückzutreten und stolpert fast über das Kabelgewirr am Bühnenrand. Beim Refrain gibt es keinen Zweifel mehr. Sie steht hier als Repräsentantin der deutschen Liedkultur in einer ihrer kuriosesten Ausformungen. Ihr zaghafter Sprechgesang passt fast zum Text.

»Herzilein – du musst nicht traurig sein ...« Da ist auch Virva wieder voll im Geschäft. Und mit ihr das Publikum, es singt laut, es feiert. Und dass die Starsolistin auch noch aus Deutschland kommt, ja, das ist natürlich total super. Sie selbst kann ihr Glück kaum fassen – endlich wieder von der Bühne hinabsteigen zu dürfen. »Virva, sag, mal ...«

»Danke, Greta! Das war irre lustig. Ein *siideri* für dich? *Kippis!* Auf den deutschen Wein!« Virva umarmt ihre Freundin stürmisch.

»*Kippis!* Sag mal, kennen das hier alle, dieses Lied?«

»Ja, klar. Seit die Leningrad Cowboys es gecovert haben. Und überhaupt ... ... Die deutsche Musikkultur ist doch cool.«

Sopii!

Selbstverständlich ist Greta allen Varianten der finnischen Musik gegenüber offen. So gehört es sich ja, wenn man ein fremdes Land kennenlernt. Aber der sogenannten eigenen Musik die eigene Stimme und die eigene Person leihen zu müssen, kann ziemlich anstrengend sein. Egal, Party ist Party, und wenn auch die große Zeit der Leningrad Cowboys, einer Art Rockband mit spitzen langen Schuhen und ebensolchen Haarfrisuren, schon Jahre her ist, vergessen sind sie nicht. Auch weil sie Stil und Sänger immer wieder variieren, seit sie durch einen Film von Aki Kaurismäki (siehe »Wie finnisch ist Kaurismäki?«, Seite 173) bekannt geworden sind.

Die Fähren zwischen Finnland, Schweden und Estland kann man nutzen, um schnell und schön ins Nachbarland zu gelangen. Man kann sie aber auch für eine 24-Stunden-Party nutzen. Als Finnland noch nicht in der EU war, lohnte sich das noch mehr, denn seitdem sind die Alkoholpreise im Land deutlich gesunken. Spaß macht es aber immer noch, über das dunkle Meer zu fahren und mit einer netten Truppe verrückte Dinge zu tun. Verrückt allerdings nur aus Sicht steifer Mitteleuropäer. Karaoke ist in Finnland überhaupt nicht verrückt. Waren es in den 1950er-Jahren die Tangosänger auf den sommerlichen Open-Air-Bühnen, sind es heute alle, die ihre Stimmen erklingen lassen, ganz öffentlich, ganz überzeugt und selbstverständlich. Ja, es gibt auch Musikmuffel, aber falsche Bescheidenheit eher nicht. Es ist eine Freude für sich und die anderen. Die Stimme ist doch viel zu schade dafür, um nur zum Sprechen eingesetzt zu werden. Und wer das trotzdem peinlich findet, kann ja einen *siideri* trinken (siehe »Tanzt du Tango?«, Seite 66). Oder zwei.

Und wer lieber das Meer betrachtet, kann auch das tun. Es ist im Preis inbegriffen. Dann muss man allerdings darauf gefasst sein, als träumerische Spaßbremse erkannt zu werden – was ja nicht unbedingt schlimm ist. Vor aller Augen und Ohren das Karaokesingen lächerlich zu machen, ist allerdings keine gute Idee. Es ist eben nicht nur ein Jugendspaß, sondern tatsächlich ein Teil der Musik- und Unterhaltungskultur. Und eine gute Gelegenheit zu zeigen, dass man die Dinge – und sich selbst! – nicht zu ernst nimmt. Gewissermaßen ein Schnelltest im Selbstbewusstsein: Ich kann nicht gut singen, aber mag ich mich trotzdem? Ich kann nicht gut singen, aber mag Finnland mich trotzdem? Na klar. Wenn nicht jetzt, wann dann?

EPILOGI

Der Vollmond ist silbrigweiß und extrem hell. Der Weg ist leicht zu erkennen. Greta geht zügig voran. Jeder Stein erscheint silbern und kalt am Wegesrand. Aber sie nimmt es ihnen nicht übel, wie sollte ein Stein auch sonst aussehen in einer Vollmondnacht. Der Weg führt geradeaus, mit wenigen Umwegen, eigentlich nur kleinen Schwenkern, um eben jene Steine herum, die es sich manchmal auch herausnehmen, in größerer Gestalt und als echte Hindernisse aufzutreten. Für Greta sind es eher Wegmarken, stumme Kameraden am Rande, die den Weg gliedern, die sie grüßen hier in der Einöde.

Sie hat sich spontan auf den Weg gemacht, sie war gerade erst wieder angekommen in Helsinki nach drei Wochen in Mitteleuropa. Der Lärm in der Stadt ist ihr aber zu viel, um wirklich und gleich zurückzufinden. Die vielen Fragen, wie es war, wie es werden wird und warum es ihr gefällt, hat sie ohne Weiteres beantwortet. Für die anderen, aber eigentlich nicht für sich. Es ist Zeit für eine Pause. Rucksack, Schlafsack, Jacke. Kaffee, Nudeln, Butter, Käse, Brot. Ein paar Kleinigkeiten, mehr nicht.

Sie läuft der Hütte entgegen, die irgendwo nach ein paar Kilometern auftauchen müsste, an einem Bach, wie der Karte zu entnehmen ist, die sie schon lange gekauft hatte, in dem Bewusstsein, dass sie sie irgendwann brauchen würde. So nah dieser Nationalpark auch liegt, sie hat mit Lauris Auto doch eine Weile gebraucht bis zum Parkplatz. Greta versucht, ihre Laufgeschwindigkeit anzupassen. An das Gefühl, hier allein zu sein, mit sich und ohne sich, gerade so weit, wie es ihr gefällt. Der Wald gibt den Rahmen vor, füllen muss sie das Bild allein. Nichts außer ihren Gedanken, ihrer Wärme und ihren Farben ist darin zu sehen. Der Wald ist der Hintergrund, der dunkelgrüngraue Schatten der lebendigen Landschaft, der hier wieder entstehen wird, an einem neuen Morgen. Danach sehnt sie sich im Moment nicht. Die Nacht könnte ewig dauern.

Der Pfad ist deutlich erkennbar, es ist ein Weg, von Menschen ausgetreten, ganz eindeutig. Doch er scheint auch unendlich, denn trotz des strahlenden Mondlichts ist nicht zu erahnen, was sich hinter der nächsten Biegung verbirgt. Greta stellt sich vor, mit wem sie den Wald wohl teilt. Wer mit ihr diese silbrige Luft atmet – vielleicht sogar den schmalen Pfad benutzt? Ob außer der Hütte auch ein dunkles, vielästiges Geweih hinter den Bäumen lauert? Ob mit schwerem Schritt ein gewaltiger Elchbulle ihr den Weg versperren wird, kurz bevor sie ihr Ziel erreicht? Wie begrüßt man so einen Elch? »Tach, auch hier?« Wie pflegt solch ein Elch zu antworten? »Und du, lange nicht gesehen?«

Wer zu lange über Elche nachdenkt, der stolpert. Jede Wurzel, die die Füße zuvor blind erspürt hatten, wird zum Schlagbaum. Halt, hier beginnt das Elchland. Durchgang für Zweibeiner verboten. Greta sieht sich um, blickt zurück. Der Wald hinter ihr ist noch dunkler als voraus. Es ist sogar ein Hügel zu erahnen, da vorne, über dem Pfad. Schlängelt er sich hinauf? Oder wagt er es nicht? Bricht er etwa ab und lässt sie hier im Dunkeln allein? Diese schwarzen Umrisse dort oben, wie sind die hinaufgekommen? Wer sind sie überhaupt? Gibt es hier Wölfe? Manjas Stute, eigentlich ein gemütliches, älteres Tier, hat im vorletzten Winter plötzlich gescheut und seine erfahrene Reiterin unversehens in die nächste Schneewehe befördert, als ein übel riechendes wildes Tier ihren Weg gekreuzt hat. Der Bär war schon oft in der Gegend beobachtet worden, aber dass er sich so nah an die Menschen heranwagt? Seitdem hat ihn niemand mehr gesehen. Manja lacht immer, wenn sie die Geschichte erzählt. Der Schreck, der ihm in die Glieder gefahren ist, könnte ihn bis nach Russland getrieben haben, meint sie.

Greta spürt, dass ihre Kräfte urplötzlich wachsen. Wenn jetzt ein Wolf käme, sie könnte ein Mordstempo anschlagen. Da stolpert sie über die nächste Wurzel. Ein heiserer kleiner Schreckensschrei zerrinnt zwischen den Bäumen. Ihre Hände sind nass. Das Moos ist feucht auf dem Stein, der ihren Sturz sanft abgefangen hat.

Zum ersten Mal holt Greta die Taschenlampe heraus und sieht sich die Karte an. 5,4 Kilometer hatten es sein sollen bis zur offenen Wildmarkhütte. Das müsste in einer, höchstens eineinhalb Stunden zu schaffen sein. Bei der klaren Luft heute Abend. Die Schatten auf dem Hügel sind nicht mehr zu erkennen. Greta ärgert sich über den Schauder, der ihr den Rücken hinunterläuft. Solange die Schatten zu sehen waren, waren sie ja recht weit weg. Jetzt können sie überall sein. Und wenn man selbst läuft, hört man die Tiere möglicherweise gar nicht. Am Eingang zum Nationalpark steht ein Schild. Man darf bei allen Hütten zelten, es gibt zusätzlich fünf Feuerplätze. »Gehe niemals allein!«, steht darunter.

Aber dann hätte ich ja gar nicht zu gehen brauchen, denkt Greta. Wofür ist denn der Park da, wenn nicht für die Ruhe, die Einsamkeit. Ein Käuzchen schreit. Was es wohl sagen möchte? Greta versucht es mit einer Antwort und legt die gerundeten Hände vor ihren Mund, bevor sie ruft. Es klingt bei Weitem schauriger als das Original. Und von irgendwoher erahnt sie ein Rascheln. Ein Plätschern. Bei Tag hätte es sie neugierig gemacht. Jetzt beschleunigt es ihre Schritte. Umzukehren bringt gar nichts mehr, sie ist schon zu lange unterwegs. Viel zu lange.

Doch je länger sie läuft, desto gleichmäßiger wird ihr Gang. Seit sie nicht mehr friert, ist das Tempo ihr Tempo. Sie duckt sich unter kleinen Zweigen hindurch, sie stößt gegen keinen Stein mehr. Sie windet sich um dicke Baumstümpfe herum, die zwar ihren Platz behaupten, aber ihr auch kein Bein stellen. Sie klatscht ab und zu in leichte Wasserlachen, aber sie kennt den Pfad inzwischen gut, und er kennt sie. Er nimmt sie immer wieder auf und geleitet sie schließlich an ihr Ziel. Fast scheint es unerreichbar, denn die letzte Brücke über den Bach ist nicht mehr da. Weggespült mit der Schneeschmelze, noch ist es zu früh für eine Wanderung, haben viele gesagt.

Der silberne Mond baut eine Lichtbrücke für sie. Keine Wolke verdeckt den klaren Blick auf die Steine, die sie trockenen Fußes hinübergelangen lassen. Wer hier angekommen ist, hat es geschafft.

Es riecht gut. Es riecht wohlig und warm, nach Feuer. Kein Elch, kein Rentier, kein Wolf, kein Bär, kein Fuchs, kein Vielfraß. Niemand macht Feuer. Nur der Mensch. Den hatte Greta ganz vergessen auf dem langen Weg hierher. Und nun begrüßt er sie mit dem besten, das er hat: einem wärmenden Feuer gegen die lange, dunkle Nacht. Greta fühlt sich seltsam fremd an diesem Ort. Dies sollte doch ein Versteck sein für sie. Aber es fühlt sich besetzt an. Angefüllt mit menschlichem Leben, das ihr fremd ist und ihr den Weg die wenigen Treppen hinauf erschwert. Es wabert in dicken Schwaden aus dem Schornstein heraus, es flackert wirr und unkontrollierbar auf im Kerzenlicht hinter dem Fenster.

Greta fühlt sich verraten. Jemand hat ihr das Zuhause genommen für diese Nacht. Will sie ihn bitten, ihr wenigstens Gastrecht zu gewähren? Sie will nicht, aber sie muss. Und irgendwie fühlt sie sich diesem Fremden dort drinnen trotzdem ein wenig nah. Sie hat sich seine Gesellschaft nicht gewünscht, nicht hier und jetzt, aber niemand außer ihnen hatte dasselbe Ziel heute Nacht.

»Hallo«, sagt der Fremde, als sie zur Tür hineintritt. Ein seltsam gleichgültiges, nein eher selbstverständliches Hallo schenkt er ihr, während sie überlegt, was er wohl von ihr denken mag. Wird er sie fragen, warum sie hier ist? Vorerst nicht.

Souverän sind seine Handgriffe, aber auch ein wenig fahrig. Nun ist das Feuer frei für Greta. Fast ist es aus. Und fast gelingt es ihr nicht, es wieder zu entfachen. Aber wenn ein großer Holzklotz erst einmal Feuer gefangen hat, brennt er auch. Sie kocht die Nudeln sorgfältig und prüft mit der Gabel, wie weich sie schon sind. Aus dem Rest kreiert sie eine Soße. Der Fremde sitzt am Tisch und schweigt. Greta gießt die Soße erst über die Nudeln, als sie ihr wirklich schmeckt.

Eigentlich wäre jetzt Zeit zum Schlafen. Aber mit den Tönen des Waldes im Ohr, dem Rauch des Feuers auf der Haut und dem Geschmack des Essens auf der Zunge schläft es sich schlecht. Greta wälzt sich auf den schiefen Planken ihrer Schlafpritsche hin und her. Nur noch von Ferne hört sie das Rauschen des Windes.

Da öffnet sich die Tür. Greta lauscht in die Nacht. Es knackt im Gebüsch ganz nah, erst leise, dann noch einmal laut. Greta schleicht vorsichtig zum Fenster, und plötzlich schiebt sich ein schwerer brauner Kopf ins Mondlicht. Doch bevor Greta erkennen kann, um welches Tier es sich handelt, muss sie niesen. Einmal, zweimal. Und davon wacht sie auf. Das Feuer ist zu einem rot glühenden Haufen zusammengesunken, es zieht um die Nase, und die Füße waren auch schon mal wärmer. Ihr Rücken freut sich außerdem auf Bewegung. Im Hütteneingang steht ein etwa elfjähriger Junge und sieht sie neugierig an.

»Hast du hier geschlafen?«, fragt er in flüssigem Finnisch.

Greta bejaht.

»Darf ich reinkommen?«

Greta nickt.

Der Junge dreht sich um und ruft, dass da nur eine Frau sei und sie reinkommen dürften. Eine Männerstimme antwortet in einer Sprache, die Greta nicht versteht. So rasch es ihr verspannter Rücken erlaubt, kriecht sie aus dem Schlafsack und schlurft zur Tür.

»Guten Morgen!«, ruft sie und blickt in eine Vielzahl fröhlicher Gesichter. Die Neuankömmlinge sitzen rund um die Feuerstelle und kochen bereits Kaffee.

»Das ist sie!«, ruft der Junge von eben und zeigt auf Greta.

»Das ist wer?«, fragt Greta.

»Du bist die Frau, die ganz alleine hier geschlafen hat.«

»Stimmt, ich heiße Greta. Und wer bist du?«

»Ich bin Nibal.«

»Hallo Nibal«, sagt Greta. »Ist das deine Familie?«

»Ja genau, mein Vater, meine Mutter und meine zwei Schwestern. Und noch ein paar andere.« Der Junge grinst.

Da steht eine Frau auf und reicht Greta einen Becher mit frischem Kaffee.

»Bitteschön. Nimmst du Milch?«, fragt sie mit deutlichem Akzent.

»Oh, danke, nein, schwarz ist gut.«

»Aber Zucker!«

»Ein bisschen.«

Drei Löffel landen rasch in Gretas Becher.

»Setz dich doch.« Die Bank ist noch ein bisschen feucht vom Tau. »Bitteschön!«

Im Nu hat Nibal ein Kissen für sie geholt.

»Warst du schon öfter hier?«, fragt sie ihn.

»Einmal, mit meiner Sprachlernklasse. Und ich fand es so schön hier, das wollte ich unbedingt meiner Familie zeigen.«

Zwei kleinere Kinder laufen zum Bach hinunter, und der größere Junge folgt ihnen. Wild planschen sie im seichten Wasser herum.

»Wie lange sind Sie schon in Finnland?«, fragt Greta die Frau neben sich.

»Zweieinhalb Jahre«, sagt diese.

Greta horcht einen Moment auf die morgendlichen Vögel. »Herrlich hier in der Natur, nicht?«

Die Frau nickt und blickt hinunter zu einer langen Ameisenstraße, die dicht neben ihren Füßen verläuft.

»Diese Tiere alle ... Mein Sohn hat in der Schule einen Film gesehen ... wie heißt er doch gleich ...? *Metsän tarina.*«

Eine Geschichte vom Wald, übersetzt Greta sich und sieht die Frau wartend an.

»Er war so begeistert, da haben wir ihn gekauft und zusammen zu Hause geschaut. Ich hätte nie gedacht, wie viele Geschichten Bäume und Wälder erzählen können. In unserer Heimat gibt es das so gar nicht.« Sie lacht. »Aber hier ist es so. Und ein bisschen verstehe ich euch Finnen vielleicht.«

Greta überlegt einen Moment, ob sie erklären soll, dass sie gar keine Finnin ist. Dann lässt sie es.

Die Frau fährt fort: »Der Wald ist ein Ort voller Leben, das kann man sich in unserer Heimat gar nicht vorstellen, da gehen wir in die Stadt, wenn wir etwas erleben wollen. Tja«, sie breitet die Arme aus und lacht. »Die Kinder mögen es jedenfalls.«

Greta nickt. Sie mag die finnischen Bäume, den feuchtkalten Frühling und den übersprühend bunten Herbst, den kurzen heftigen Sommer und den langen klaren Atem des Winters. Genauso vielfältig sind auch die Menschen, die sie hier getroffen hat, als ob die Charaktere sich unterschiedlich stark an die einzelnen Jahreszeiten anlehnen. Vielleicht gibt es in Finnland ein paar mehr Wintermenschen als anderswo, möglich ist das. Wer Menschen versteht, versteht auch den Wald, denkt sie, und umgekehrt. Vielleicht geht es der Frau neben ihr eines Tages genauso.

DER WALD VON HERBST BIS SOMMER

Metsän tarina, auf Englisch *Tale of a Forest*, ist ein Dokumentarfilm, der 2012 in die Kinos kam. Er zeigt den finnischen Wald und seine Bewohner, indem er die Entwicklung der Natur in allen vier Jahreszeiten mit mythologischen Geschichten verknüpft. Trotz der mäßigen Besprechung durch verschiedene Medien und Filmrezensenten – u. a. wurde die sehr auffällige Filmmusik kritisiert – gehört er zu den meistgesehenen finnischen Dokumentarfilmen. Ergänzend dazu ist vier Jahre später auch *Die Geschichte eines Sees* der Öffentlichkeit präsentiert worden, mit noch mehr Erfolg.

ANHANG

10 DINGE, DIE MAN GETAN HABEN MUSS

1. **In einer holzbeheizten Sauna am See baden** – egal zu welcher Jahreszeit. Es ist Finnland pur, zum Fühlen, Sehen, Riechen und Genießen. Mal kuschelig warm bei 22 Grad Wassertemperatur im Sommer, mal frostig-frisch im Eisloch.

2. **Auf verwurzelten Pfaden durch die Wälder streifen** – und den Ausflug mit einem Wurstfeuer krönen. Abseits der breiten Wege die Stille erfahren und die Gesellschaft eines prasselnden, selbst entzündeten Feuers.

3. **Ein Musikfestival oder einen Tanzabend erleben** – im Sommer. Die Atmosphäre ist einzigartig, und es gibt garantiert etwas für jeden Geschmack.

4. **Beeren pflücken gehen** – oder Pilze. Eigentlich ist es egal, was man sammelt, Hauptsache, es dauert länger als geplant. Lecker ist es auf jeden Fall.

5. **Irgendwo im Nirgendwo Kaffee trinken** – alle Kioske und Tankstellen sind gleich gut. Dort treffen sich die Einheimischen und die Durchreisenden. Und wer nicht reden mag, kann ja beobachten. Das ist durchaus landestypisch.

6. **Karaoke singen** – oder zumindest hören. In einer Hotelbar, die sich dadurch auszeichnet, dass sie schon mehrere Jahrzehnte nächtlicher Gesänge ertragen hat – Kunstgenuss oder Gemeinschaftserlebnis, Gruppenparty oder Singletreff. Dazu einen siideri oder auch zwei Bier, Wodka taugt ebenfalls.

7. ***Ruska* sehen und sterben** – nein, nicht ganz. Aber die bunte Farbenpracht des Herbstes ist ein phänomenaler Abschluss des lichtdurchfluteten Sommers, nicht nur in Lappland. Danach kann der weißgraue Winter kommen. Und mit ihm das Nordlicht (im Norden).

8. **Salmiakki kosten** – köstlich. So ein kleines Bonbon weckt ungeahnte Kräfte. Es verleiht ewige Energie und macht nicht süchtig, nein. Jedenfalls hat das noch niemand bewiesen.

9. **Skilaufen** – lange und langsam. Langlauf nennt sich das deshalb auch. Nichts gegen die sportliche Trainingsvariante, auch die kann glücklich machen. Aber auf einem kilometerweiten See gilt es, seinen eigenen Rhythmus zu finden.

10. **In einer Hütte übernachten** – aus Holz. Das sollte selbstverständlich sein, aber vorsichtshalber sei es noch einmal betont. Am besten direkt neben den atmenden Stämmen. Kühl und warm zugleich fühlen sie sich an. *Hyvää yötä!*

ANHANG

10 HANDLUNGEN, MIT DENEN MAN SICH BLAMIERT

1. **Im Haus die Straßenschuhe anbehalten** – auf Socken, ob dick oder dünn, löchrig oder gestopft, ist es allemal gemütlicher. Im Notfall auch in so umständlich besohlten Lederschlappen, die man hierzulande Hausschuhe nennt.

2. **Alvar Aalto für einen Russen halten oder Mika Häkkinen für einen Schweden** – selbst wer schwedische Namen trägt, kann Finne sein. Der »Norden« ist nicht einfach der Norden und schon gar nicht der Osten.

3. **In der Sauna die Stoppuhr aktivieren** – und möglicherweise noch gute Ratschläge verschenken zum »richtigen« Saunieren. Keine Angst, so überzivilisiert sind nicht mal wir Mitteleuropäer, auch unser Körper signalisiert: Raus mit dir!, wenn's zu heiß wird. Das reicht.

4. **Das Jedermannsrecht missachten** – oder missbrauchen. Die falschen Antworten in einem Quiz wären Jederdarfallesbeschluss, Jederweißessowiesorichtlinie oder Jederignoriertjedengesetz. Die jeweils aktuellen Infos dazu stehen an den Schutzgebieten.

5. **Kritisch-süffisant über finnische Stars lachen** – lieber fragen als urteilen. Der Kreis der international bekannten Künstler, Sportler, Politiker etc. ist nicht groß bei nur gut fünf Millionen Einwohnern. Entsprechend näher fühlt man sich vielen Einzelnen auch. Man mag es mögen oder nicht, das Lachen des anderen klingt immer härter als das eigene.

6. **Vorurteilsbeladene Fragen zum Alkoholkonsum stellen** – wer möchte schon als Nichtbetroffener in einen Klischeetopf geschmissen werden, wer möchte als Betroffener schon dreist darauf angesprochen werden? Private Treffen sind schließlich keine Feldforschungen, und das Thema ist hierzulande sensationslüstern überbetont.

7. **Sich über die finnische Sprache amüsieren** – lieber selbst lernen! Weil Finnen aber wissen, dass kaum ein Ausländer sich die Mühe macht, schwankt die Einstellung zur Muttersprache zwischen zögerlicher Verlegenheit und klarer Identitätsbekundung. Verstehen wird man die Finnen aber sicher erst, wenn man sie versteht, und nicht, wenn man sich stolz durch einen Satz mit lauter y, ö und ä buchstabiert hat.

8. **Ein Ruhmeslied auf die »glücklichen Wilden« singen** – wer sind die überhaupt? Wer in Mitteleuropa möglicherweise zivilisatorisch überlastet ist und hofft, in Finnland mit den Fingern essen zu können, wird an den Holzfeuern dazu Gelegenheit finden. In den modern durchgestylten Restaurants, effizient arbeitenden Büros und klar strukturierten Eigenheimen aber nicht.

9. **Sich in einer Schlange vordrängeln** – lieber das Flugzeug verpassen. Eventuell wäre speziell das heutzutage sogar ein Argument, um vorsichtig anzufragen, ob man vielleicht, wenn der Vordermann ausnahmsweise Verständnis hätte, doch bereits gleich drankommen könnte. Aber nur, wenn man zum Finale

einer Eishockey-WM reist oder ähnlich lebenswichtige Absichten hegt. Sonst heißt es, gelassen zu warten.

10. **In einer neuen Gruppe den Alleinunterhalter spielen** – klar, man will sich bekannt machen. Aber doch nicht gleich unbeliebt. Die Chance, dass jemand freiwillig Kontakt sucht, ist allemal größer, wenn man sich nicht aufdrängt. Bei einer Bevölkerungsdichte von zwei Menschen pro Quadratkilometer im Norden und bis zu 62 im Süden kann man in Ruhe jedem ins Gesicht sehen, bevor man ihn einlädt.

GLOSSAR

Du	der andere Mensch. Meist möchte er oder sie auch so angesprochen werden
Eisbrecher	Symbol für freie Wege, schwarze Zahlen und Spitzenforschung
Eisloch	Gemütlichkeit der nordischen Art. Zum Hineinstarren mit der Angel in der Hand oder Hineinsteigen nach der Wintersauna
Fazer, blau	Milchschokoladenspitze. Das süße Stück Finnland gegen Heimweh
Gesundheitsbewusstsein	so viel Kulinarisches wie nötig, so viel Bewegung wie möglich
Gummistiefel	unverzichtbares Allzweckmittel. Die eierlegende Wollmilchsau der Outdoorausrüstung
hei	hallo, tschüss und schönen Tag noch
Holz	schön, praktisch und duftend. Ob im Wald, am Haus oder im Kamin
Jedermannsrecht	eher eine gesellschaftliche Grundeinstellung als eine Rechtsgrundlage
joulupukki	der Weihnachtsbock aus der altnordischen Mythologie. Als man ihn schließlich nicht mehr haben wollte, hat er seinen Namen dem bärtigen Alten übertragen, den wir Weihnachtsmann nennen
kahvi	Kaffee. Kaum zu glauben, dass er nicht in Finnland wächst, sondern dort nur geröstet und verfeinert und von morgens bis abends serviert wird
kalakukko	Fischhahn. Alles Gute: Roggenbrot, Speck und kleine Maränen
Kalevala	die einzig wahren Gesänge über die ersten Finnen, den kalten Norden und die Macht der Musik
Karaoke	Das kann doch nicht wahr sein! Doch, und es ist noch viel besser
Kaurismäki	Der-mit-der-Stille-spielt. Ein Regisseur, ein Geschichtenerzähler, ein Humanist

kiitos	Danke! Ist nie zu viel und oft zu wenig
Kunst	die Interpretation der Natur und ihrer Menschen
Lappland	Sápmi, das Land der Urbevölkerung und Verwaltungsbezirk ganz im Norden
Melancholie	der traditionelle Begriff für Entschleunigung, Wellness und Work-Life-Balance
mökki	Hütte. Die vier Wände, die dich mit der Natur verbinden
Moränen	lange Hügelrücken aus der Eiszeit, die die Landschaft gliedern und die schönsten Ausblicke schenken
Musik	einfach überall. Knisternde Feuer, plätschernde Wellen und internationale Stars
Nordic Walking	eine finnische Erfindung. Eigentlich eine Selbstverständlichkeit für alle Skiläufer bei Schneeentzug
Nordlicht	Sag mal Aurora borealis mit rollendem r! Dann flammt gleich über dir der ganze Zauber des Winterhimmels auf
pikkujoulut	kleine Weihnachten. Oft eher die große Festlichkeit im Advent
presidentti	das Staatsoberhaupt, ein Kaffee, eine Rockband, ...
ruska	Indian Summer. Die Supernova der Natur in Dunkelrot und leuchtendem Gelb während der ersten Herbsttage. Nach so viel Farbe tut der Winter richtig gut
Salmiakki	Salmiaklakritz. Ja oder nein, ganz oder gar nicht. Ein bisschen mögen gibt's nicht
Sauna	Jeder ist seines Glückes Bademeister
Schäre	Felseninselchen in der Nähe der Küste, gerne in Gesellschaft mehrerer Hundert anderer
Schwedisch	die zweite Landessprache. Nicht nur historisches Relikt, sondern gelebte Vielfalt. Trotzdem eindeutig in der Minderheit
sisu	sisu halt. Niemand hat es je übersetzen können. Kein Wunder, denn diese Eigenschaft haben nur Finnen. Oder doch nicht?
Studentenmütze	Symbol für Abiturienten und partyverrückte Studenten zur Walpurgisnacht (*vappu*)

Tango	Wenn man an nichts mehr glauben mag, ist der Tango immer noch da
Teer	unterschätzte Vielseitigkeit. Damit kann man sich eincremen, ernähren und kalfatern
Wildnis	laut Reiseprospekt genau die richtige Mischung aus Einsamkeit und Herausforderung. Kann direkt hinter der Haustür liegen oder utopisch weit weg sein
Wintersport	der Grund, warum die Winter schön sind – nicht nur im Norden. Manchmal aber auch der Grund zur Verzweiflung, wenn die Nachbarländer schon wieder besser waren

Der Atlas für Waghalsige, Leichtsinnige und Lebensmüde

Ob malerisch, unberührt oder wild: So manches Reiseziel erweist sich als riskantes Unterfangen. Ideal für diejenigen, die auf der Suche nach Nervenkitzel sind, ihre Versicherung betrügen möchten oder bei deren Schwiegermutter es nach einem Unfall aussehen muss.

»How to Kill Yourself Abroad« nimmt Sie mit auf eine Tour rund um den Globus entlang der gefährlichsten Orte, die Mensch und Natur geschaffen haben. Jenseits der ausgetretenen Pfade erwarten Sie Seen aus purer Säure, angriffslustige Eingeborene, haufenweise Giftschlangen, unsichtbare Giftgaswolken und viele andere Attraktionen, mit denen Reisende ihre Lebenserfahrung vergrößern und ihre Lebenserwartung verkleinern können.

Markus Lesweng
How to Kill Yourself Abroad
Der Atlas für Waghalsige, Leichtsinnige und Lebensmüde

ISBN 978-3-95889-201-9
ISBN 978-3-95889-211-8

CON BOOK.